U0552617

国家社科基金年度一般项目
"中俄蒙经济走廊区域合作机制研究"(17BGJ055)

中蒙俄经济走廊区域合作机制研究

米军 著

中国社会科学出版社

图书在版编目（CIP）数据

中蒙俄经济走廊区域合作机制研究／米军著．—北京：中国社会科学出版社，2023.6

ISBN 978-7-5227-1510-0

Ⅰ.①中… Ⅱ.①米… Ⅲ.①国际合作—经济合作—研究—中国、蒙古、俄罗斯 Ⅳ.①F125.531.1②F125.551.2

中国国家版本馆 CIP 数据核字（2023）第 037463 号

出 版 人	赵剑英
责任编辑	赵 丽　朱亚琪
责任校对	冯英爽
责任印制	王 超

出　　版	中国社会科学出版社
社　　址	北京鼓楼西大街甲 158 号
邮　　编	100720
网　　址	http://www.csspw.cn
发 行 部	010-84083685
门 市 部	010-84029450
经　　销	新华书店及其他书店
印　　刷	北京明恒达印务有限公司
装　　订	廊坊市广阳区广增装订厂
版　　次	2023 年 6 月第 1 版
印　　次	2023 年 6 月第 1 次印刷
开　　本	710×1000　1/16
印　　张	17.5
插　　页	2
字　　数	282 千字
定　　价	96.00 元

凡购买中国社会科学出版社图书，如有质量问题请与本社营销中心联系调换
电话：010-84083683
版权所有　侵权必究

前　言

　　2016年中国、蒙古国、俄罗斯签署了"中蒙俄经济走廊建设规划纲要"，这是"一带一路"倡议以来签署的首个多边合作规划项目。这一重大突破有效推动了"一带一路"倡议实施，提升了中蒙俄三国在经贸、人文、安全以及其他事项上的区域合作。中蒙俄之间存在较强的互补性，双边经贸合作取得了一定的规模，这为进一步深化合作奠定了一定的基础。但是，三国相互之间经济发展水平存在较大差异，空间距离产生的时间成本和运输成本导致区域贸易交易成本较高，已有的以首脑会晤及外长级磋商为架构的国际机制存在制度化水平较低以及弱机制化的缺陷，加之三国之间在认知、互信和利益诉求方面存在分歧，严重制约了中蒙俄的经贸合作进一步发展。从内在影响因素看，正是基础设施、理念、区域贸易投资类等多方面区域公共产品供给尚不足，造成中蒙俄经济走廊困难合作区间大，这也是形成现有机制约束的主要因素。研究发现，国际机制的制度创新能够助推中俄蒙区域合作水平的深化，而制度创新的方向即进行区域性公共产品的供给。中蒙俄三国只有联合起来，通过制度创新和推进机制的力量来达成区域合作，满足经济走廊建设所需的跨国社会基础设施、制度、机制及默契信任等多层次公共产品供应，才能为中蒙俄经济走廊建设拓展共赢的经济发展空间。为此，我们认为，系统研究中蒙俄经济走廊区域合作机制，对于实现三国之间的互利互赢，带动沿线国家和地区的共同繁荣与发展具有重要的现实意义。

　　当前中蒙俄经济走廊构建诸如自贸区等标准形态的制度性一体化合作机制的准备工作还不成熟，这主要是中国与蒙俄依然存在互信及地区认同感不足问题，贸易结构不平衡，俄蒙也担心开放市场易受到中国商品冲击等经济因素影响。因此，根据现有的条件，中蒙俄经济走廊区域合作机制应该不属于任何一种标准形态的治理结构，按照以往的模式进行建设缺乏实际可操作性。我们认为，中蒙俄经济走廊区域合作机制的治理结构的建构，应该朝着以发展导向型为主的多元化合作机制努力，这样的合作机制不拘泥于某一种固定治理模式，可能包括标准形态的合作机制，又可能是次区域合作、产业园区等多种功能性合作机制的混合体。通过大量经济、科技等领域非政治议题的合作机制发展所产生的"溢出"效应，既是构建中蒙俄自贸区的基础和前提，也是推动中蒙俄经济走廊建设的突破口。当前，以功能性合作特别是公共服务型功能性合作为主的机制构建是深化合作的可行路径。即要大力加强中蒙俄为主体兼及其他国家或组织共同参与的"非正式机制（高层会晤或签订各领域法律约束力弱的协议）+双多边正式组织（开发性金融机构或合作基金）"的执行模式，让功能性机制化建设落到实处，这也是防范中蒙俄共建"一带一路"风险的重要途径。待政治经济发展条件成熟后，也不排除构建统一自由贸易区的可能。

当前的俄乌冲突进一步加大了俄罗斯向东转政策的推动力度，也是俄罗斯进一步务实推进中蒙俄经济走廊建设的催化剂，为经济走廊的建设提供了重大外部发展机遇。中国已经成为世界第二大经济体，在经济走廊中具有显著的压倒性经济优势，只有积极推动区域性国际公共产品的供给，特别是在基础设施互联互通、贸易投资、金融和人文交流等方面发挥区域性公共产品供给大国的作用，才能将中国的经济优势转换为经济走廊的国际政治优势，这既是中国实现国家利益的需要，也有助于推进经济走廊的互利共赢。

目　录

第一章　绪论 …………………………………………………………（1）
　　第一节　文献综述及研究价值 …………………………………（1）
　　第二节　研究内容及方法 ………………………………………（11）
　　第三节　研究特色及创新点 ……………………………………（17）

第二章　理论基础概述 ………………………………………………（20）
　　第一节　公共产品理论 …………………………………………（20）
　　第二节　新制度主义理论 ………………………………………（22）
　　第三节　区域合作理论 …………………………………………（24）

第三章　中国、俄罗斯、蒙古国经济社会形势 ……………………（27）
　　第一节　中国经济社会发展形势 ………………………………（27）
　　第二节　俄罗斯经济社会发展形势 ……………………………（39）
　　第三节　蒙古国经济社会发展形势 ……………………………（50）

第四章　中蒙俄经济走廊区域合作进展 ……………………………（58）
　　第一节　中蒙俄经济走廊的提出和高质量发展 ………………（58）
　　第二节　中蒙俄经济走廊"五通"建设进程 ……………………（71）

第五章　基于合作区间的中蒙俄区域合作推进机制安排 …………（89）
　　第一节　区域合作区间与区域驱动机制的关系机理 …………（89）
　　第二节　中蒙俄经济走廊区域合作推进机制的构建 …………（93）

第六章　中蒙俄经济走廊合作机制模式与预期效应分析 …………（99）
第一节　构建机制复合体的合作模式 ………………………（99）
第二节　预期合作机制目标实现的经济效应 ………………（119）

第七章　中蒙俄经济走廊安全风险评估与应对机制 ……………（130）
第一节　中蒙俄经济走廊安全风险识别及成因 ……………（131）
第二节　中蒙俄经济走廊安全风险测度与评价 ……………（165）
第三节　中蒙俄经济走廊高质量发展安全风险的防范路径 ……（184）

第八章　中蒙俄经济走廊贸易便利化水平及其深化发展的思考 ……（189）
第一节　中蒙俄经济走廊推进贸易便利化进展 ……………（189）
第二节　中蒙俄经济走廊贸易便利化水平测算分析 ………（197）
第三节　推进中蒙俄经济走廊贸易便利化的思考 …………（209）

第九章　中蒙俄经济走廊金融合作发展及金融合作机制建设 ……（218）
第一节　中蒙俄经济走廊金融合作发展进程 ………………（219）
第二节　中蒙俄经济走廊金融合作面临诸多风险挑战 ……（223）
第三节　中蒙俄经济走廊金融风险水平综合测算分析 ……（228）
第四节　中蒙俄经济走廊金融合作面临新的发展机遇 ……（235）
第五节　深化中蒙俄经济走廊金融合作发展的思考 ………（240）

第十章　研究总结与展望 …………………………………………（245）

参考文献 ……………………………………………………………（260）

后　　记 ……………………………………………………………（274）

第 一 章

绪　　论

从 2014 年习近平主席提出打造中蒙俄经济走廊并获得俄罗斯与蒙古国[①]元首积极响应，到 2015 年三国元首批准《中蒙俄发展三方合作中期路线图》，尤其是 2016 年签订《建设中蒙俄经济走廊规划纲要》，标志着"一带一路"框架下的第一个多边合作规划纲要正式启动实施。这一战略性突破将加快三国区域合作发展进程，并将形成中俄蒙三国边境—腹地—沿海紧密联系的国际经济走廊，有利于中国形成向北全方位对外开放的沿边经济发展新的增长点，构建海陆并进的区域开放新格局；巩固和加强中国与俄、蒙的友好务实合作关系，共同营造稳定、互信、共赢的地区环境，构建地缘政治新优势。本章为绪论部分，其一，总体概述中蒙俄经济走廊区域合作机制研究的重大实践意义和政治价值；其二，梳理国内外相关研究的学术史及研究动态；其三，阐述本书的研究对象、研究思路、研究方法及研究内容的主要观点；其四，阐述本书的研究特色及创新点。

第一节　文献综述及研究价值

近年来，全球经济面临多重不确定性的冲击，多边主义退潮，贸易保护主义盛行，孤立主义与民族主义滥觞。在此背景下，加强对中蒙俄经济走廊区域合作机制研究，对于三国对接合作具有重大实践意义和政治价值。在中蒙俄经济走廊建立初期，以中蒙俄经济走廊为主题词的相关国内外文献数量较少，多数文献为中国与蒙古国、俄罗斯的双边合作

---

① 本书在行文中，俄罗斯简称为俄，蒙古国简称为蒙，特此说明。

研究成果。随着中蒙俄经济走廊的快速发展和各国关注的日益密切，文献数量呈现逐年增加且研究水准不断提升的趋势。截至2021年，通过国内的知网、万方、维普三大学术服务平台，搜索关键词"中蒙俄经济走廊"，获得了200多篇中文文献，即使加上国内出版的相关书籍，整体国内的研究成果并不多。通过国外的谷歌学术检索服务平台，搜索关键词"中蒙俄经济走廊或中蒙俄合作"，绝大多数的研究成果集中在中、蒙、俄国家区域国别领域的有关学者，而中、蒙、俄三国之外的学者的研究成果只有零星的研究文献。

一 国内外相关研究的学术史梳理及研究动态[①]

学界对中俄蒙合作研究始于20世纪90年代，经过20多年发展，研究领域逐步扩大、研究问题进一步深化。第一，相关研究主要集中在中俄、中蒙双边合作领域，从宏观层面合作构想、部分领域合作到部分地区合作，特别是以边境毗邻地区为主的次区域合作展开。蒙古国学者对中蒙经济合作的研究主要始于20世纪90年代，重点围绕中国加入WTO对中蒙合作的影响及发展路径，21世纪初俄罗斯学者开始对中国东北地区与俄罗斯东部地区合作问题研究给予极大关注，其后俄蒙学者持续关注一些比较敏感和具体领域合作问题的政策研究，同时双边合作研究伴随着2008年后国际政治经济形势变化和三国国家战略调整而不断发展。第二，中俄蒙多边合作研究相对薄弱，主要始于20世纪90年代图们江地区国际开发及东北亚地区运输主干线建设问题研究，2008年后研究重心由边境贸易为主向以中心城市为依托的次区域合作转型及经贸关系的互动转移，或者研究共同构建北亚经济圈构想，2013年后扩展到研究"一带一盟"战略对接和中蒙俄经济走廊建设。通过学术史梳理不难发现，对中俄蒙的研究对象已经从双边合作转向多边合作，研究视角从边境毗邻地区转向更高水平的中蒙俄经济走廊建设，从相互联系弱的松散性合作转向具体领域合作协商机制的逐步建立。综合来看，相关文献的研究动态突出表现在以下四个方面。

[①] 米军等：《中俄蒙经济走廊区域合作研究的学术史梳理》，《中国社会科学报》2018年3月15日第4版。

1. 中蒙俄经济走廊建设的内涵审视

中蒙俄经济走廊建设的内涵之一，它作为"一带一路"倡议的重要组成部分，具有重要的战略地缘意义，既出于维护地缘政治安全利益，又为三国提供了经济合作发展的平台。内涵之二，中蒙俄经济走廊既是促进相关区域经济发展与合作的基础设施和交通运输一体化网络，又在交通走廊中得到发展，以沿线城市区域的产业互动发展为重要内容，正如亚洲开发银行在相关研究报告指出，它是在特定地理区域内将生产、贸易和基础设施联合在一起的机制。内涵之三，它是一项涉及生态、经贸、意识形态认知、价值观认同、地区认同等一系列问题的认知解决的建构过程，在本质上是三国利益的对接、力量上是彼此承受力、消化力方面的对接。俄罗斯和蒙古国学者的研究文献表明，俄方高层的战略思路明确，但各部门和地方及官员认知和心理准备尚不充分，"中国威胁论"在蒙俄学者中有一定市场，除了领土诉求担忧和人口扩张外，非传统安全成为更关心的问题[1]。印度学者 Sharad K. Soni 认为铁路轨距的硬联通差异及经济发展模式的软联通不同是三方共建中蒙俄经济走廊面临的主要挑战[2]。韩国学者이문기认为蒙俄人口稀少导致的经济需求不足、交通基础设施的缺乏及对华不信任等，成为中蒙俄三国合作的制约因素[3]。美国学者 Elizabeth Wishnick 指出，虽然蒙古国积极支持与两个邻国的三边经济议程，但中俄区域合作步伐缓慢等双边问题阻碍了合作进展[4]。

---

[1] 因该文献综述的内容作者已经发表，引用的部分学者的观点没有专门在正文脚注中列出的，统一放到文后的参考文献中。参见米军、刘彦君《中俄蒙经济走廊区域合作研究的学术史梳理》，《中国社会科学报》2018年3月15日第4版。

[2] Sharad K. Soni, "China-Mongolia-Russia Economic Corridor: Opportunities and Challenges", China's Global Rebalancing and the New Silk Road, Singapore: Springer Singapore, 2018, pp. 101–117.

[3] 이문기, "중–몽–러 경제회랑과 한국의 북방 경제협력 방향", 현대중국연구, 2017, 19 (2), pp. 307–336.

[4] Elizabeth Wishnick, "Mongolia: Bridge or Buffer in Northeast Asia? Reflections from the 6th Ulaanbaatar Dialogue and beyond", The Diplomat, https://thediplomat.com/2019/06/mongolia-bridge-or-buffer-in-northeast-asia/.

2. 中蒙俄经济走廊建设重要性及影响

三国合作是"多赢"战略，有利于实现三国基础设施建设互联互通，从更广阔的空间促进资源优化配置，推动区域经济一体化进一步发展。蒙古国和俄罗斯学者主要基于本国视角研究"一带一路"与"中蒙俄经济走廊"的重要性：A. B. 奥斯特洛夫斯基所长认为，经济走廊的建设使得俄罗斯境内沿线城市优先受益，城市基础设施将得到完善且拉动城市各产业发展；俄学者 C. 比留科夫从"一带一盟"对接合作出发，承认丝绸之路经济带与欧亚经济联盟结合起来会推动俄罗斯西伯利亚地区的发展，认可两套战略应是互补关系；蒙古国学者 V. Bttasenge、B. Chinbat、D. Enkhjarga 认为经济走廊的建立将在未来创造出新的合作结构，促进蒙俄发展，增强三国合作，尤其在蒙古国发展中扮演着重要角色[①]。

中蒙俄之外的学者对中蒙俄经济走廊重要性也有一定的关注。印度学者 Sharad K. Soni 认为中蒙俄经济走廊的建设对于促进东北亚区域经济一体化及各国间的互联互通具有重要意义[②]。然而，中蒙俄经济走廊域外国家的学者更多关注该走廊对蒙古国的重要性。韩国学者정동연从蒙古国的视角出发研究中蒙俄经济走廊推进的现状及启示，指出中蒙俄经济走廊虽然在交通基础设施和能源合作领域推进了部分项目，取得了一定的成果，但整体推进速度和效率并未达到预期效果，对蒙而言，中蒙俄经济走廊建设所包含的改善交通、物流基础设施及消除贸易壁垒等多个项目，是经济危机后蒙古国经济增长的核心驱动力[③]。比利时根特大学学者 John Lrgengioro 指出，地处欧亚大陆中部的蒙古国等内陆国家因缺乏全球连通性和对外发展机遇而导致自身发展受阻，"一带一路"倡议对蒙古国、中亚等国的地缘经济吸引力是客观存在的，提供发展机会，缓解地缘劣势和发展困境，并成为新欧亚丝绸之路经济走廊的重要节点，而中

---

① 米军、刘彦君：《中俄蒙经济走廊区域合作研究的学术史梳理》，《中国社会科学报》2018年3月15日第4版。

② Sharad K. Soni, "China-Mongolia-Russia Economic Corridor: Opportunities and Challenges", China's Global Rebalancing and the New Silk Road, Singapore: Springer Singapore, 2018, pp. 101 – 117.

③ 정동연，"중·몽·러 경제회랑 추진 현황과 시사점: 몽골의 시각에서", 대외경제정책연구원. https://www.kiep.go.kr/gallery.es?mid＝a10102040000&bid＝0005&act＝view&list_no＝3606&cg_code＝（2019 – 05 – 24）．

蒙俄经济走廊的达成，实际上是蒙方不希望被排除在倡议之外，蒙古国政府自己努力带头的结果①。以色列学者 Avinoam Idan 认为，像蒙古国这样的内陆发展中国家，将"一带一路"视为参与区域合作和增加贸易所必需的大型基础设施项目获得融资的一种手段②。美国詹姆斯顿基金会的研究人员 Antonio Graceffo 表示，中蒙俄经济走廊给蒙古国带来可观的经济利益，如直接投资的流入、移民劳动力和贸易的急剧增加等多方面的机遇③。此外，联合国下属的"内陆发展中国家国际智库"（ITTLLDC）与日本贸易振兴机构亚洲经济研究所（IDE-JETRO）联合开展评估中蒙俄经济走廊三个潜在走廊通道的经济效益，研究结果表明：通过蒙古国西部连接中国和俄罗斯的第一条走廊将为中国带来最大的经济利益，中国为该走廊提供资金的可能性最大；第二条走廊通过乌兰巴托连接中国和俄罗斯，将使走廊沿线更多的国家受益，该项目有可能获得中国、欧盟和俄罗斯等多方的国际资助；第三条走廊连接蒙古国毕其格图和乌兰巴托，对中国和蒙古国都产生了积极影响，中蒙两国政府在资金方面进行合作的可能性大④。部分韩国学者也关注中蒙俄经济走廊对韩国的重要性，如이현주认为，中蒙俄经济走廊是在朝鲜半岛邻近地区推进的多边合作项目，与包括半岛国家在内的整个东北亚区域发展直接相关，且与韩国所推进的"北方政策"及"欧亚倡议"存在对接的可行性，韩国在战略上高度关注该走廊正在推进的合作项目，积极寻求商业合作机会⑤。

国外学者同时在探讨中蒙俄经济走廊建设对蒙古国的负面影响。英国卡迪夫大学的 Radchenko 质疑"一带一路"倡议是否会导致蒙古国在

---

① John Lrgengioro, Mongolia-Central Asia relations and the implications of the rise of China on its future evolution, *International Politics* (2022): 1 - 31.

② Avinoam Idan, "China's Belt and Road Initiative: Relieving Landlocked Central Asia", The Central Asia-Caucasus Analyst (CACI Analyst), https://www.cacianalyst.org/publications/analytical-articles/item/13510-chinas-belt-and-road-initiative-relieving-landlocked-central-asia.html (2018 - 04 - 30).

③ Antonio G., Mongolia and the Belt and Road Initiative: The Prospects for the China-Mongolia-Russia Economic Corridor, *The Jamestown Foundation China Brief*, 2020, 20 (2): 39.

④ Antonio G., Mongolia and the Belt and Road Initiative: The Prospects for the China-Mongolia-Russia Economic Corridor, *The Jamestown Foundation China Brief*, 2020, 20 (2): 39.

⑤ 이현주, 김원배, "중·몽·러 경제회랑 건설의 협력여건 분석—교통·물류 인프라를 중심으로—", 동북아경제연구, 2017, 29 (2), pp. 27 - 55.

经济上进一步地依赖中国，俄罗斯是否会因为其自身与中国发展更为紧密关系的动机，而默许这种可能性的发生①。学者们认为，随着中国的崛起和"一带一路"倡议的推进，蒙古国当前的"三邻政策"面临压力，因为蒙古国无法有效遏制其经济上对中国的非对称性依赖②，也有观点认为蒙古国必须与另一个主要邻国俄罗斯保持友好合作关系，以确保中国在蒙古国的影响力不会进一步扩展③。美国詹姆斯顿基金会的研究人员Antonio Graceffo认为，中蒙俄经济走廊给蒙古国带来相应的风险，如国内的中小企业发展面临威胁，蒙古国也承担着一定的地缘政治风险，也为蒙古国领导人在考虑国家未来时提出了复杂的政治问题④。

3. 中俄蒙区域合作的市场开放与一体化建设

国内第一种观点是，中俄蒙合作应以实现区域内的市场一体化和产业分工为导向，以推动中俄蒙地区双边或多边自由贸易区建设作为重要目标。这种政策建议是以一体化发展较为成功的区域为模板的。第二种观点是认识到中俄蒙市场一体化的诸多困难。有学者认为中蒙俄经济走廊建设处于区域经济一体化的初期发展阶段，空间距离产生的时间成本和运输成本对贸易与投资决策形成制约⑤，而政治和安全上顾虑削弱了基础设施的投资；加之各国实施各自倡议，在前期研究、规划、资金支持、法律等方面都存在协调问题。要实现市场一体化还必须从国家与社会等多个维度来构建信任和协商制度。第三种观点是中俄蒙发展口岸经济与跨境经济合作区是逐步推进市场一体化的现实路径。认为产业园区与运输通道相结合成为拉动沿途国家发展的经济走廊，建立跨境产业园区为

---

① Sergey Radchenko, "Mongolia's Shrinking Foreign Policy Space", The Asan Forum, https://theasanforum.org/mongolias-shrinking-foreign-policy-space/, 2017.

② Hiscox A., Modern Mongolia: Geopolitics amid great powers, Culture Mandala, 2018, 13 (1): 1-15; Pieper M., The new silk road heads north: implications of the China-Mongolia-Russia economic corridor for Mongolian agency within Eurasian power shifts, Eurasian Geography and Economics, 2021, 62 (5-6): 745-768.

③ Hiscox A. Modern Mongolia: Geopolitics amid great powers, Culture Mandala, 2018, 13 (1): 1-15.

④ Antonio G., Mongolia and the Belt and Road Initiative: The Prospects for the China-Mongolia-Russia Economic Corridor, The Jamestown Foundation China Brief, 2020, 20 (2): 39.

⑤ 西仁塔娜：《中蒙俄经济走廊建设探析：一种跨境次区域合作视角》，《俄罗斯东欧中亚研究》2017年第2期。

基础的产能合作平台；其他学者认为发展沿边口岸经济、特别是充分发挥"海赤乔"国际合作区辐射影响力，将成为经济走廊建设重要支撑。

俄蒙学者的观点由逐步开放市场向建立共同发展经济区转变。俄科学院远东研究所学者发表系列研究成果，如波尔加科夫及库列绍夫院士认为，俄只有采取向中国开放市场方式，才能使远东地区的自然资源开采计划获得实际经济利益[①]；奥斯特洛夫斯基和 C. B. 乌亚纳耶夫指出，在俄罗斯与中国或蒙古国毗邻区域建立享有特殊待遇的专门经济发展区将是非常现实的，而谢尔盖·卢贾宁所长认为，基于政治上彼此形成战略伙伴关系，应建立多边共同发展经济区[②]。蒙古国官方智库机构相关学者 Bazar Sanjmyatav 指出，中蒙俄经济走廊的形成依赖于三国之间的贸易和经济一体化，蒙古国应优先与欧亚经济联盟达成自由贸易协定，推动在经济走廊沿线与中俄共同创立生产和服务园区及物流中心，确保其成为区域分工网络的一部分[③]。

4. 中俄蒙区域重点领域的务实合作与机制化建设

中俄蒙学者对加强具体领域的务实合作达成共识，强调加强机制化建设的重要性。第一，优先推进交通基础设施建设，加强资源、物流、金融及旅游等领域合作。如蒙古国和俄罗斯主流学者 N. Batnasan、C. 卢贾宁等研究了三国之间的交通设施不够完善必须进行现代化改造，国内主流学者认为中蒙俄经济走廊应优先解决跨国交通基础设施问题，强调发挥蒙古国桥梁性作用[④]。受乌克兰危机的影响，欧盟实施对俄制裁、降低对俄能源依赖，促使俄罗斯将其能源出口目标转移到亚洲，中俄能源

[①] Кулешов В. В., Коржубаева. Г, "Санеев Б. Г. и Др: Российско-Китайское Сотрудничество: Перспективные Направления и Подводные Камни", *Наука в Сибири*, 2010. 13мая, No. 19.

[②] Г. Лузянин, Россия-Монголия-Китай, "Стратегические и Субрегиональные Элементы Сотрудничества", *Тезисы Выступления На Трехсторонней Конференции КНР*, 2016.

[③] Bazar Sanjmyatav, "The Formation of The Economic Corridor Between China And Mongolia Depends on The Trade And Economic Integration Among The Three Countries", Development Research Center of Inner Mongolia Autonomous Region, *Proceedings of China-Mongolia-Russia Think Tank Forum*, 2016, pp. 154–157.

[④] 转引自米军、刘彦君《中俄蒙经济走廊区域合作研究的学术史梳理》，《中国社会科学报》2018年3月15日第4版。

合作迎来最佳时机①；中蒙能源合作已然开启"蜜月之旅"，未来中蒙两国合作的重点领域将不断扩大，全方位、多层次的能源合作模式终将实现②。Victoria O. Namzhilova 和 Zorikto B. – D. Dondokov 指出发展跨境旅游业提供共同的休闲空间是构建中蒙俄经济走廊的重点事项③。俄罗斯学者 Dorzhiev Arkady 指出中俄能源合作已从初始能源买卖发展到能源技术合作，提出中俄能源产业未来最优的合作模式——向产业集群化、低碳化和多元化方向发展，认为中国需要加大在俄罗斯能源领域的投资④；国内学者从经济主体视角总结出政府主导型、大型国有企业合作型和民营企业境外拓展型三种中俄蒙能矿资源合作开发模式；还有国内学者提出建设跨境旅游集散地、商贸物流走廊、创新投融资合作模式、"互联网+口岸"模式等建议⑤。

第二，中蒙俄区域合作的机制化建设。国内学者指出制度化建设是经贸合作的稳定器，在充分利用现有多边合作机制深化合作交流的基础上，推动建立稳定的中蒙俄合作机制，中蒙俄三国应当加强在G20、金砖国家以及上海合作组织框架下的合作机制建设，以多边合作推动双边合作的发展⑥。西仁塔娜认为中蒙俄现有的合作机制属于次区域合作机制，是一种非正式性的国际机制，中蒙俄区域合作规范性和制度化水平较低，具有非正式国际机制特征和呈现弱机制化⑦。Burenjargal·Ma 探讨了中蒙金融合作中的风险，认为蒙古国长期的不稳定通货膨胀和经济波动不断

---

① 陆南泉：《把握时机推进中俄能源合作》，《西伯利亚研究》2014年第5期。
② 朴光姬：《"一带一路"建设与中蒙俄能源合作——基于地区安全视角》，《亚太经济》2016年第5期。
③ Victoria O. Namzhilova, Zorikto B-D. Dondokov, "The Development of Cross-Border Tourism in The Bordering Regions of Russia, Mongolia And China", *Proceedings of China-Mongolia-Russia Think Tank Forum*, Development Research Center of Inner Mongolia Autonomous Region, 2016, pp. 631 – 646.
④ ［俄］多尔日耶夫·阿尔卡吉（Dorzhiev Arkady）：《中俄能源产业合作模式研究》，博士学位论文，辽宁大学，2016年。
⑤ 米军、刘彦君：《中俄蒙经济走廊区域合作研究的学术史梳理》，《中国社会科学报》2018年3月15日第4版。
⑥ 王海燕：《一带一路视域下中蒙俄经济走廊建设的机制保障与实施路径》，《华东师范大学学报哲学社会科学版》2016年第5期。
⑦ 西仁塔娜：《中蒙俄经济走廊建设探析：一种跨境次区域合作视角》，《俄罗斯东欧中亚研究》2017年第2期。

推高资本成本，这是中国和蒙古国多种金融合作风险的根源所在①，针对中俄蒙之间存在的融资风险问题，米军提出功能性金融合作机制的构建是可行解决举措②。谢尔盖·伊戈纳捷夫提出设立"中俄蒙经济合作基金"加强具体领域合作的策略，G. 楚伦巴特尔强调加强经济走廊发展中的治理机构及协调的机制化建设③。蒙古国学者 Bazar Sanjmyatav 认为④，为了推进三国之间的贸易和经济一体化，从蒙方角度来看应采取一系列措施来加强三国合作，比如加入"贸易便利化多边协商"，专注于完成中蒙俄之间的国际化道路和运输项目的发展，签署有关旅游产业的合作协议和创建合资路线等。韩国学者이문기建议韩国需积极参与中蒙俄三国经济走廊建设，加强发掘新的合作项目、建立多层次的合作关系、加强官民合作等⑤。

第三，承认人文合作及文化认同是影响中蒙俄经济走廊建设的重要因素。国内学者认为，中国需要在文化软实力方面加强对俄蒙的影响，构筑与俄蒙的民族心理认同关系，建立三方人文交流长效合作机制⑥。蒙古国全国委员会主席 N. Urtnasan 强调了文化、文化遗产和跨文化关系在实施经济走廊建设中扮演的角色和意义⑦，俄学者弗·达旗升、蒙 T. 道

---

① Burenjargal Ma, "Problems in Financial Cooperation Between China And Mongolia", Development Research Center of Inner Mongolia Autonomous Region, *Proceedings of China-Mongolia-Russia Think Tank Forum*, 2016, pp. 641–644.

② 米军：《中国与欧亚经济联盟国家金融合作发展战略研究》，《财经问题研究》2019年第1期。

③ G. Chuluunbaatar, "Policy And Governance Factors for The Economic Corridor Development", *Proceedings of China-Mongolia-Russia Think Tank Forum*, 2015.

④ Bazar Sanjmyatav, "The Formation of The Economic Corridor Between China And Mongolia Depends on The Trade And Economic Integration Among The Three Countries", Development Research Center of Inner Mongolia Autonomous Region, *Proceedings of China-Mongolia-Russia Think Tank Forum*, 2016, p. 154–157.

⑤ 이문기, "중-몽-러 경제회랑과 한국의 북방 경제협력 방향", 현대중국연구, 2017, 19 (2), pp. 307–336.

⑥ 孙玉华等：《中蒙俄经济走廊人文合作中的文化认同问题》，《东北亚论坛》2015年第6期。

⑦ Urtnasan, "Role And Importance of The Cultural Heritage in The Formation of The China-Mongolia-Russia Economic Belt And Corridors", *Proceedings of China-Mongolia-Russia Think Tank Forum*, 2015.

尔吉院士强调保护茶道历史文化遗产的重要性，蒙俄学者 T. 道尔吉、C. 卢贾宁强调智库合作发挥重要的作用①。

已有研究为本书进一步研究奠定了基础，但现有成果以区域一体化理论为指导，要么强调三国市场一体化或自贸区建设，要么强调部分领域或部分地区合作，缺乏在公共产品视角下对合作机制建设的系统性的深入研究，不利于拓展区域合作空间和强化各方"利益—命运—责任"共同体。目前中蒙俄经济走廊建设处于区域一体化初期发展阶段，基础设施互联互通等区域公共产品缺乏，诸如"经济资源民族主义"威胁、蒙俄对中国的担忧、区域生态环境及领导权冲突、基层间交流的有限性问题、三国利益诉求差异、非本地因素掣肘（特别是地缘政治冲突引发的对中俄政治关系潜在影响不容忽视）、已有合作机制缺乏法律约束等问题的制约，这迫切需要加强多方面协调的机制化，以联合起来共同生产、提供本地区所需的跨国社会基础设施、制度、机制及默契等区域性公共产品。因此，中蒙俄经济走廊作为促进三国区域合作的推进机制，如何通过提升其功能，强化决策—执行功能之间的传导机制，促使中俄蒙首脑会晤达成的协议和共识获得最大程度的落实，成为经济走廊建设重大课题。

二 本书相对于已有研究的独到学术价值和应用价值

1. 学术价值

首先，中蒙俄经济走廊建设的发起、走廊功能的不断提升，一定程度上可以理解为经济走廊机制的制度创新与制度变迁过程。为此，本书将公共产品理论、制度经济学理论与地区主义、功能主义相融合，以区域性公共产品供给为抓手，推动经济走廊区域经济整合，为中蒙俄经济走廊机制化建设提供理论分析框架，可进一步丰富经济走廊国际制度该如何设计这一课题。其次，该研究为中俄蒙国际宏观政策协调机制建设及新型合作模式探索提供新思路。

2. 应用价值

2016 年中蒙俄签署经济走廊合作规划纲要，如何提升区域合作机制、

---

① 内蒙古自治区发展研究中心编：《2016 中蒙俄智库国际论坛论文集》，2016 年。

搭建国际合作平台、共同落实合作事项，成为中俄蒙三国的重要任务，在新形势下具有突出的实践意义和政治价值。

首先，三国共同构建国际合作机制和创新制度安排，能够提升各国能力结构，拓展各国区域合作空间，保障中俄蒙各自发展战略对接的有效落实，防止合作的随意性和流于形式。

其次，加强机制化研究有助于中国积极参与经济走廊事务，进一步深化与俄蒙经贸合作，推进"一带一路"从构想向现实转化，形成辐射力较强的西部及东北经济增长极。

最后，以中蒙俄经济走廊建设为施加积极影响的抓手，有利于巩固中国与俄蒙国家全面战略伙伴关系。一方面，通过对中蒙俄经济走廊研究，明确建设好中蒙俄经济走廊，关系到中国与俄蒙全面战略关系可持续发展前景，特别是中俄关系走向关系到中国的战略全局和国际生态环境。另一方面，借中蒙俄经济走廊建设，探寻合作机制有效实现形式，建立共同发展为导向兼及防御世界政治经济动荡扰动冲击的机制化合作框架，推进各自发展战略对接，夯实合作的物质基础，降低外部冲击不利影响，防止中国陷入战略被动，进一步促进中俄蒙区域更高水平战略合作、经济互信和政治互信，也为北亚及东北亚合作注入新的活力。

第二节　研究内容及方法

一　研究对象及思路

1. 研究对象

（1）以中蒙俄经济走廊建设现有合作机制为研究对象，揭示现有机制面临内外挑战及改进条件。（2）以中蒙俄经济走廊合作机制构建为研究对象，从理论上明确区域公共产品提供是中俄蒙区域推进机制安排的基本方向，进而探究多元化合作机制的实现形式与合作模式选择。（3）基于三国规划纲要和现有机制约束条件及推进机制目标，研究中国参与走廊治理战略选择。

2. 研究思路（见图 1-1）

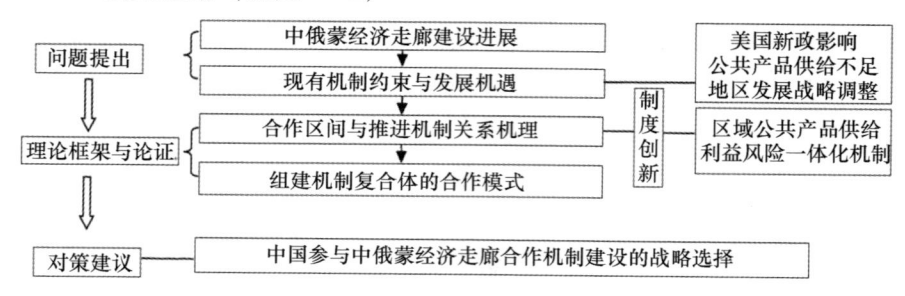

图 1-1 研究思路

二 研究内容及主要观点

1. 中蒙俄经济走廊区域合作进展评估与机制化建设重要性

（1）中蒙俄三国在"五通"方面取得一系列进展

中蒙俄经济走廊经历了提出和达成共识，纳入建设总体规划，达成合作框架协议，正式落地和高质量发展五个阶段。目前，中蒙俄三国在"五通"方面取得一系列进展。中蒙俄三方或双方高层利用元首会晤、总理定期会晤及其他多边合作平台不断引领推进政策沟通建设；三国在贸易规模和经贸园区等方面的建设加速发展，但对外直接投资表现乏力；三国跨国交通、能源、通信基础设施互联互通水平不断提升，形成了一批具有代表性的基础设施项目；中俄联手加快推动本币结算机制和去美元化进程，同时基础设施融资顺利推进；其他如人员往来、旅游及人文交流也快速增长并成效显著，社会民意基础不断稳固加深。可见，中蒙俄三方有条件并有能力进行各方面的合作，齐力建设好中蒙俄经济走廊。

（2）中蒙俄经济走廊高质量发展内涵

中蒙俄经济走廊作为"一带一路"框架下的首个多边经济走廊，共享"一带一路"高质量发展的诸多原则、理念、目标。目前，中蒙俄经济走廊建设进入高质量发展阶段，中蒙俄经济走廊高质量发展的科学内涵主要有以下几个方面：秉持共商共建共享的基本原则；努力实现高标准、惠民生、可持续目标，通过高质量共建"一带一路"，最终推动构建人类命运共同体；坚持开放、绿色、廉洁先进理念；更高要求的互联互通；更加多元化的参与主体；完善机制保障，加强机制化建设。

(3) 机制化建设的迫切性

目前，中蒙俄经济走廊依然存在着合作机制缺乏法律约束力的问题，阻碍了地区经济合作活动的开展与资源的有效开发，而制度化的合作机制能够防止合作的随意性和流于形式。加强经济走廊区域合作机制建设，就是要借助市场驱动和制度驱动两种机制力量，提供更符合该特定地区或国家真实需求的区域性公共产品的供给，实现区域合作的发展。俄乌冲突的持续升级与中蒙俄经济走廊新老风险叠加，更加凸显三方推动经济走廊在高质量发展阶段的机制化建设既重要又紧迫。

2. 基于合作区间的中蒙俄经济走廊区域合作推进机制安排及模式选择

(1) 区域合作区间与区域目标驱动机制的关系机理

第一，区域利益与区域合作存在密切关系。区域合作的发展进程主要依托市场驱动和制度驱动两种机制力量来推动，两条驱动路径不是相互割裂的，而是具有"互补型"联动关系，只是在区域合作发展进程的某一阶段某一种力量发挥主要作用。一般来说，依托两种驱动力量能有效增加区域利益，进而推动实现区域合作，而区域合作又会促进区域利益的帕累托改进。

第二，根据合作的难易程度和层次性，中蒙俄经济走廊区域分为三个不同的合作区间，即困难合作区、自由合作区和分裂合作区。目前中蒙俄经济走廊区域合作，有一部分是自由合作区间、有较大部分处于困难合作区间，且跨国合作区间还处于多种因素干扰的受阻状态，导致合作发展速度不达预期。为了摆脱眼前发展困境，制度创新是扩大合作区间、推动中蒙俄经济走廊减少困难合作区间、增加自由合作区间发展的不二选择。国际机制的制度创新是中蒙俄区域合作推进机制的基本思路，是中蒙俄经济走廊建设的基本内生动力。

第三，制约中蒙俄区域合作机制发展的主要因素为软硬等基础设施类区域性公共产品的缺失。因此，改善区域基础制度环境和保障区域公共产品供应成为推进中蒙俄走廊区域持续合作的基础。目前，中蒙俄经济走廊区域公共产品供给不足的现状主要表现在以下几个方面：经济设施类特别是基础设施公共产品方面还存在着很大的不足；在人文交流类公共产品供给方面，中国、蒙古国和俄罗斯三国相互之间存在着文化认知差异和误解；在安全类公共产品方面，中蒙俄三国之间政治互信有待加强，俄蒙两国对中国存有忌惮和防范保留心理，同时跨境犯罪问题屡见不鲜；在环境类公共产品方面，水资源污染、荒漠化和大气污染依然是一个严重的问题，这需要各国积极采取跨国治理措施，保障环境安全。目前，在中蒙俄区域合作中，作为经济设施类的区域公共产品供给不足现象严重，导致中蒙俄困难合作区间大。

（2）功能性合作机制的构建

目前，中蒙俄经济走廊构建诸如 FTA 等制度型合作机制的时机和准备工作还不够成熟。这就需要通过经济、科技等多重实际合作成果的积累，有效发挥在诸如基础设施、贸易、金融、文化、旅游、能源和安全等具体功能性领域的合作产生的溢出效应，使之成为中蒙俄经济合作建设的突破点。因为功能性合作能够有效地将三国在国家层面难以达成的统一，分散到各个小功能部门，功能性合作还可以增加并汇聚利益汇合点，扩大中蒙俄合作范围，推动困难合作区间向自由合作区间的转换，增大中蒙俄进行自由合作的空间，为深入区域合作提供必要的道路。

（3）中蒙俄经济走廊合作机制模式选择

构建复合机制执行模式是中蒙俄经济走廊区域合作机制建设的现实选择。中蒙俄经济走廊的复合机制，总体上是"非正式对话机制＋正式约束机制"形式，在具体实施进程中，应该分两阶段：第一阶段："非正式合作机制＋多边正式功能性组织机构"执行模式，该阶段是当前中蒙俄经济走廊区域经济合作机制构建的现实选择；第二阶段："非正式对话机制＋正式对话机制＋自贸区＋多边正式功能性组织机构"执行模式，该阶段是未来中蒙俄经济走廊区域经济合作机制构建努力的方向。

3. 中蒙俄经济走廊重点领域的合作机制建设专题研究

（1）中蒙俄经济走廊安全风险评估与应对机制

第一，中俄蒙国家间存在的异质性因素给共建中蒙俄经济走廊高质量发展带来了诸多的安全风险挑战和不确定性，受世界经济衰退以及更加复杂的国际政治环境等多种因素综合影响，可以预计"十四五"期间中蒙俄经济走廊建设风险复杂多变，因此十分有必要识别并把握走廊面临的风险。比如政治风险、经济风险、社会与话语认同风险、自然环境风险与公共卫生事件、合规风险都是中蒙俄经济走廊高质量发展需要考虑的重要因素。

第二，中蒙俄经济走廊高质量发展安全风险的防范机制。三方应共同合作提供本地区所需的区域性公共产品，为中蒙俄经济走廊高质量筑牢安全发展根基。继续加强国家互信及认同感等默契理念性产品的供给；多层次多主体推进公共卫生跨境合作机制建设；深入强化第三方市场合作机制建设；依托清洁能源产业和绿色融资加强经济走廊绿色发展；构建富有弹性和韧性的产业链和供应链安全体系；加强经济走廊发展规划和规制标准的对接联通。

（2）中蒙俄经济走廊贸易便利化水平及其深化发展

第一，中蒙俄经济走廊的贸易便利化水平整体还处于不便利阶段。因此，需要通过一系列相关改善措施来促进中蒙俄经济走廊的贸易便利化，进一步带动三国经济贸易的发展。

第二，通过提升贸易便利化合作机制有效实施，将极大降低这些国家贸易成本，激发发展贸易的潜能，实现共同发展。（1）探索多层次的公共产品供给是突破贸易便利化发展瓶颈的有效方式；（2）产能合作是深化贸易便利化的经济技术基础；（3）中欧班列是提升经济走廊贸易便利化的重要抓手；（4）口岸经济与口岸城市协同发展提升边境口岸的综合带动作用；（5）国家互信及认同是贸易便利化各项工作顺利对接的前提。

（3）中蒙俄经济走廊金融合作发展及金融合作机制建设

第一，中国与蒙俄两国在金融合作机制建设、本币互换、跨境贸易结算、金融机构合作、金融监管合作等方面的合作进展显著，其中俄建立了更为紧密的金融合作关系。

第二，尽管中国与蒙俄在金融领域间的合作已取得一系列成果，但受经济走廊相关合作伙伴国的经济发展的不确定性、金融体系的脆弱性等内外因素的影响，中蒙俄经济走廊在金融合作中面临诸多风险挑战。如蒙俄经济增长不确定性大且易形成较高的主权信用风险；总体金融发展水平低使得抗外部金融风险能力差；经济走廊的金融合作面临域外大国博弈的严峻挑战。

第三，中蒙俄经济走廊金融合作面临新的发展机遇。如国内经济基本面向好及金融业开放为金融合作提供支撑；中国与蒙俄发展政策、战略对接助力双边金融合作；蒙俄两国基建需求面临的资金缺口亟待金融支持；中国与蒙俄经贸联系日益紧密催生货币合作需求；美元霸权倒逼中俄支付结算体系"去美元化"合作。

第四，深化中蒙俄经济走廊金融合作发展应该加强机制化建设。中国与蒙俄两国金融合作水平较低，当前宜以功能性金融合作为主，当然，通过大量发展重要领域的功能性金融合作也要在相对成熟时期或区域实时推进制度性合作。根据以上原则，本书主要从以下四大方面提出相关主要观点：构建中蒙俄经济走廊金融合作安全机制网络；共建投融资合作体系，拓宽融资渠道，创新融资模式；优先加快人民币在经济走廊的国际化步伐；打造经济走廊卫生健康共同体为三方合作创造稳定环境。

总之，从外在影响方面看，当前俄乌冲突进一步加大了俄罗斯向东转政策的推动力度，为推进中蒙俄经济走廊的务实合作提供了重大发展机遇。从内在影响因素看，正是基础设施、区域贸易投资类等方面区域公共产品供给尚不足，造成中蒙俄经济走廊困难合作区间大，这也是形成现有机制约束的主要因素。三国只有联合起来，通过制度创新和推进机制的力量来达成区域合作，满足经济走廊建设所需的跨国社会基础设施、制度、机制及默契信任等多层次公共产品供应，才能为中蒙俄经济走廊建设拓展共赢的经济发展空间。中国经济实力雄厚，总体上已经成为一个加工制造业大国，创新驱动发展增强，而蒙古国、俄罗斯总体上还是初级产品供给者。因此，中国应该在推进经济走廊公共产品供给的机制建设上发挥重要作用。最后，特别强调指出，中国推进中蒙俄经济走廊建设，不仅要加强中国经济走廊毗邻地区对蒙俄的区域合作，更要加强边境地区与中国发达经济区的联动机制建设，进一步完善毗邻地区全方位开放与制度型开放并重的开放格局，只有这样才能将经济走廊建设落实到实处。

三 研究方法

1. 历史与逻辑相结合

中蒙俄经济走廊建设首先是一个历史的、发展的演化进程，在地区经济一体化不同发展阶段，中俄蒙区域合作目标、机制及模式是不同的，这是本书主要叙事逻辑。

2. 实地调查和统计分析相结合

在中蒙俄经济走廊沿线选取重要节点城市和口岸多次开展调查研究。

3. 定性分析与定量分析相结合

第一，通过理论分析与政策分析相结合，从国际政治经济学特别是区域公共产品理论视角出发，融合公共产品理论、地区主义和功能主义、制度经济学相关理论，从合作区间的角度分析区域合作区间与区域合作机制建设之间的关系机理，研究中蒙俄经济走廊推进机制可行路径，基于此，根据多元化合作机制的不同实现形式，探索构建复合机制模式和可操作性对策。

第二，采集大量数据并融合定量方法研究，如采用定量一般均衡 GTAP 模型模拟分析机制目标实现的经济效应；为了反映中蒙俄边境口岸与口岸城市发展的关系，本书借鉴国内外学者通常使用的相对集中指数 RCI 概念来度量二者的相关性，等等。

第三节　研究特色及创新点

1. 学术思想方面的特色和创新

首先，从区域公共产品供给视角出发，研究中蒙俄经济走廊区域合作机制构建的公共产品理论分析框架。这是因为互联互通是中蒙俄经济走廊建设的重点，也是其真正的瓶颈，基础设施、区域贸易投资类等方面公共产品供给尚不足，造成中蒙俄经济走廊困难合作区间大，这也是形成现有机制约束的主要因素，通过制度创新和推进机制的力量来达成区域合作，满足经济走廊建设所需的多层次公共产品供应，将成为中蒙俄经济走廊建设的基本内生动力。

其次，以功能性合作特别是公共服务型功能性合作为主的机制构建是深化三方合作的可行路径。目前，中蒙俄经济走廊构建诸如 FTA 等制度型合作机制的时机和准备工作还不够成熟。这就需要通过经济、科技等多重实际合作成果的积累，有效发挥在诸如基础设施、贸易、金融、文化、旅游、能源和安全等具体功能性领域的合作产生的溢出效应，使之成为中蒙俄经济合作建设的突破点。政治经济发展条件成熟后,也不排除构建统一自由贸易区的可能。

最后,中俄蒙首脑峰会达成的协议和共识获得有效落实,需要强化决策—执行功能之间传导机制。中蒙俄经济走廊属于领导人引领性质的决策机制,非正式特点突出,需要大力加强中蒙俄为主体兼及其他国家或组织共同参与的"非正式机制(高层会晤或签订各领域法律约束力弱的协议)+双多边正式组织(开发性金融机构或合作基金)"的执行模式,才能让首脑会晤达成的共识及有关协议真正落到实处,这也是防范中蒙俄共建"一带一路"风险的重要途径。

2. 学术观点方面的特色和创新

首先,中蒙俄经济走廊机制化建设的近中期目标是保障多层次区域公共产品供应以加强互联互通,降低国际形势发展的多重不确定因素的影响;远期是形成更为深入的理解和认同、经济上建立更紧密的依存关系,如构建FTA等制度型合作,巩固中国与俄蒙全面战略伙伴关系。当然,构建适宜的金融支持机制是发展目标有效实施的关键。

其次,发展援助、区域安全管理体系、基础设施互联互通、区域贸易投资机制、对话机制等区域公共产品提供,不仅与开展贸易和投资同等重要,更为重要的是为三国拓展共赢的经济发展空间。

再次,根据现有的条件,中蒙俄经济走廊区域合作机制应该不属于任何一种标准形态的治理结构,按照以往的模式进行建设缺乏实际可操作性。因此,我们认为,中蒙俄经济走廊区域合作机制的治理结构的建构,应该朝着以发展导向型为主的多元化合作机制努力,这样的合作机制不拘泥于某一种固定治理模式,可能既包括标准形态的合作机制,又是包括次区域合作、产业园区等多种功能性合作机制的混合体。构建复合机制执行模式是中蒙俄经济走廊区域合作机制建设的现实选择,要大量发挥功能性领域"小制度"建设的累积与溢出效应。

最后,中俄蒙在加强经济合作同时,不可忽视经济建设与人文交流和社会互动方面的协调。

3. 研究方法方面的特色和创新

第一,引入前沿评价方法:为展望中蒙俄经济走廊的未来发展前景,引入GTAP模拟仿真工具,实证研究不同政策制度模拟情景下的经济效应。借鉴国内外学者通常使用的相对集中指数 RCI 概念来度量二者的相关性。

第二，跨学科研究是其主要特色：中蒙俄经济走廊建设不仅是一种经济现象，更是一种政治现象，为此，结合世界经济学、国际关系学和国际政治经济学相关理论，对合作机制相关问题系统研究。

第二章

理论基础概述

其一，正是国际公共产品供给尚不足，造成中蒙俄经济走廊困难合作区间大。为此本书从国际区域公共产品供给视角出发，研究中蒙俄经济走廊区域合作机制构建的公共产品理论分析框架。因而，本书的核心理论基础之一是国际公共产品理论。其二，中蒙俄经济走廊建设，主要任务是推进中蒙俄首脑峰会达成的协议和共识获得有效落实，而强化不同活动主体之间的决策—执行功能之间传导机制就显得非常重要，这在一定程度上可以理解为经济走廊机制的制度创新与制度变迁过程。因此，本书的理论基础之二是，加强制度经济学理论在中蒙俄经济走廊区域合作机制构建方面的应用。其三，中蒙俄经济走廊建设也是中俄蒙区域合作的市场开放与一体化建设的过程，以国际区域经济合作理论为抓手，推动经济走廊区域经济整合，为中蒙俄经济走廊机制化建设提供理论分析的支撑基础。为此，本章理论基础部分重点概述国际公共产品理论、新制度主义理论、国际区域经济合作理论。

第一节 公共产品理论

公共产品理论最早由萨缪尔森在 1954 年出版的《公共支出的纯理论》中给予阐释，揭示出公共产品的非竞争性、非排他性特征。1973 年金德尔伯格出版了《世界大萧条：1929—1939》，作者提出自由的国际经济秩序需要政治领导力这样一个命题，他把政治学中的领导者概念和经济学中的公共产品的原理相结合，提出一个不同于当时主流经济学理论对大萧条的解释，由此首次将公共产品理论引入国际关系，提出国际公共产品的思想，指出国际公共产品在国际秩序中充当"稳定器"的重要作用。基于上述逻辑，金德尔伯格对国际公共产品的分类，主要包括三个方面：其一，与国内自由经济制度相对应的国际自由贸易金融体制：稳定的国际货币金融体制、完善的国际自由贸易体制、能纠正对外经济不平衡的宏观经济政策的国际协调体制。其二，与国内国防和治安相对应的国际安全保障体制：国际政治的稳定与安全、对冲突的抑制和调停。其三，与国内社会保障体系相对应的国际经济援助体制：对发展中国家和不发达国家的有效而充分的经济技术援助。金德尔伯格的思想很快在政治学家中引起共鸣。罗伯特·吉尔平1975年出版《美国的实力和跨国公司》和1976年政治学博士斯蒂芬·克拉斯纳发表了文章《国家实力与国际贸易结构》，将金德尔伯格的思想改造成一个更偏向于国际政治经济学的命题。从概念上用霸权一词替换领导者，意在表明领导者必须使用权力实现目标；霸主拥有巨大的经济剩余，有能力承担国际公共产品的巨大成本支付[①]；从强调领导者出于仁慈目的提供公共产品，转入强调霸权国创造自由国际经济秩序的目的是自身的利益，是成本收益分析之后的国家利益决定国家的对外行为。简言之，根据吉尔平等学者的理论，国际公共产品一般包括稳定的国际金融体系、开放的国际贸易体系、可靠的国际安全体系和有效的国际援助体系。

　　由于全球性公共产品的供给严重不足，针对性、高效率的区域性公共产品应运而生。一方面，按照"霸权稳定论"的逻辑，霸权国供给模式无法避免"边际成本递增、边际收益递减"的问题，当存在他国的"搭便车"现象时，霸权国的衰落不可避免，会出现国际公共产品供给不足的缺口；另一方面，在区域层次，由于全球化的推进与跨境问题的大量出现，特别是当霸权国的能力和意愿不足时，会被动与主动地减少国际公共产品供给，转而由地域内国家自愿联合提供为本区域服务的区域性公共产品，这一转变促使了区域性公共产品的产生。区域性公共产品最初是作为霸权国公共产品供给不足的补充和替代品出现的。拖德·桑德勒最早提出区域性公共产品这一概念，并对"区域性公共产品"进行

[①] ［美］罗伯特·吉尔平：《国际关系政治经济学》，杨宇光等译，经济科学出版社1989年版，第90页。

分类来研究发展援助问题①。随后，瑞典官方（EGDI）发布了《区域性公共产品与国际发展合作的未来报告》，进一步完善了区域性公共产品的概念以及如何用来解释发展合作等问题。

区域公共产品是以一般公共产品为基础，对特定的区域具有明确的受益性和地域性，作用效率非常高，只涉及少量国家区域，公共产品的供给也相对灵活与可得。同时，由于区域公共产品具有高度的明确性，能够较清楚地分析所涉及的成本与收益，可以减少"搭便车"的现象，从而提高效率性。这些特点都决定了区域公共产品在促进区域合作发展方面具有重要的意义。区域公共产品与区域合作是相互促进与相互制约的关系，高速发展的区域合作需要提供更多的公共产品以实现真正的合作。在大部分区域合作中，区域大国一般不会成为该区域的主导，长久的互动有赖于双方较为平等的合作模式。现阶段，中蒙俄三国普遍存在着公共产品供给短缺和利用不足的现象，三国之间的合作发展受到多方面的约束，公共产品理论对促进中蒙俄区域合作机制的建设具有重要的指导价值。

第二节　新制度主义理论

新制度主义理论是在对新古典经济学批评的基础上发展起来的，主要代表人物如科斯、诺斯、威廉姆森、阿尔钦等。该学说认为新古典经济学的分析忽略了制度因素是严重脱离现实的理论抽象；而他们忽略制度因素与假定交易费用为零有关。事实上，交易费用的大小与制度因素密切相关。制度安排是否完善和协调，直接关系到交易费用的高低和经济运行的绩效。新制度经济学肯定新古典经济学分析框架和合理因素，同时也没有全盘否定诸如麦金农和肖的自由化等理论，而是在批判的基础上认为，必须把制度因素如企业制度、产权制度、市场制度、组织制度等纳入供求分析框架。越来越多的新制度经济学家认为，制度变化的供给是重要的，尤其对于市场不发达的国家。随着新制度经济学的发展，国家、

---

① Todd Sandler, "Global And Regional Public Goods: A Prognosis for Collective Action", *Fiscal Studies*, Vol. 19, No. 3, 1998. pp. 221 – 247.

意识形态刚性、历史依赖、技术进步、制度的惰性等因素也逐步被纳入其研究框架，使得这一理论更贴近现实，更具有解释力。新兴工业化国家，特别是经济转轨国家对制度经济学的需求以及发达国家的制度改革，吸引了不同学派对制度问题的重视。同时，越来越多的新古典经济学家和新凯恩斯经济学家认为，对市场经济不发达的转轨国家，强调制度作用比强调价格机制的作用更为重要。但是，这一理论由于过分强调制度的作用而甚至认为没有自由化同样可以促进经济发展，这是不足取的。

新制度主义理论是一门以产权和制度为研究对象的理论学科，主要研究制度对经济行为发展的影响，通过分析制度的成本、变迁等方面来研究国家、区域经济的发展效益。科斯对制度经济学的研究主要体现在对企业交易成本的研究，并提出交易成本理论；道格拉斯·C. 诺斯是在科斯研究成果的基础上探讨交易成本对整个经济效益的影响，明确了制度的含义，他认为制度的作用就在于，它是通过为人们建立特殊激励框架，使人们在相互交往过程中能够减少不确定性获得稳定性[①]。制度变迁理论最早是由诺斯在20世纪70年代提出来的，其中心思想通过制度变迁能够降低交易费用，带来更大的经济效益。制度创新取决于成本和收益，诺斯认为制度外的潜在利润是进行制度创新的根本动因。如何降低交易费用和实现整体帕累托最优，是进行制度变迁的动力。制度环境的变化能够导致制度创新，如市场经济的变化、成本与收益的变化和对风险的规避等，这些外部环境的变化驱使利益主体改变制度，这就是制度变迁。例如，新制度经济学理论在转轨国家的金融深化中发挥更为重要的作用，因为转轨国家金融体系融入金融全球化进程就是本国金融制度变迁或金融制度创新的过程。可以说，合理的金融制度是转轨国家金融自由化改革成功和推进金融深化的重要保障。转轨国家应该充分汲取新制度经济学说的理论精髓，推进本国的金融制度变迁和金融制度创新。[②]

---

① [美] 道格拉斯·C. 诺斯：《制度、制度变迁与经济绩效》，上海人民出版社2008年版，第3—7页。

② 米军：《俄罗斯金融改革回顾与展望》，中国社会科学出版社2012年版，第4—5页。

第三节　区域合作理论

　　区域合作理论受区域主义思潮的影响。一般学术上普遍接受的观点是指在地理上相互邻近的国家为了实现某一共同的目标而推进整合，旨在形成一种利益相关的国际关系现象。20世纪50年代，该理论伴随欧洲共同体的发展而发展，欧洲各国为了降低战争带来的伤害，逐渐联合建立起正式的经济组织，形成传统的区域主义。在80年代后期，大国势力的变动和领土范围的影响，推动着人们向新的区域形式转变，新区域活动形式的发展形成的浪潮我们称之为新区域主义，新的区域主义在20世纪80年代末和90年代初成为一种流行的结构，人们逐渐加深对新兴区域互动和过程的全面和多维性质的关注[1]。新区域主义是在世界政治多极化和经济全球化的形式下产生的，注重多元、灵活的国际合作方式，拥有自主性质，在形态上也由正式的条约机制转变为"正式+非正式"机制。

　　国际区域经济合作大体有四种形态。一是功能性合作形态。该合作方式受功能主义思想影响，功能主义是一种强调功能部门之间合作的有关区域合作的理论。功能主义理论的代表人物是大卫·米特拉尼（David Mitrani），他提出的"功能化选择"为国际一体化提出了新的解决方法，认为功能主义就是在某一领域上的合作会不断向外进行辐射，带动其他相关领域的合作发展，最终实现全方位和全领域的合作。功能性合作是区域内各国为实现某个具体项目或局部功能，通过下层部门的合作来实现上层政府之间的合作行为。主张"自下而上"，成员国以自身的利益为基础，依靠市场力量驱动，根据合作的需要自动扩展功能，通过各国民间部门尤其是企业部门合作，在低于国家层面领域内加强各自功能部门的合作来推进区域经济一体化[2]。

　　二是制度性合作理论。它是一种基于现实市场合作实践需要，在政

---

[1] Devlin, R. & Estevadeordal. A., "What's New in The New Regionalism in The Americas?", *Inter-American Development Bank Integration and Regional Programs Department Working Paper*, 2001.

[2] 陈宇：《功能主义理论与东亚的一体化进程》，《太原理工大学学报》（社会科学版）2014年第1期。

治逻辑推动下的标准形态的区域经济合作理论。主要是建立在一个共同的区域协定基础上，这种合作有长远的目标，由参与各国的中央政府来推动，合作范围不局限在某个项目或局部的功能上，这种区域经济合作可以是经济领域的，也可以延伸到更广泛的多个领域。区域经济一体化形式就是最典型的制度性合作机制。其一，最初级的国际区域经济合作方式是优惠贸易安排，主要是在特定区域或者对少数有选择的商品在一定限额内提供优惠关税，甚至也可能对某些商品撤除所有的贸易障碍，实行自由贸易。其二，在自由贸易区，成员之间通过签署协议，取消商品贸易中的关税，同时允许原产于该区域或者主要在该区域进行生产的产品自由贸易，但是自贸区成员国之间保持独立的关税政策。升级版的自由贸易协定越来越体现全面性特征，不仅包括货物商品，也包括服务、投资、劳动，甚至涉及安全、知识产权、环境、劳工标准、竞争原则等多方面内容。其三，关税同盟是指两个或者两个以上的国家建立统一的关境，对关税同盟内的成员取消关税，对于关税同盟外的国家或地区进口的商品，执行相同的关税政策和贸易政策。维纳认为，关税同盟的建立可以产生贸易创造效应和贸易转移效应，此后其他学者进一步补充，提出了消费效应和规模经济效应等。其四，共同市场理论。1956年斯巴克提出，共同市场成员国之间通过签署协议，取消贸易关税和数量限制，同时允许商品、服务、生产要素等在成员国之间自由流动，成员国对于共同市场以外的国家采取相同的关税政策。西托夫斯基和德纽在共同市场理论的基础上进一步提出了大市场理论。其五，经济同盟是指成员国间不但商品和生产要素可以完全自由流动，建立统一的对外关税，而且要求成员国制定和执行某些共同经济政策和社会政策，逐步废除政策方面的差异。目前的欧盟就是这种区域经济一体化组织形式，也是现实中最高形式的制度性合作。其六，完全经济一体化，指成员国在经济、金融、财政等政策上完全统一，在各成员国之间完全取消在商品、资金、劳动力流动及服务贸易等方面的各种障碍，进而在政治、经济上结成更紧密的联盟。

三是准制度性合作形态。它是一种非约束性的软制度，它有长远的目标，也有实现目标的手段。如亚太经合组织（APEC）提出了实现亚太地区贸易和投资自由化的茂物宣言和时间表，以"单边行动计划"和"集体行动计划"为手段,以政治领袖的承诺为保障,但是不具约束性,是通过成员自愿行动来进行的一种新型的区域经济合作形态①。

四是以地区参与为主的跨国次区域合作。跨国次区域经济合作范围主要是相邻几个国家部分地区构成的经济区域,这与以国家整体参与的跨国区域经济合作或区域经济一体化范围是有区别的。跨国次区域经济合作是指在地理位置相邻的两个及以上国家,包括毗邻地区及联系紧密的非毗邻地区之间开展的跨国经济合作,这种合作的深化将产生经济溢出效应,不断扩展到其他合作领域和相邻地域②。综合各方面的观点,相较于国家为主体的区域经济合作,次区域经济合作具有开放性、松散灵活性、多层协调性等特征。其一,开放性主要是指不仅依靠相邻边境区间的跨边界交往与互动这样一种内生力量,也不排斥来自区域外部,包括非成员国和国内其他地区的推动力。其二,松散灵活性主要指次区域经济合作可兼顾制度性和非制度性整合。其三,多层协调性指次区域经济合作以地方政府组织、企业组织为协调主体,同时还需要国家政府及国际组织参与协调③。次区域经济合作包括两种组成形式。一种是国家与地区混合结构的次区域,如大湄公河次区域合作的主体有老挝、缅甸、柬埔寨、泰国、越南五国和中国云南省。另一种是不同国家的多个地区组成的纯地区结构的次区域,如图们江开发计划所涵盖的范围是以朝鲜清津、中国延吉和俄罗斯符拉迪沃斯托克等地方主体构成的次区域。

---

① 陆建人、王旭辉:《东亚经济合作的进展及其对地区经济增长的影响》,《当代亚太》2005年第2期。
② 米军:《中俄区域经济合作发展新趋势》,《中国社会科学报》2016年9月12日。
③ 刘主光:《跨国次区域经济合作区与自由贸易区的分析——以GMS和CAFTA为例》,《亚太经济》2012年第1期。

第 三 章

中国、俄罗斯、蒙古国经济社会形势

研究区域离不开对国别的研究,研究国别也不能忽视所在的区域。中蒙俄经济走廊区域合作机制作为一项重要的区域议题,同样离不开对中蒙俄国别的研究。本章研究主要是通过动态了解中国、俄罗斯、蒙古国三国的经济社会发展的形势,为深入理解中蒙俄经济走廊建设面临的机遇及挑战提供国别发展的基础。

第一节 中国经济社会发展形势

一 中国总体经济社会形势

(一)中国经济长期呈中高速稳定增长

党的十八大以来,中国经济由高速增长阶段逐步迈向高质量发展阶段,经济增长虽面临一定的下行压力,但始终保持中高速增长,并持续充当世界经济增长的重要引擎。2012—2019 年,中国经济增长率基本保持在6%以上,年均增速达7%,中国人均 GDP 也于2019 年首次突破1 万美元。2020 年新冠疫情的暴发展现了中国经济强大的韧性与活力。在疫情重创全球经济、世界经济陷入自"二战"以来最严重的衰退背景下,中国快速实现恢复性增长,GDP 呈现"V 形"反转。具体来看,在疫情暴发之初,中国经济供需两端均受到重大冲击,2020 年第一季度GDP 同比下降6.8%,但随着第二季度疫情防控的常态化以及以"六稳六保"为核心的一揽子政策措施的推动下,其他季度 GDP 增长由负转正,增速迅速反弹至6.5%季度高增长①。整个2020年度，中国GDP成功突破100万亿元大关，全年增长2.2%，成为全球主要经济体中唯一实现正增长的国家。据估计，在"十三五"期间，中国对世界经济增长的贡献率保持在30%左右，充当世界经济发展的火车头。② 2021年，在严峻复杂的国际形势及国内疫情、极端天气等多重考验之下，中国继续引领全球经济的复苏，GDP增速超8%，人均GDP进一步达到1.26万亿美元，接近世界银行划定的高收入国家门槛（见图3-1）。

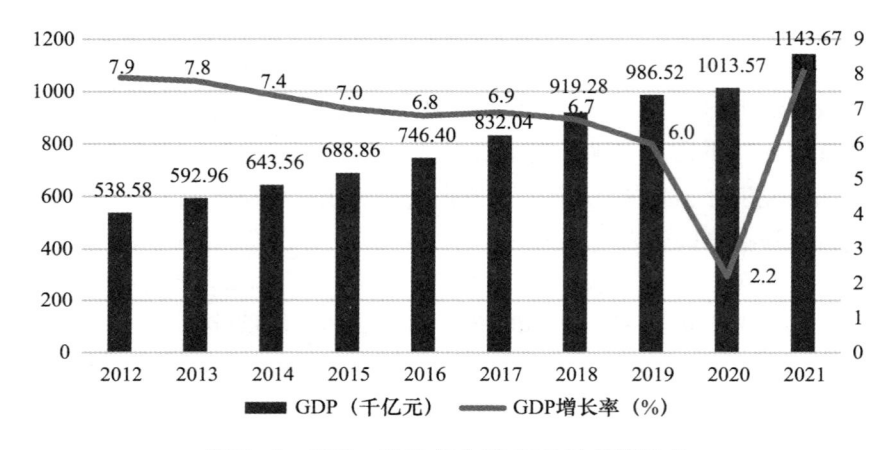

图3-1 2012—2021年中国GDP及其增长率

资料来源：国家统计局。

就产业结构来看，2021年中国三次产业增加值占GDP的比重分别为7.3%、39.4%、53.3%。其中，第一、第二产业比重呈稳步下降的趋势，第三产业比重稳步上升至50%以上，"三二一"产业格局更为巩固。最终需求方面，随着国内国际双循环战略的实施，国内循环对经济增长的带动力显著增强，外需作用也进一步提升。2021年，最终消费支出重新充当中国经济发展的第一动力，对经济增长的贡献率达65.4%，拉动GDP增长5.3%。净出口拉动GDP增长1.7%，是2006年以来的最高值（见

---

① 刘晓光、刘元春、闫衍：《迈向双循环新发展格局的中国宏观经济——2020—2021年中国宏观经济报告》，《经济理论与经济管理》2021年第1期。

② 陆娅楠、韩鑫：《中国经济保持中高速增长》，《人民日报》2020年9月28日第1版。

图 3-2)。

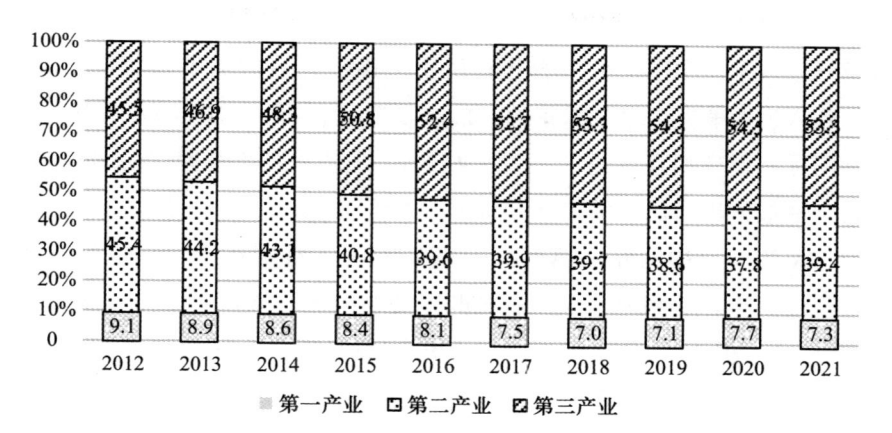

图 3-2　2012—2021 年中国三次产业增加值占 GDP 比重（单位：%）
资料来源：国家统计局。

通货膨胀率始终保持在合理区间。2012—2021 年，中国通胀率稳定在 2%—3%，属温和型通货膨胀。2021 年居民消费价格相比上年上涨 0.9%，其中交通通信、教育文化娱乐、居住类价格涨幅最大，分别为 4.1%、1.9%、0.8%，食品烟酒价格下跌 0.3%（见图 3-3）。

图 3-3　2012—2021 年中国通货膨胀率[①]
资料来源：世界银行 WDI。

[①] 2021 年数据来自《中华人民共和国 2021 年国民经济和社会发展统计公报》。

（二）对外经贸合作水平逐年提高

就外贸而言，除个别年份外，中国对外贸易额始终保持增长态势。改革开放以来，中国的外贸合作经历了从逐步开放的保护型贸易发展阶段，到入世后兼顾公平与保护的开放贸易阶段，再到国内大循环为主体、国内国际双循环相互促进的新发展格局阶段这一演变过程，期间顺利发展为全球最大出口国及第二大进口国，为经济增长提供了强劲的动力。[①] 2012—2021 年，中国外贸规模扩大 50% 以上，特别在新冠疫情暴发后，外贸连续两年"逆疫增长"。根据世界贸易组织（WTO）统计，2020 年中国出口、进口、进出口国际市场份额分别达 14.86%、11.63%、13.23%，均创历史新高。[②] 2021 年，进出口规模跨过 6 万亿美元台阶，达 6.05 万亿美元。贸易结构方面，进口以机械设备、化石燃料及其他非食用原料为主，主要出口机电产品及纺纱、织物等工业制成品。2021 年，中国前五大贸易伙伴分别是东盟、欧盟、美国、日本、韩国，双边进出口额分别为 8.78 千亿美元、8.28 千亿美元、7.56 千亿美元、3.71 千亿美元、3.62 千亿美元，合计占进出口总额的 52.81%（见图 3-4），其中

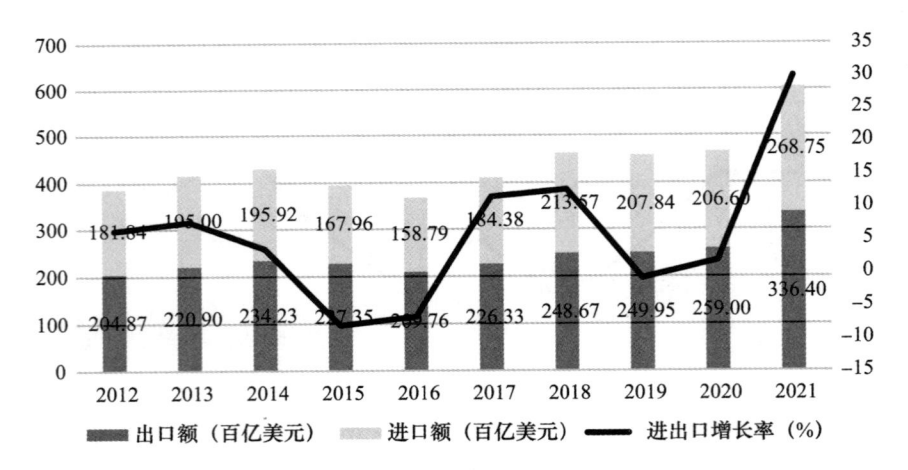

图 3-4 2012—2021 年中国货物进出口总额及其增长率

资料来源：中国海关。

[①] 程娜：《"双循环"新发展格局下中国对外贸易战略转型：演进逻辑、动因及路径》，《福建论坛》（人文社会科学版）2021 年第 12 期。

[②] WTO, https://stats.wto.org/.

东盟于 2020 年首次成为中国最大贸易伙伴①。

蒙古国和俄罗斯作为中国的两个邻国，与中国的政治关系不断强化，经贸合作不断深化，双边或多边对外贸易都有了一定程度增长。根据商务部统计，2013—2020 年中国与蒙俄两国累计对外贸易额为 7600 亿美元，年均增速达到 6.2%，总体保持较好的对外贸易增速。截至 2021 年年底，中俄贸易额突破 1400 亿美元；2019 年蒙中贸易额达到 89 亿美元，力争 2020 年实现 100 亿美元目标，其中中国占蒙古国外贸总额的三分之二②（见表 3-1、表 3-2）。

表 3-1   2021 年中国进口商品结构   （单位：%）

商品类别	机械及运输设备	按原材料分类的制成品	矿物燃料、润滑油及有关原料	非食用原料	饮料及烟类
所占比例	37.43	7.81	15.03	15.93	0.28
商品类别	食物及活动物	未分类的商品	杂项制品	动植物油、脂及腊	化学成品及相关产品
所占比例	4.57	2.25	6.33	0.54	9.82

资料来源：中国海关。

表 3-2   2021 年中国出口商品结构   （单位：%）

出口商品种类	各种类所占比例
化学成品及相关产品	7.86
按原材料分类的制成品	16.08
机械及运输设备	48.11
杂项制品	22.60
其他	5.35

资料来源：中国海关。

---

① 中国海关总署：《2021 年 12 月进出口商品国别（地区）总值表（美元值）》2022 年 1 月 18 日，http://www.customs.gov.cn/customs/302249/zfxxgk/2799825/302274/302277/302276/4127455/index.html，2022 年 8 月 18 日。

② 根据中国海关总署数据库在线查询，http://43.248.49.97/。

对外投资保持强劲增长。根据联合国贸发会议（UNCTAD）发布的《2021世界投资报告》，受新冠疫情的冲击，2020年全球对外直接投资流量为7.4千亿美元，同比下降39.34%。[①] 根据商务部发布的对外直接投资统计公报，同期中国对外投资逆势增长，流量达1.54千亿美元，首次跃居世界第一，占全球份额的两成。截至2020年年末，投资存量达258.07百亿美元，近五倍于2012年的存量[②]。分行业来看，中国对外直接投资呈多元化趋势，涵盖了18个行业大类，其中绝大多数投资集中在租赁和商务服务、制造、批发和零售、金融等行业。国家（地区）分布上，中国现有对外投资存量分布在全球189个国家（地区），其中近九成分布在发展中经济体。"一带一路"共建国家中，中国主要投资在新加坡、印度尼西亚、俄罗斯、马来西亚、老挝等国（见图3－5）。

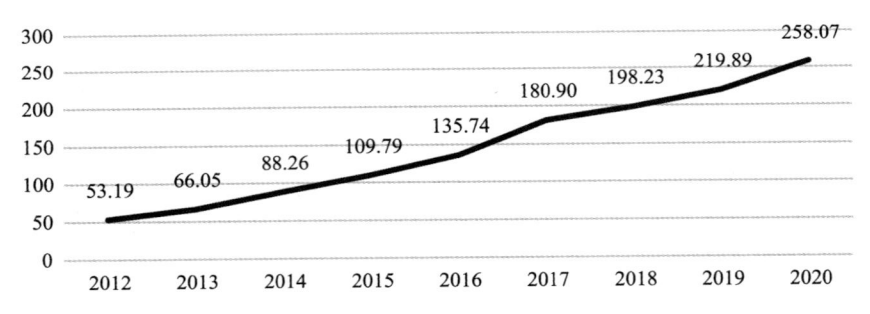

图3－5　2012—2021年中国对外直接投资存量（百亿美元）

资料来源：《2020年度中国对外直接投资统计公报》。

"一带一路"倡议提出以来，中国对蒙、俄投资规模均出现上升，对俄投资涨幅比较明显。2013—2019年，中国对蒙古国和俄罗斯的直接投资存量波动趋势呈先上后下的特点。中国对蒙古国直接投资由33.5亿美元稳步上升至2016年的高点38.4亿美元后下滑至2019年的34.3亿美元。中国对俄罗斯直接投资自75.8亿美元迅速扩大至2018年的高峰水平

---

① Unctad, "World Investment Report 2021" https：//unctad.org/system/files/official-document/wir2021_en.pdf, 2022年3月10日。

② 中国商务部：《2020年度中国对外直接投资统计公报》http：//images.mofcom.gov.cn/hzs/202111/20211112140104651.pdf, 2022年1月20日。

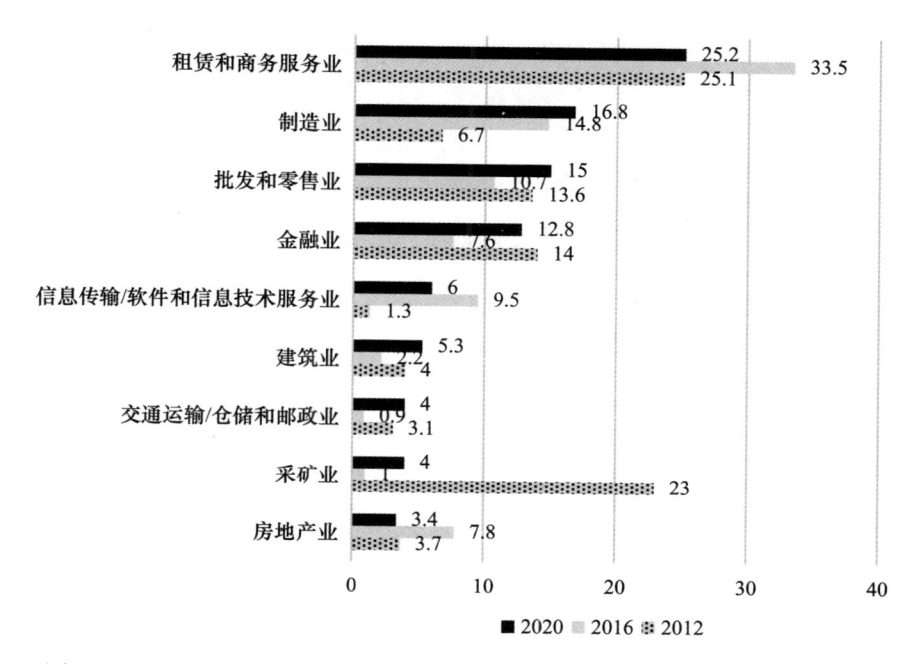

第三章　中国、俄罗斯、蒙古国经济社会形势 / 33

行业	2020	2016	2012
租赁和商务服务业	25.2	33.5	25.1
制造业	16.8	14.8	6.7
批发和零售业	15	13.6	10.7
金融业	12.8	14	7.6
信息传输/软件和信息技术服务业	6	9.5	1.3
建筑业	5.3	2.4	2.2
交通运输/仓储和邮政业	4	3.1	0.9
采矿业	4	23	1
房地产业	3.4	7.8	3.7

图 3-6　2012、2016、2020 年中国对外直接投资主要行业分布占比（单位：%）

资料来源：《2012、2016、2020 年度中国对外直接投资统计公报》。

142.1 亿美元后降至 2019 年的 128 亿美元（见图 3-6）。根据联合国贸发会议统计，截至 2020 年年底蒙古国吸引外资累积存量为 242 亿美元，2020 年度蒙古国吸引外资流量为 17.2 亿美元，蒙古国前五大外资来源国分别是加拿大、中国、新加坡、卢森堡、日本[①]。其中，中国对蒙直接投资存量 2020 年为 32.36 亿美元，占蒙古国吸引直接投资存量不足 15%；中国对蒙直接投资流量 2020 年为 0.083 亿美元，占蒙古国吸引直接投资流量不足 0.5%。截至 2020 年年底俄吸引外资累积存量为 4466.56 亿美元，流量为 96.76 亿美元，排在前十位的多数为欧洲国家，如荷兰、卢森堡、英国、爱尔兰、法国、德国、瑞士等。其中，中国对俄直接投资存量 2020 年为 120.71 亿美元，占俄吸引直接投资存量不足 3%；中国对俄直接投资流量 2020 年为 5.70 亿美元，占俄吸引直接投资流量不足 6%

---

① UNCTAD 数据库，https：//unctadstat.unctad.org/wds/ReportFolders/reportFolders.aspx?sCS_ChosenLang=en，2022 年 8 月 20 日。

(见表3-3)。显然,已有的吸引外国投资规模与蒙俄对资金需求的巨大缺口构成明显反差。根据商务部统计,中国对蒙古国直接投资存量主要分布在矿产、能源、建筑、金融、畜产品加工、餐饮服务等行业。中国对俄罗斯直接投资存量主要分布在采矿业、农林牧渔业、制造业租赁和商业服务业、金融业;投资区域主要集中在俄罗斯远东地区、西伯利亚、莫斯科、圣彼得堡。

表3-3 **2013—2019年中国对蒙、俄的直接投资流量和存量**(单位:亿美元)

年份	中国对蒙古国的直接投资		中国对俄罗斯的直接投资	
	流量	存量	流量	存量
2013	3.9	33.5	10.2	75.8
2014	5	37.6	6.3	86.9
2015	-0.2	37.6	29.6	140.2
2016	0.8	38.4	12.9	129.8
2017	-0.3	36.2	15.5	138.7
2018	-4.6	33.7	7.3	142.1
2019	1.3	34.3	-3.8	128
2020	0.083	32.36	5.7	120.7①

资料来源:根据中国商务部网站发布的《中国对外直接投资公报》和联合国贸发会议统计,http://images.mofcom.gov.cn/hzs/202111/20211112140104651.pdf,https://unctadstat.unctad.org/wds/ReportFolders/reportFolders.aspx?sCS_ChosenLang=en。

吸引外资稳步增长。据商务部外资统计,截至2020年中国累计使用外资金额达24398.1亿美元。其中在2020年全球FDI大幅下降的情况下,中国吸收外资同样实现了逆势增长,实际利用外资金额为1493.4亿美元,较上年增长5.7%,并继续保持全球第二大外资流入国的地位。从外资来源地来看,中国使用外资主要来自亚洲国家(地区),其中中国香港、日本、新加坡、韩国对华累计投资占中国使用外资总额的66.2%(见图3-7)。

---

① 商务部发布的投资统计公报,2020年为中国对俄直接投资存量120.71亿美元,根据俄央行发布的数据,存量为25亿美元,其差别主要是中俄两边的统计口径不一致导致的。

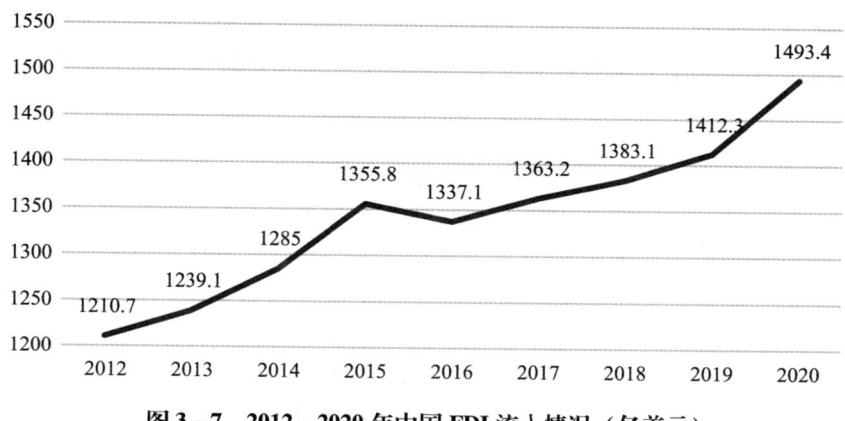

图 3-7　2012—2020 年中国 FDI 流入情况（亿美元）

资料来源：中国商务部《中国外资统计公报 2021》http：//images.mofcom.gov.cn/wzs/202111/20211125164038921.pdf，2020 年 8 月 10 日。

（三）财政金融整体稳健，地方财政收支矛盾突出

近年来，中国财政收支缺口虽呈扩大趋势，但总体在可控范围内，赤字率保持在合理水平。2020 年为刺激经济快速恢复，中国实施了更为积极的财政政策，收支缺口达 6.28 万亿元。随着经济的复苏，经济基本面的好转，2021 年财政收入呈恢复性增长，并首次突破 20 万亿元，财政缺口降至疫前水平（见图 3-8）。

地方政府债务规模不断扩大。受经济下行压力加大的影响，地方政府为稳定经济发展，通过加大举债以促进有效投资。自 2018 年起，地方政府债务规模增速均在两位数以上，截至目前已超 30 万亿元，政府债务率已逼近国际上通行的 100% 警戒区间下限。[①] 特别是地方政府以违规违法等变相举债的方式加大了地方的隐形债务风险。据估算，中国地方政府变相举债规模超 20 万亿元，且呈明显的波动性增长特征。[②]

金融方面，中国广义货币供应量（M2）增速始终保持在 5%—17.5% 的合理区间内，人民币汇率长期呈双向平稳波动。

[①] 第一财经：《地方债余额突破 30 万亿，六年翻一番》https：//m.yicai.com/news/101320680.html，2022 年 2 月 10 日。

[②] 易奔、卢彦瑾、马守荣：《地方隐性债务规模的统计核算与成因分析》，《财经理论与实践》2022 年第 43 卷第 1 期。

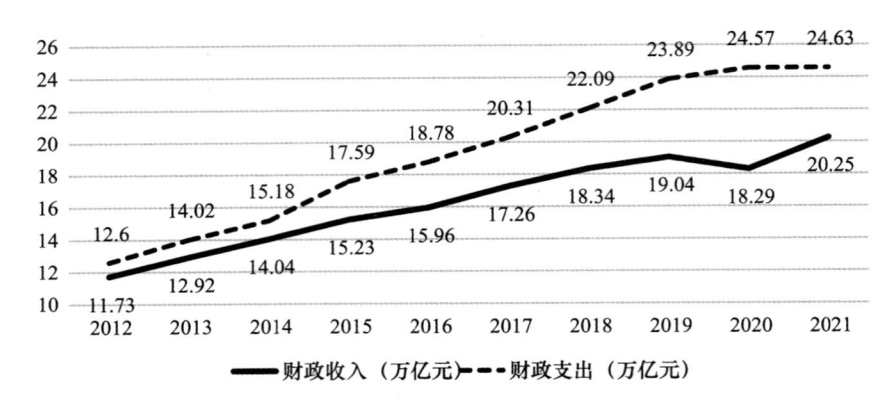

图 3-8 2012—2021 年中国财政收支

资料来源：国家统计局。

近几年，人民币的全球支付结算业务迅速发展。2021 年 12 月，人民币国际结算份额为 2.7%，首次超过日元，居全球第四位。截至 2022 年 1 月，全球前四大支付结算货币份额依次为美元（39.92%）、欧元（36.56%）、英镑（6.30%）、人民币（3.2%）[1]。

（四）减贫扶贫取得全面胜利

创造了人类发展史上的减贫奇迹，打造出一条中国特色的减贫之路。改革开放初始，中国是世界上最贫穷的国家之一，80% 以上的中国人生活在每日 1.25 美元的国际贫困线之下。如今，中国累计已有 7 亿多人口摆脱贫困，超过国际贫困线标准，对世界减贫贡献率超过 70%[2]。自党的十八大以来，中国坚持以精准扶贫作为扶贫攻坚战的基本方略，并将其纳入全面建成小康社会具有决定性意义的三大攻坚战，开创了扶贫事业的新局面（表 3-4）。经历八年的持续奋斗，中国如期完成脱贫攻坚的目标任务，9899 万农村贫困人口全部脱贫，832 个贫困县全部摘帽。2021 年 2 月，习近平总书记在全国脱贫攻坚总结表彰大会上庄严宣告，中国脱贫攻坚战取得了全面胜利，完成了消除绝对贫困的艰巨任务。与此同时，中国也提前 10 年实现《联合国 2030 年可持续

---

[1] 澎湃新闻：《1 月人民币全球支付份额升至 3.2% 创新高，保持全球第四》2022 年 2 月 17 日，https://www.thepaper.cn/newsDetail_forward_16738056，2022 年 8 月 18 日。

[2] 林毅夫：《论中国经济——挑战、底气与后劲》，中信出版社 2021 年版，第 25—33 页。

发展议程》减贫目标。① 回顾自改革开放以来的扶贫历程，中国已走出一条从制度改革推动减贫，到区域发展开发式扶贫，再到整村扶贫开发，最后是精准扶贫的中国特色减贫道路，并将为国际减贫事业提供中国经验。②

表3-4　　　　2012—2020年中国贫困状况基本情况

年份	2012	2013	2014	2015	2016	2017	2018	2019	2020
农村贫困人口数量（万人）	9899	8249	7017	5575	4335	3046	1660	551	全部脱贫
贫困县数量（个）	832	832	832	832	804	679	396	52	全部摘帽

资料来源：中华人民共和国国务院新闻办公室《人类减贫的中国实践》白皮书。

二　中国经济社会面临的挑战及应对

尽管中国在经济社会发展取得举世瞩目的成就，但仍应清醒认识日趋复杂的国际国内环境。国际形势不稳定因素的增多以及国内经济增长动力的减弱都将给中国经济社会发展带来重重挑战。

其一，努力克服新冠疫情对经济的不利影响仍是重要的任务。新冠疫情的暴发不仅重创了世界各国经济、社会的发展，对中国宏观经济及社会治理层面上的冲击亦不容忽视。尽管2023年5月世卫组织宣布了新冠疫情全球卫生紧急状态结束，但同时指出，这不意味着新冠疫情不再是全球健康的威胁。当前，中国疫情形势防控总体持续向好，但后疫情时代的社会恢复与发展问题以及疫情防控的复杂性与长期性问题同样值得高度重视。

其二，来自域外国家的地缘政治经济博弈。以美国为首的西方国家不仅持续加强对俄罗斯地缘政治博弈和经济金融制裁，对华战略遏制的基调亦未变。拜登政府更是试图构筑反华包围圈，以对华在经济、军事、

---

① 中国政府网：《人类减贫的中国实践》白皮书，http：//www.gov.cn/zhengce/2021-04/06/content_5597952.htm，2022年2月10日。

② 李实、沈扬扬：《中国的减贫经验与展望》，《农业经济问题》2021年第5期，第12—19页。

科技、外交等领域实施全方位围堵。随着中国的逐步崛起，中美陷入"修昔底德陷阱"的风险也将增加。

其三，经济增长动力显著减弱。在外需的持续疲软、国内产能过剩及人口老龄化导致的劳动供给增速下降等因素的影响下，资本及劳动两大支撑经济增长的传统动力发挥的作用正在减弱。同时，全要素生产率提升带来的发展"新动力"尚有不足。[①] 未来中国经济仍将处于新旧动力的转换期，经济下行的压力会持续加大。

其四，非金融企业杠杆率较高。2008 年国际金融危机后，中国实体经济部门的杠杆率大幅上升，疫情的暴发更使之快速增至 250% 以上。就各个部门来看，非金融企业杠杆率是最主要组成部分，占实体经济部分杠杆率的六成以上。[②] 非金融企业的高杠杆率与中国房地产行业的快速发展、地方政府的大量举债等因素直接相关。当前背景下，需警惕过高的房地产杠杆率因货币政策的边际收紧而引致的债务危机；地方政府隐性担保债务风险的累积；去杠杆过程中中小银行经营风险的集中上升。[③]

为应对以上国内外挑战，中国应主要从如下方面着手。

第一，积极开展国际医疗公共卫生合作，为维护全球卫生安全做出应有的贡献。通过加强医疗援外帮助"一带一路"沿线的受援国提升医疗服务能力，同时倡导全球抗疫国际合作，主动支持亚非拉国家或国际组织间的公共卫生合作项目，如在中蒙俄经济走廊打造中蒙俄卫生健康共同体。

第二，高质量推动"一带一路"建设，促进更高水平、更大规模的对外开放。"一带一路"旨在打造务实合作平台，促进与共建国家共同发展、共同繁荣。当前，应继续以"五通"为抓手，以构建人类命运共同体为最终目标，不断扩大知华友华的国际合作"朋友圈"。同时，加快打

[①] 刘伟、陈彦斌:《"两个一百年"奋斗目标之间的经济发展：任务、挑战与应对方略》，《中国社会科学》2021 年第 3 期。

[②] 国家资产负债表研究中心，http：//114.115.232.154：8080/。

[③] 清华大学中国经济思想与实践研究院（ACCEPT）宏观预测课题组、徐翔、吴舒钰、李稻葵:《2021 年中国宏观经济形势分析与预测——"十四五"开局之年：加快完成疫后恢复是重中之重》，《改革》2021 年第 6 期。

造对外开放开发新高地，推动国内各区域开放水平，为中国经济发展增添新动力。强大的工业体系是中国经济复苏的核心基础，而对外经贸合作的高涨则是核心动能之一。① 以中欧班列为例，疫情暴发后，中欧班列在列车开行数量上屡创新高，为保障国际产业链、供应链稳定，促进中欧经贸合作做出了重大贡献。

第三，做大做强中等收入群体，释放国内需求。中等收入群体是中国经济社会发展中主要的生产和消费者，壮大该群体、提升其富裕程度是迈向共同富裕的必经之路。② 目前中国中等收入群体虽已达4亿人，但仍未形成"橄榄形"收入分配结构，城乡区域行业分布明显不平衡，且存在较大的收入降级风险。③ 应将中等收入提质扩容作为扶贫之后的又一大攻坚战，以促进形成国内大循环为主体的新发展格局。

第二节 俄罗斯经济社会发展形势

从2000年至今，俄罗斯经济社会发展面临较大幅度的波动，期间油价因素、国际金融危机、新冠疫情及乌克兰地缘政治等是影响其波动的主要因素。尤其是2014年乌克兰危机爆发后，俄罗斯遭受欧美国家制裁的压力有增无减，制裁给俄罗斯经济造成了巨大的打击，而2022年年初的俄乌冲突让俄面临史无前例的制裁，加速了俄与美西国家脱钩，使得普京政权陷入了前所未有的危机局面。

一 经济增长长周期处于低速增长通道

据世界银行的统计数据计算，2014年至今俄罗斯年均经济增长不足1%。2014年乌克兰危机后，2015年俄罗斯增速跌入负增长，经过2016年的调整，俄罗斯经济衰退速度得到了控制，2017年，俄罗斯经济摆脱

---

① 中国人民大学中国宏观经济分析与预测课题组、刘元春、刘晓光、闫衍：《疫情反复与结构性调整冲击下的中国宏观经济复苏——2021—2022年中国宏观经济报告》，《经济理论与经济管理》2022年第42卷第1期。
② 李逸飞：《面向共同富裕的中国中等收入群体提质扩容探究》，《改革》2021年第12期。
③ 王一鸣：《扩大中等收入群体是构建新发展格局的重要途径》，《金融论坛》2020年第25卷第12期。

负增长上升至1.8%，2018年到2019年俄罗斯经济总体处于弱增长态势。2020年受新冠疫情冲击，经济增速下滑2.68%，主要原因是受新冠疫情防疫限制的影响，俄最终消费、投资及对外贸易均出现不同程度下跌。根据俄罗斯联邦统计局数据，从行业看，酒店和餐饮大幅缩减24.1%、休闲和娱乐领域下降11.4%、运输领域下降10.3%、石油减产及价格下跌造成采矿业缩减10.2%是重要影响因素[①]。2021年受世界经济复苏、油价上涨及政府刺激措施影响，俄经济强劲反弹，创下2008年以来的新高，据世界银行统计为年经济增速约4.8%，其中，消费需求增加和加工制造业投资增长发挥了重要作用（见图3-9）。

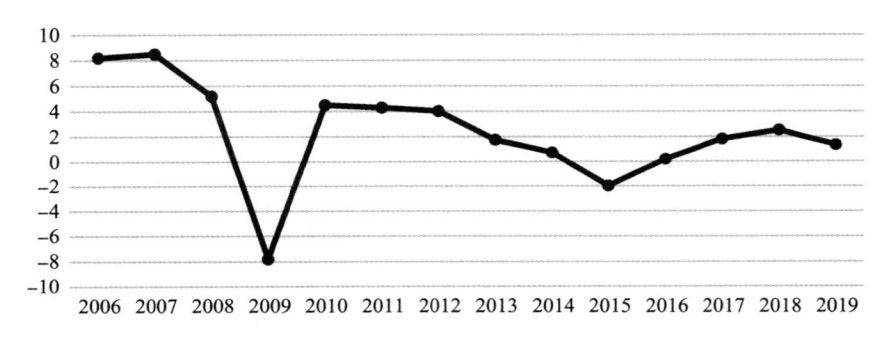

图3-9　俄罗斯GDP增长率

资料来源：世界银行。

二　通货膨胀低位运行

任何宏观经济指标体系都无法忽略通货膨胀率，它对货币政策、利率、汇率等都会产生重大影响，俄罗斯政府一直将降低通胀率视为政府的主要任务之一。图3-10中呈现出了2000年以来俄罗斯通胀率的变化趋势。

2000年至今，俄罗斯通胀率虽然勉力维持住了总体下降的大趋势，期间受2008年国际金融危机和乌克兰地缘政治因素以及油价因素的影响波动十分剧烈，两次骤然升高至15%左右，又在经济企稳复苏后不

---

① 俄罗斯联邦统计局：《Российский статистический ежегодник 2020》，https://rosstat.gov.ru/storage/mediabank/Ejegodnik_2020.pdf，2022年8月15日。

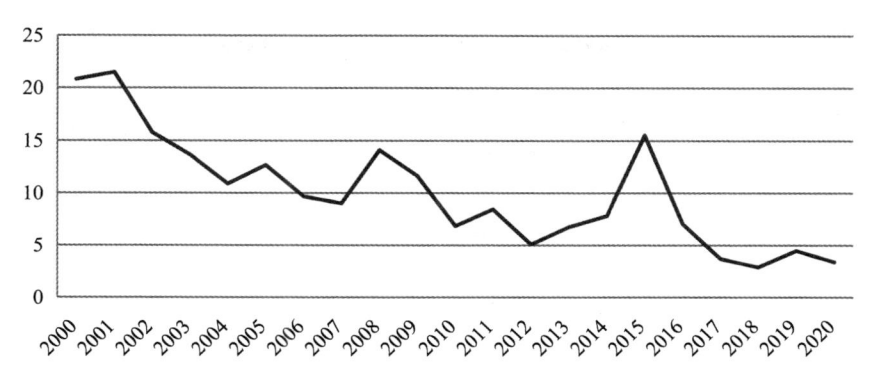

图 3-10 俄罗斯通胀率的变化趋势

资料来源：世界银行。

断下滑。根据世界银行公布的数据，2020年全年俄罗斯通胀率仅为3.4%，说明俄国内居民消费总体趋于谨慎，消费需求增加对通胀率增加影响有限，经济运行进入增长乏力状态。但由于受地缘政治紧张和动荡加剧、增值税上调计划以及卢布贬值等因素影响，2020年以来，通胀率逐步上升，2021年通胀率为6.7%，超过了央行设定的4%的年度目标水平。

三 对外贸易保持回升状态

2016年俄罗斯对外贸易触底后开始反弹，进出口均呈现恢复性增长且继续保持贸易顺差。俄罗斯2017年以来同主要贸易伙伴实现了出口和进口总额双增长，这种增长的主要动因是商品价格上涨。进出口结构多年来变化不大，出口以能源和原料为主，进口以机械设备、交通工具、食品、化工产品占比较大。值得关注的是，食品及农产品原料进口大于出口的现状正在缓慢改善，进口替代战略的实施、粮食丰收增产等因素在此过程中发挥了重要作用。根据俄罗斯海关的统计，2021年俄罗斯对外贸易额达7894亿美元，同比增长37.9%，外贸顺差为1973亿美元，比上一年增加926亿美元，其中，进出口额均较去年出现显著的增长（见图3-11）。

根据俄罗斯海关的对外贸易统计报告，2018年到2021年12月的四年间，各大国际组织在俄罗斯对外贸易总额中的次序，欧盟占比第一，

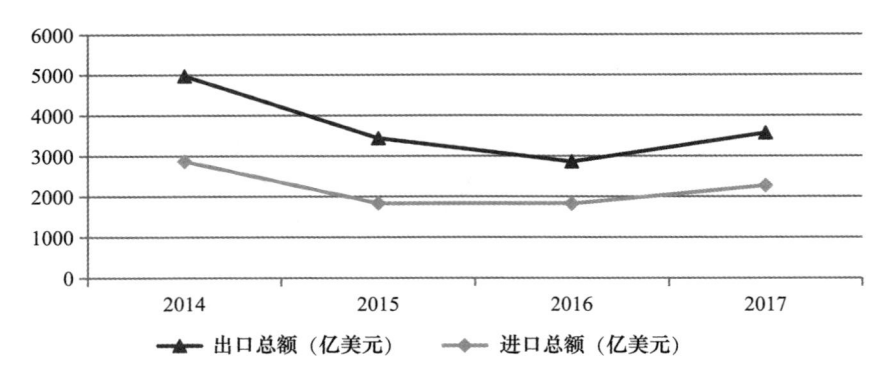

图 3-11 俄罗斯的进出口总额变化

资料来源：俄罗斯联邦海关数据库。

然后依次是亚太经合组织、金砖国家、独联体。值得关注的是，近四年，欧盟在俄对外贸易额中的占比下降到 2021 年的 35.9%，亚太经合组织占比上升到 2021 年的 33.3%（2020 年与欧盟同年的占比持平），独联体一直维持在 12% 水平。除俄罗斯与亚太经合组织保持逆差外，对其他国际组织均保持了顺差。若论单个国家，则俄罗斯最主要的贸易伙伴前三位分别为：中国、德国、荷兰。就中俄贸易规模看，贸易额近几年出现明显上升。自 2018 年起，中国对俄罗斯出现贸易逆差，结束了自 2007 年起中国对俄贸易顺差的历史，其主要原因是中俄原油贸易不断扩大，俄罗斯成为中国重要的能源进口国。2021 年中俄货物贸易额突破 1400 亿美元，中国连续 12 年居对俄第一大贸易国，对俄进口额和出口额差额缩小，俄对中保持小幅的顺差（见表 3-5）。

表 3-5　　　　　　2013—2021 年中俄双边贸易额　　　　（单位：亿美元）

年份	俄罗斯对中国出口额	俄罗斯对中国进口额	中俄双边贸易总额	增速（%）
2013	166.4	516.9	683.3	-9
2014	375.1	508.9	884.0	29.4
2015	286.1	349.5	635.5	-28.1

续表

年份	俄罗斯对中国出口额	俄罗斯对中国进口额	中俄双边贸易总额	增速（%）
2016	280.2	380.9	661.1	4
2017	389.2	480.8	869.6	31.5
2018	560.8	522.0	1082.8	24.5
2019	602.6	494.8	1109.4	2.4
2020	571.8	505.8	1077.6	-2.9
2021	796.1	675.5	1471.6	36.6

资料来源：根据中国海关总署、商务部网站公布的对外贸易国别报告（俄罗斯）和统计局网站发布的《中国统计年鉴》（2020年），整理而得。

从中俄两国的贸易结构来看，俄罗斯对中国出口的主要是能源矿产品和原材料型产品。中国海关数据显示，2021年中国对俄能源产品进口占进口总值的65.3%，俄罗斯继续维持中国能源产品第一大进口国的地位；原木、牛肉、菜籽油等农畜产品从俄进口量大幅增加。中国对俄出口的汽车及其零配件、机械设备、纺织服装鞋帽占据显著的优势，目前机电产品占比超过61%[1]。农产品合作成为中俄两国经贸务实合作的新热点。近年来，中俄农产品贸易稳步发展，成为双边贸易新增长点。目前中俄互为最大农产品出口国，中国每年出口大量农产品，出口最多的国家是俄罗斯，中国是俄罗斯农产品进口最多的国家，且进口数量每年都在增加。

四 产业结构不合理的状况比较显著

目前俄罗斯的三次产业结构，第一产业占比最小，第二产业次之，第三产业占比最大。长期以来，由于受历史上重工业发展的战略导向根深蒂固的影响，俄罗斯的第一产业发展长期落后，第二产业内部的轻重

---

[1] 环球网：《2021年中俄贸易额首次突破9000亿元 对俄出口实现6连增》2022年1月27日，https://baijiahao.baidu.com/s?id=1723109307427465009&wfr=spider&for=pc，2022年8月16日。

工业发展失衡严重。在第二产业内部，原材料与能源依赖性经济特征明显。俄罗斯能源与原材料加工生产、制造业、航天航空业、军事武器生产在国际上具有一定竞争优势。俄罗斯第三产业内部结构发展很不均衡，批发、零售贸易，机动车及个人家庭用品修理业，运输和仓储等服务发展迅速，一直是占比最大的部门，而教育、住宿和餐饮业等部门却发展缓慢，房地产、租赁和商务服务业占比也相对较大，金融行业所占份额较小。

五 财政吃紧，内债增多而外债减少

一方面，从财政收支看，未来俄罗斯的财政压力依旧存在。2012年，俄罗斯国家预算中尚有2604亿卢布盈余，此后财政赤字不断增加，并在2016年达到31421亿卢布的顶峰。到2017年，其财政赤字有所缓解，回落到13491亿卢布，降幅较大。财政赤字高企的情况到2018年出现扭转，2018年度前5个月财政总收入13.77万亿卢布，同比增长14.6%，盈余1.28万亿卢布。2019年全年联邦预算收入20.19万亿卢布，支出18.21万亿卢布，盈余1.9万亿卢布。尽管俄罗斯经济在短期内出现了好转，但由于整体经济的弱增长，期待财政收入出现明显改善也不现实。在新冠疫情暴发后，俄重返2018年之前的财政赤字时代，2020年赤字率达4.02%，为2009年国际金融危机以来的最高水平[1]。

另一方面，在国家债务方面，呈现出内债增多而外债减少的状况。从外债方面看，俄罗斯外债在2014年第二季度达到7328亿美元的历史新高后逐年下降，2018年后外债规模均在5000亿美元以下波动。据俄央行统计，截至2021年年底，俄外债规模为4821亿美元。如图3-12所示。

从内债方面看，内债规模始终维持着升势（见图3-13）。内债增加主要与俄罗斯宏观经济形势相关，而2020年以来内债规模的急剧扩大与俄乌冲突冲击密切相关。

总体来看，2014年乌克兰危机后俄罗斯一直面临严峻的国际经济制

---

[1] IMF WEO, https://www.imf.org/en/Publications/SPROLLS/world-economic-outlook-databases#sort=%40imfdate%20descending.

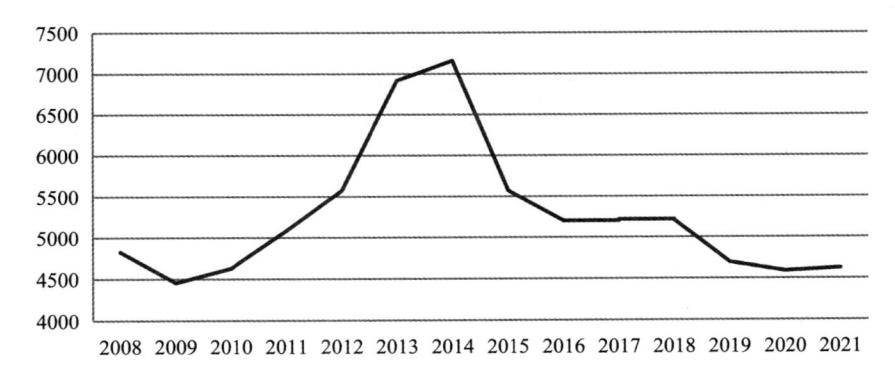

图 3-12 俄罗斯外债走势（单位：亿美元）

资料来源：俄罗斯联邦中央银行，外债规模为各年第一季度末的数据。

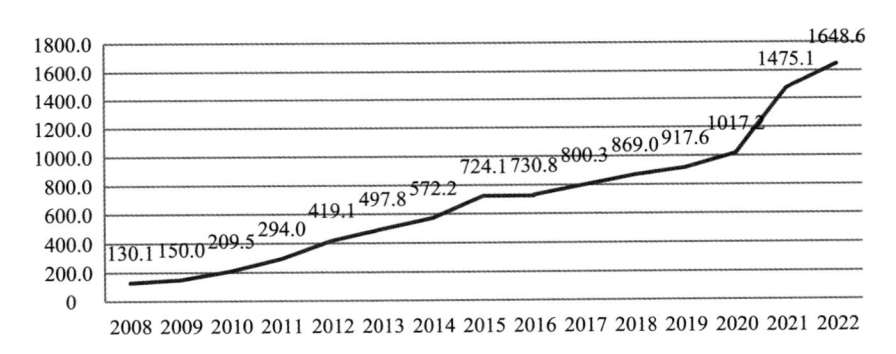

图 3-13 俄罗斯内债走势（百亿卢布）

资料来源：俄罗斯财政部数据库查询，均为每年年初 1 月 1 日数据。

裁威胁，制裁很大程度限制了俄罗斯从国际市场的融资能力，同时，为应对制裁俄罗斯一直试图增加财政盈余，这方面的影响至少是形成俄罗斯公共债务偏低的一个重要因素。目前俄公共债务为国内生产总值的15%。为了缓解西方制裁的影响，俄罗斯多年来一直将外贸领域的盈余积累为外汇储备，根据 2022 年年初俄罗斯央行数据，目前外汇储备超过6000 亿美元，由此极大提高了俄罗斯对外金融支付能力①。

---

① 俄罗斯联邦中央银行，"Ежемесячные значения общего объема международных резервов Российской Федерации на начало отчетной даты", https：//cbr.ru/hd_base/mrrf/mmrf_st/.

六 加大力度落实去美元化任务的进程

伴随着 2018 年美国再次发起最新一轮对俄制裁，俄政府加快了寻找美元替代品的进程。政府承诺向使用卢布进行国际交易结算的公司提供税收优惠，同时俄经济发展部、财政部、中央银行三个部门共同起草了降低俄经济对美元依赖的提议，减持美元资产，增加欧元、人民币等其他货币进行国际贸易结算，去美元化问题转入落实的新阶段。2018 年俄罗斯大幅削减持有的美国国债。根据俄罗斯《消息报》信息，2018 年俄持有的美国国债从年初的 1000 亿美元减持幅度超过 80%，2021 年锐减近 98%。在美国实施反俄制裁之后，卢布在俄外贸结算货币结构中所占的比例不断上升。从 2013 年至今，以美元结算的交易在俄外贸中占比从 80% 降为 36%，而以卢布结算的交易在俄外贸中的占比从 10% 上升到 29%，以欧元结算交易的占比从 8% 上升到 31%。2022 年初俄乌冲突以来，俄罗斯跨境交易受到限制，人民币支付手段的作用显著提升。目前，俄罗斯政府在本币结算、购买人民币计价的金融产品和投资储备货币等方面扩大使用人民币。在中俄贸易结算中，人民币结算以集中度高的大型采购交易为主，俄方卢布交易支付更多体现为中小企业交易，截至目前，人民币占比从 2014 年的 3.1%，提升到 2020 年 17.5%，美元占比仅为 14.42%，卢布占比很小①。随着俄罗斯与欧美地缘政治博弈加剧，预期未来双方能源贸易人民币计价结算的比例还将进一步提升。在俄罗斯央行外汇储备中，人民币占比 2017 年 6 月为 0.1%，2021 年 6 月提升到 13.1%，2021 年美元由四年前的占比 40% 降到 16%。

七 俄罗斯社会发展及人口问题不容乐观

俄罗斯自 1991 年苏联解体以来，外部危机不断，内部经济转型一直没有完成，社会发展及民生福利情况受国家经济发展水平和财政投入水平的制约。其一，医疗卫生条件不断改善。俄罗斯政府 2011—2016 年的国家预算中，用于医疗卫生的支出分别为 19331 亿卢布、22830 亿卢布、

---

① 王晓泉：《中俄结算支付体系"去美元化"背景与人民币结算前景分析》，《俄罗斯东欧中亚研究》2021 年第 2 期。

23180 亿卢布、25327 亿卢布、28610 亿卢布、31244 亿卢布，一直在不断上升。2017 年俄罗斯政府虽因财政困难将预算削减至 28210 亿卢布，却仍然位于相对较高的水平①。根据俄罗斯卫生部公布的 2017 年《俄罗斯联邦医疗卫生报告》，明确指出在未来发展"初级医疗"是卫生部 2017 年以来最核心的任务之一，另外两大核心任务分别为"发展医疗航空"和"医疗信息化"。深入街区的各类诊所能更好地满足"初级医疗"的要求，这也反映在了综合性医院和诊所的数量对比数据的变化上，即综合性医院总数呈现出逐年递减的趋势，而同期诊所的数量则在逐年增加，俄罗斯民众赴诊所就诊的总次数也屡创新高。在医疗信息化领域，俄罗斯卫生部正在各医院和诊所大力推广无纸化办公，目前有 60% 的医院已经接受了医疗信息系统升级，在 2018 年，所有医疗单位均接入了快速网络。俄罗斯地广人稀，为了降低农村居民就医的难度，俄罗斯卫生部从 2012 年开始推行"乡村医生"计划，目前已吸引了超过 2.6 万余名年轻医生到农村工作，2018 年将该项目推广到常住人口小于 5 万的城市。其二，教育规模有所缩减，质量逐渐优化，特别是高等教育机构科研实力在不断提升。近五年俄罗斯教育类预算支出一直在增长，如 2017 年占当年总财政支出的 10.2%，远高于全球均值 4.85% 和中国的 4.26%。其三，就业情况有所好转，但劳动报酬水平维持低位。俄罗斯财政部长西鲁安诺夫指出，2018 年俄罗斯民众工资的实际增速会达到 4.1%。根据国际劳工组织对失业人口的界定，截至 2018 年 6 月俄罗斯 15 岁以上无业人口约 354.3 万人，占适龄劳动人口数的 4.7%（比去年同期降低 9.2 个百分点）②。受整体经济弱增长的影响，俄罗斯居民的工资收入水平总体偏低。根据俄罗斯国家统计局资料，即使在俄罗斯经济最发达的莫斯科，2018 年前三季度的人均月工资只有 80000 多卢布，折算成人民币也只有 8000 多元。其四，人口问题依然严峻。俄罗斯国土面积辽阔，其严峻的人口问题仍然是最主要的社会问题，同时还事关国家的前途和民族的命

---

① Консолидированный Бюджет Российской Федерации，https：//www. minfin. ru/ru/statistics/conbud/.

② Информация о Социально-Экономическом Положении России，http：//www. gks. ru/free_doc/doc_2018/info/oper-06-2018. pdf.

运。截至 2018 年 6 月 1 日，俄罗斯全国总人口为 1.468 亿，较年初减少 0.1%，增长率为 2011 年以来最低，且增长的主要来源为移民增长。2022 年初，俄罗斯人口数又减少至 1.455 亿[①]。

八 俄罗斯经济发展前景的思考

当前，俄罗斯经济受俄乌冲突及制裁的冲击，经济大概率将陷入严重萎缩，俄罗斯央行评估要经历 2 年的衰退期。西方严厉制裁并不能让俄罗斯经济崩溃，因为俄罗斯在经济的安全性和抗冲击方面具有显著的地缘禀赋优势。未来俄罗斯增长能否持续并有所提高，受投资短缺、营商环境、经济结构性问题以及制裁等多方面不利因素的制约。

第一，投融资问题将长期制约俄罗斯未来经济发展。俄罗斯资本短缺严重，国内各项基础设施建设和重大科技产业投资计划因资本短缺搁浅。例如，在 2018 年公布的俄罗斯 2024 年国家发展战略任务中，仅基础设施项目改造，需要的资金数额已达到 6.3 万亿卢布，而俄政府只能筹集到一半的资金，俄国内低储蓄率特征，使得其他很大部分资金需要依靠国际金融市场筹措，如果再加上俄罗斯制造业发展投资需求，俄罗斯的资金缺口将更大。当前，俄罗斯融资环境非常严峻，自 2014 年乌克兰危机以来俄罗斯遭受欧美国家经济金融制裁超过一万多项，特别是 2022 年初俄乌冲突显著升级后，仅仅在过去的两个月，欧美国家对俄制裁已经超过了 7000 多次[②]，超过了过去 40 年对伊朗制裁数量的总和还要多。俄乌冲突本质上以美国为首的北约与俄的严重对抗，该事件表明欧美阵营与俄对抗中短期内无法缓和，这就直接在较长时间阻断了俄罗斯从国际金融市场融资的渠道，这对俄罗斯经济影响不容低估。

第二，经济结构性问题制约持续增长。俄罗斯以资源为主导的发展模式导致加工制造业落后和创新驱动不足，特别是支撑经济起飞和持续

[①] 俄罗斯联邦统计局，https://rosstat.gov.ru/.

[②] 新京网：《俄已受上万项制裁！俄国家杜马主席："所有杀不死我们的，都会使我们更强大"》2022 年 5 月 9 日，https://baijiahao.baidu.com/s?id=1732307172274662442&wfr=spider&for=pc，2022 年 8 月 16 日。

增长的资本、市场、劳动力等关键要素缺乏且无法在短期内解决[1]，使得这种结构性问题严重阻碍经济增长。除了严重的资本短缺导致投资不足外，人口增长乏力且老龄化严重使得消费增长拉动后劲不足，这些因素造成俄罗斯国内的总体市场需求空间不大。

第三，国家的管理制度问题解决绝非短期内奏效。近10年来，俄罗斯一直致力于采取措施改善营商环境，如成立了经济发展与贸易部门，该部门充分发挥国际贸易中与各国经济往来的信息及资源优势，积极推介本国项目，引进外商投资；设立了专门负责吸引投资的重要部门，即外国投资咨询委员会；成立了反腐委员会，制定各类反腐败法案，如《反腐败法》和《俄罗斯联邦国家机关工作人员道德和行为准则法》，这些都体现了俄罗斯政府对惩治腐败问题的决心。通过制定优惠政策和简化程序，为外商企业进入俄罗斯提供便利化环境。为了促进远东地区的进一步开发，2018年中俄再次签署未来六年中国东北与俄罗斯远东地区规划纲要，从法律上确定远东地区的18个跨越式发展区和符拉迪沃斯托克自由港区内实施特殊的优惠政策。如采取较低的矿产开采税，企业头5年的财产税、利润税、土地税为0等优惠措施；采用自由关税区的海关程序；加快出口产品增值税退税；加快签发建设许可证和项目投运许可证；缩短国家环保鉴定期限；简化非居民就业手续；采取特殊保护机制避免执法机构滥用监督权[2]。

但是，直到目前，俄罗斯在一些重要领域开放度明显不足，有关营商环境的一些问题还没有从根本上得到解决。如国内私有产权保护不足，有效的市场竞争没有形成，政策法规频繁变动，司法效率低下，权力机关对企业行政干预以及腐败问题严重。这些问题将严重影响国家的营商环境，特别是影响投融资环境。未来，俄罗斯必须加强制度创新，重构国家管理体系，在取消限制、扩大开放度及改善投资环境应该迈出重大步伐，发挥制度对经济发展的支撑作用。

总之，在普京新的任期内，促进经济增长依然是政府为之努力的中

---

[1] 徐向梅：《结构性难题与进口替代——俄罗斯经济发展前景分析》，《国外理论动态》2018年第1期。

[2] 杨东亮：《中蒙俄经济走廊建设研究》，社会科学文献出版社2020年版，第145页。

心任务。当前，尽管油价上涨是改善俄罗斯经济增长的重要引擎，但也无法阻止俄经济增速放缓的态势，这说明普京任期内实现预期增长目标困难较大。值得关注的是，在欧美制裁的背景下，俄罗斯为了摆脱经济增长困境，加强了与新兴市场国家以及发展中国家政治、经济、技术合作，对南南合作更加重视，显示出俄罗斯多元化拓展国际生存空间的强烈愿望。尽管如此，如果不改善投资引资机制，不解决国家管理制度问题，不立足于更大程度的对外开放促进国内经济结构调整和国内营商环境的改善，那么俄罗斯经济发展实现预期任务并不乐观。

第三节　蒙古国经济社会发展形势

蒙古国是被中俄两国包围的一个内陆国家，国土面积156万平方公里，人口约300万，是典型的地广人稀的国家，按照人均国民生产总值衡量，蒙古国属于中低收入国家。苏联解体后，蒙古国实行了以自由化、私有化和市场化为核心的改革运动，在较短的时间内，国有财产被大规模地私有化，涉及农牧业、房产、土地、服务行业等多个领域。直到20世纪90年代中期，国家才走入市场经济正轨，经济才开始复苏。截至2019年，国内生产总值136.4亿美元，人均国内生产总值约4470美元，在193个国家中排名第113位；外汇储备达到43亿美元，外债总额达到299.33亿美元。[①]

一　经济增长状况

蒙古国的宏观经济增长状况与其产业结构密切相关。蒙古国是典型的以畜牧、矿产业为主的内陆型国家。产业结构的变化趋势是，农业在蒙古国国民经济中的地位持续走低，工业比重有所上升，服务业比重稳步提升。近几年蒙古国粮食产量逐年增加，可以完全满足本国需求。矿产业和畜牧业是蒙古国的经济支柱性产业。畜牧业是其传统产业，是国民经济的基础，也是加工业和生活必需品的主要原料来源，畜牧业产值

---

① 驻蒙古国大使馆经济商务处：《2019年蒙古国国民经济运行整体情况》，http://mn.mofcom.gov.cn/article/ztdy/202002/20200202940436.shtml，2021年10月5日。

占农牧业总产值的80%。截至2019年年底，蒙牲畜存栏量共计约7100万头，同比增长6.8%。蒙古国第二产业中的采矿业比重占工业产值的比重在70%以上，成为蒙古国经济发展的重要支柱产业之一。2019年，工矿业总产值为17.4万亿图格里克，约合63.2亿美元，较上年同期增长11.2%。现代化第三产业发展尚不成熟。从蒙古国产业结构看，储量丰富的矿产资源在产业结构中占有重要地位，资源的开采和出口直接关系到本国经济增长发展状况。由于资源类商品对国际市场行情敏感性非常强，国际大宗商品的价格变化对蒙古国经济发展的影响较大。当国际大宗商品价格的回升，国际市场资源需求旺盛，蒙古国经济出现回升；反之，蒙古国经济增长出现非常明显的回落。2000年至今，蒙古国经济增长起伏波动大，2011年，蒙古国的经济增长率超过了17%，成为世界经济增长最快的国家之一，这一时期主要是中蒙间的煤炭等矿产资源商品贸易规模大幅度增加导致的。之后经济增长连年下滑，到2016年GDP增长率仅为1.5%，主要是受煤炭等矿产类商品出口大幅度下降有关（见图3-14）。2016年末国际市场煤炭等大宗商品价格的回升，蒙古国经济开始缓慢回升，2017年蒙古国GDP为114.81亿美元，GDP增速为5.64%，人均GDP为3717.47美元[①]，直到2019年经济增速仍保持

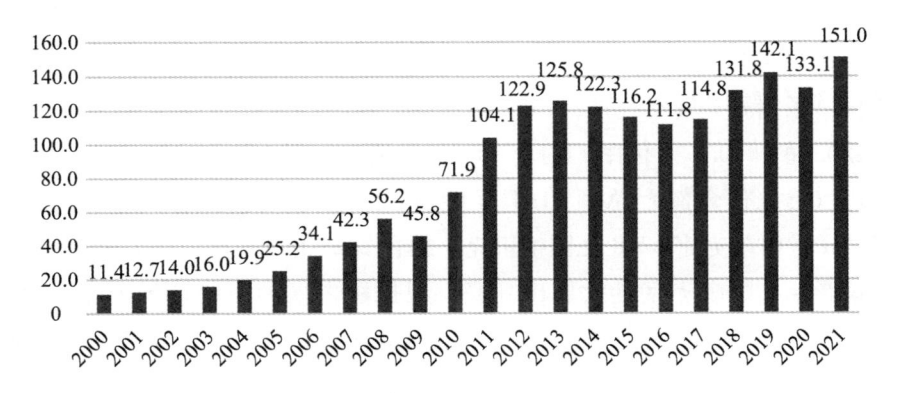

图3-14 2000—2021年蒙古国GDP（亿美元）

资料来源：WDI。

---

① 国家开发银行等：《"一带一路"经济发展报告》，中国社会科学出版社2017年版，第123—124页。

5.60%的态势;2020年受疫情防控隔离影响,超过90%企业停业,矿产品贸易严重萎缩、中小企业大面积陷入危机,使得蒙古国经济增长出现巨大滑坡,GDP下跌4.6%。

2021年随着蒙古国应对疫情防控和经济恢复计划的不断实施,蒙古国经济随疫情好转开始出现反弹,经济全年增长1.4%,但全年经济受新冠病毒变异冲击仍然较大(见图3-15)。

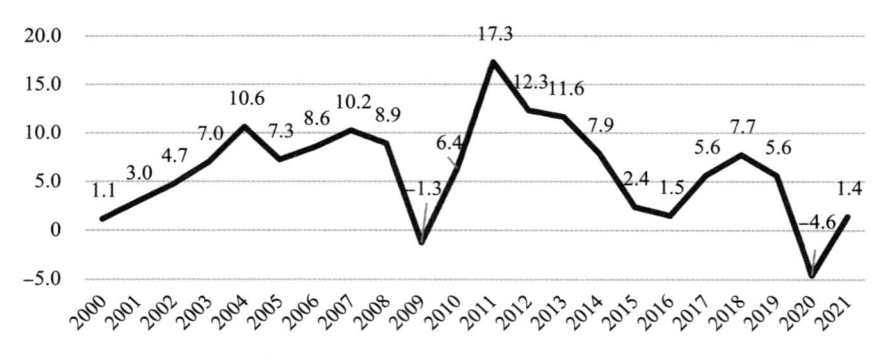

图3-15 2000—2021年蒙古国GDP增长率(%)

资料来源:WDI。

二 财政状况不容乐观

2020年以前,由于蒙古国出口的大宗商品价格下跌,财政赤字连年扩大。根据相关资料统计,2019年年底,蒙古国财政预算收入(含外来援助)总额10.8万亿图,约合39.23亿美元,同比增长17.13%;财政支出(含偿债金额)总额11.4万亿图,约合41.41亿美元,同比增长23.6%;财政赤字6278亿图格里克,约合2.28亿美元①。2020年受新冠疫情影响,财政赤字继续创出新高。根据蒙古国国家统计局公布数据,仅2020年上半年财政赤字达2.2万亿图格里克,为近6年以来的半年期最高水平②。

---

① 中国商务部网站:《2019年蒙古国国民经济运行整体情况》2020年2月28日,http://mn.mofcom.gov.cn/article/ztdy/202002/20200202940436.shtml,2022年8月18日。

② 新华丝路网:《蒙古国上半年财政预算赤字达近6年以来半年期最高水平》2020年7月31日,https://www.imsilkroad.com/news/p/420918.html,2022年8月18日。

通货膨胀严重，货币对外大幅贬值。蒙古国严重的通货膨胀主要与国家超额的货币发行密切相关，特别是随着经济增长的放缓，货币问题凸显。如2009年货币供应量M2为2.88万亿图格里克，之后呈现逐年大幅递增的态势，截至2020年上升至24.2万亿图[①]。

外债负担重，外汇储备明显不足。蒙古国对外债务负担比较严重，目前全部国家债务总额接近国家GDP的2.5倍。从外债存量总额看，2009年为29.9亿美元，到2022年初上升到339亿美元[②]。2017年以来，蒙古国超过20亿美元的外债将陆续到期。为了帮助蒙古国渡过外债危机，2017年蒙古国获得总计约55亿美元、为期三年的国际一揽子援助资金，其中亚洲开发银行、世界银行等国际组织以及中日韩等国也纷纷施以援手。中国央行将与蒙古国中央银行续签150亿元人民币（约22亿美元）的本币互换协议，亚洲开发银行、世界银行和包括日本和韩国在内的其他双边合作伙伴，也将提供总计约30亿美元的预算和项目支持。由于外汇储备和创汇能力低下，对外支付和还款能力明显不足。截至2022年6月，蒙古国的外汇储备只有31亿美元[③]。可见，较少的外汇储备明显难以应对越来越庞大的外债规模。

三 蒙古国的对外贸易依赖度较高

新冠疫情背景下，2020年蒙古国与世界主要国家的贸易总额为129亿美元，同比下降6.4%。其中，出口总额76亿美元，同比下降0.6%，进口总额53亿美元，同比下降13.6%，贸易顺差23亿美元（见表3-6）。2020年，对蒙贸易前五位的国家是中国、俄罗斯、日本、美国、韩国，中蒙贸易额为73.8亿美元、俄蒙为14.6亿美元、日蒙为4.2亿美元、美蒙为2.6亿美元、韩蒙为2.6亿美元，蒙对华贸易总额占蒙同期外贸总额的57.3%[④]。

---

① 中国商务部网站：《2020年蒙古国国民经济运行情况》2021年2月9日，http://mn.mofcom.gov.cn/article/ztdy/202102/20210203038002.shtml，2022年8月18日。

② 蒙古国中央银行，https://stat.mongolbank.mn/?r=1112.

③ 蒙古国中央银行，"Гадаад валютын улсын нөөц, сая ам. доллараар"，https://www.mongolbank.mn/dbgrossreserves.aspx.

④ UN Comtrade Database，https://comtrade.un.org/data/.

为了推进对外经济合作,提升蒙古国国内的贸易投资自由化与便利化,近年来,蒙古国也相继建成了阿拉坦布拉格自由贸易区、扎门乌德自由经济区等经济特区。其中阿拉坦布拉格自由贸易区占地500公顷,2014年6月启动运营,是蒙古国首个主要对俄合作的自贸区。扎门乌德自由经济区占地900公顷,于2021年8月正式运行,是蒙古国境内面积最大、功能最全的自由经济区,也是中蒙两国首个联合经济合作区。蒙古国这两个自贸区的运营,是蒙古国未来经济和对外贸易发展的门户,将会极大改善蒙古国内的营商环境并增加吸引外商投资的力度,提升蒙古国作为中蒙俄经济走廊沿线重要的国际物流中心的潜力,将会把蒙古国的发展推上一个新的台阶。

中国连续多年是蒙古国最大的贸易伙伴。近20年中蒙两国的贸易规模总体呈现出波动上升趋势。双边贸易中主要是中国从蒙古国进口商品。"一带一路"倡议提出到规划纲要签订之前,中蒙双边贸易规模呈下滑趋势。2013—2016年中蒙贸易额从59.6亿美元下滑至46.1亿美元。规划纲要签订之后,中蒙两国经贸合作进一步加强,除2020年受新冠疫情影响外,中蒙双边贸易大幅增加。2016—2020年,中国与蒙古国货物贸易进出口总额从46.1亿美元扩大到73.8亿美元,2021年创历史新高达91.3亿美元,总体保持对蒙贸易逆差态势(见表3-6)。中蒙两国双边贸易从商品构成来看,蒙古国对中国出口的主要商品是煤炭、铁矿粉、铜矿粉、羊绒、锌矿粉等;自中国进口的主要商品是机械设备、食品、汽柴油产品等。

表3-6　　　　　　　2013—2021年中蒙双边贸易额　　　　　(单位:亿美元)

年份	蒙古国对中国出口额	蒙古国对中国进口额	中蒙双边贸易总额	增速(%)
2013	35.1	24.5	59.6	-9.7
2014	51	22.2	73.2	23
2015	38	15.7	53.7	-27
2016	36.2	9.9	46.1	-14
2017	51.7	12.3	64	39

续表

年份	蒙古国对中国出口额	蒙古国对中国进口额	中蒙双边贸易总额	增速（%）
2018	63.4	16.5	79.9	25
2019	63.3	18.3	81.6	2.1
2020	54.9	19.1	73.8	-9.5
2021	69.0	22.3	91.3	23.7

资料来源：根据中国海关总署、国家统计局网站发布的《中国统计年鉴》（2014—2020年）和中国驻蒙使馆网站发布的《2020年蒙古国国民经济运行情况》整理。

从蒙俄双边贸易看，2005—2019年蒙俄双边贸易总体呈现波动上升趋势。双边贸易中主要是蒙古国从俄罗斯进口石油和电力商品，而蒙古国对俄出口最高没超过1亿美元，总体双边贸易规模小且最高贸易额不超过20亿美元。2005年到国际金融危机爆发前，蒙俄双边贸易额不断增加，2008年蒙俄贸易额为13亿美元。受国际金融危机的影响，2009年蒙俄双边贸易大幅下降，仅为8.41亿美元。2010—2012年，双边贸易逐年上升，2012年为19.36亿美元。2013—2015年，受全球经济形势和大宗商品价格下降的影响，蒙古国经济恶化，双边贸易逐年下降。中蒙俄经济走廊规划纲要签署之后，蒙俄间的经贸合作进一步加强，2016—2018年双边贸易大幅上升，2018年蒙俄双边贸易额为17.96亿美元，增长39.6%。在新冠疫情的冲击下，2020年蒙俄贸易额出现一定幅度的下降，但在2021年双方贸易额成功突破20亿美元，创历史新高。

四 国内发展环境有待进一步改善

国内公共服务设施总体较差。根据2018年数据，蒙古国16岁以下人口占总人口的比例超过50%，年轻人占比较大，具有经济发展的人口禀赋优势。国家实行免费普通教育制度，教育普及率极高，人口素质有了明显提高，高等教育得到一定发展，但职业技术教育相对落后，缺乏职业技术人员。蒙古国满足社会需要的交通、医疗卫生、文化等基础设施和公共服务领域较为落后，低收入群体和偏远地区的群众得不到应有的医疗服务，一些偏远地区和部分牧区还未建起水、电、暖系统。交通基础设施比较落后，全国大部分路面为砂石或自然路，境内只有一条主干铁路分别与中俄相连。

引资政策有一定改善，但迫切需要加强管理体系改革。蒙古国已经加入世界主要的国际组织，是世界贸易组织、世界银行、亚洲开发银行、IMF、《关于解决国家与他国国民之间投资争端公约》的成员国，与世界43个国家和地区签署了有关鼓励和保护投资协定，与39个国家签署了避免征收双重关税的协议。同时，采取了一系列吸引外资的法规及与之配套的政策，改善引资环境。如相继制定了《外商投资法》《矿业法》《经济自由区法》等一系列吸引外资的法规，通过鼓励劳动力流动的《向国外输出劳动力、向国内输入劳动力和技术专家法》。2011年通过《引进外资的重点行业目录》，该项目鼓励外资投资矿产资源开采，2018年调整重点投资行业目录，特别重视对矿产资源的深加工，提高本国资源出口的附加价值。特别是近几年，蒙古国为了引进外资，对外商投资提供"一站式"服务，对外商进口机械设备免征关税和增值税，外资企业可以根据所投资行业的不同，享受3—10年所得税减免的优惠。蒙古国设立自由贸易区来吸引外商投资。蒙古国政府相继在阿拉坦布拉格和扎门乌德设立了经济自由贸易区，并为区内企业提供各类优惠的税收。但是，蒙古国的政策连续性差，法律长期效力不足，政府部门服务效率低下，特别是党争激烈，使得蒙古国的政权更迭对于政策的实施有较大的影响，甚至一些重大法规政策常常随之发生变更，企业面临政策变更的风险。为了推进经济发展，蒙古国需要加强国内营商环境的进一步改善，创造条件扩大吸引外国投资，解决面临的发展障碍，如通过加强行政管理体系进行改革，简化许可办理手续，公开透明，针对不同企业行业实施免税或税收优惠，正确合理地引导发展国有和私有企业合作。

总体来看，目前，中蒙俄三国地缘优势明显，经贸互补性强，政治关系良好，这为中蒙俄经济走廊的建设奠定了较好的基础。中蒙俄经济走廊建设是2014年以后三方元首推动的三国合作战略规划，而三方关系的发展直接关系到中蒙俄经济走廊区域合作机制建设的高度。在中蒙俄三方的几对双边关系中，中俄之间的关系发展，对经济走廊建设具有突出的重要性，决定着经济走廊区域合作机制建设发展方向和进程。未来较长一段时间，中俄关系总体朝着友好与合作的方向发展，保持中俄关系不仅符合中俄的安全和经济利益，也有助于国际和地区稳定。对于中蒙俄经济走廊来说，中俄关系固然是非常重要的一对关系，但蒙古国与中国、俄罗斯的关系也不容忽视。蒙古国外交"首要方针"同中俄保持友好关系。目前，蒙古国与中俄两国都建立了良好的关系。就蒙俄关系来说，蒙古国在苏联时期一直是苏联的盟友，在苏联解体后蒙俄也依然保持良好关系。由于蒙古国的制度和文化深受俄罗斯的影响，而中国的崛起引发了蒙古国内政客和民族主义者的焦虑，使得事实上蒙古国与俄罗斯互信认知经常表现得高于中国的情形发生。当然，随着中国经济实力的显著增强，蒙古国在经济上对中国形成了较高的非对称性依赖，蒙中两国建立了十分牢靠的贸易伙伴关系和良好的政治关系。正如比利时根特大学学者 John Lrgengioro 所言，作为内陆国家的蒙古国因缺乏全球连通性而导致自身发展受阻，"一带一路"倡议对蒙古国的地缘经济吸引力是客观存在的，为其缓解地缘劣势并提供发展机会，中蒙俄经济走廊的达成，实际上是蒙方不希望被排除在倡议之外，蒙古国政府自己努力带头的结果，从而让蒙古国成为新欧亚丝绸之路经济走廊的重要节点[①]。

---

① John Lrgengioro, "Mongolia-Central Asia relations and the implications of the rise of China on its future evolution," International Politics (2022): 1–31.

第 四 章

中蒙俄经济走廊区域合作进展

中蒙俄三国地缘优势明显，政治关系良好、经贸往来不断升级，中蒙俄经济走廊自提出以来，以五通建设为重点合作方向，不断推动经济走廊高质量发展。本部分一是重点研究中蒙俄经济走廊提出到高质量发展的演变阶段；二是研究中蒙俄经济走廊五通建设进程。

第一节 中蒙俄经济走廊的提出和高质量发展

中蒙俄经济走廊经历了提出和达成共识、纳入建设总体规划、达成合作框架协议、正式落地和高质量发展五个阶段。

一 中蒙俄经济走廊的提出

2014年9月11日，在中蒙俄元首首次会晤期间，中国国家主席习近平开创性地提出合作共建中蒙俄经济走廊的倡议，主张将中国"丝绸之路经济带"、蒙古国"草原之路"和俄罗斯"跨欧亚大铁路"议题进行无缝对接，该方案提出后随即获得蒙、俄元首认可并达成共建中蒙俄经济走廊的共识。① 2015年3月，中国发布中蒙俄经济走廊白皮书，标志着中蒙俄经济走廊成为"一带一路"倡议合作中的一个重要的发展方向。② 随后不久，三国首脑及相关部门在2015年7月第

---

① 新华网：《习近平：打造中蒙俄经济走廊》2014年9月12日，http://www.xinhuanet.com/politics/2014-09/12/c_1112448804.htm，2021年3月10日。
② 王海运：《合作共建中蒙俄经济走廊：深化战略价值认知，找准重点着力方向》，《俄罗斯学刊》2017年第7卷第6期。

二次元首会晤期间，共同签署了一系列有关三方合作的"中期路线图""谅解备忘录""合作框架协定"等，① 标志着走廊建设迈出里程碑的一步。

2016年6月在塔什干举行的第三次元首会晤期间，三国元首共同签订《建设中蒙俄经济走廊规划纲要》，② 为中蒙俄三国的未来合作领域指明方向，标志着自 2013 年"一带一路"倡议以来的首个多边经济合作走廊正式宣布落地建设，中蒙俄经济走廊迎来由构想转化为行动的历史性时刻。之后，中蒙俄三国元首分别在 2018 年青岛上合峰会和 2019 年比什凯克上合峰会期间出席了第四次和第五次元首会晤，对三方合作进程和成果进行总结，共同规划下一步优先合作议程。习近平主席特别重视并强调三方合作应以政治互信和战略协作为引领，推动重点合作项目来带动各领域合作，扩大上合组织框架内的协调配合，俄、蒙领导人也就深化三方多领域合作作出积极回应。

自 2014 年起，中蒙俄三国共开展 5 次元首会晤，在贸易、金融、投资、交通运输和人文交流等领域合作方面达成了共识，并签署了诸如《中期路线图》《规划纲要》等重要文件，为中蒙俄三国的战略对接打开新局面，推动了中蒙俄经济走廊建设（见表 4-1）。同时各部长级会议也陆续召开，其中，副外长级会议的召开为促进三国合作开展先试先行，搭建沟通桥梁和对话机制；交通运输部长级会议的召开推进了三国在交通基础设施方面的互帮互助，为合作机制的建设铺垫道路；旅游部长级会议的举行为中蒙俄三国在旅游方面进行定期交流对话，推动三国旅游业发展搭建平台。各专业论坛的召开为不同领域的合作提供对话交流和论证平台。这些都是推动经济走廊不断发展，促进中蒙俄合作共赢的重要举措。

---

① 央广网：《习近平：推动构建中俄蒙经济走廊》2015 年 7 月 10 日，http://news.cnr.cn/native/gd/20150710/t20150710_519155942.shtml，2021 年 10 月 5 日。

② 国家发展和改革委员会：《建设中蒙俄经济走廊规划纲要》2016 年 9 月 13 日，https://www.ndrc.gov.cn/xxgk/zcfb/ghwb/201609/t20160912_962194.html，2021 年 10 月 5 日。

表 4-1　中蒙俄经济走廊历年元首会晤概况（2014—2019）

时间	会晤声明	举办地点	会晤成果	意义
2014.9.11	首次会晤	杜尚别	正式提出构建"中蒙俄经济走廊"	中蒙俄三方区域合作进程正式启动
2015.7.9	第二次会晤	乌法	《中蒙俄发展三方合作中期路线图》《关于编制建设中蒙俄经济走廊规划纲要的谅解备忘录》	深化合作共识，为中蒙俄三国跨境区域合作的加强奠定了坚实的基础
2016.6.23	第三次会晤	塔什干	《建设中蒙俄经济走廊规划纲要》《中华人民共和国海关总署、蒙古国海关与税务总局和俄罗斯联邦海关署关于特定商品海关监管结果互认的协定》	为中蒙俄三国的战略对接打开了新局面，推动中蒙俄经济走廊建设尽快在海关便利化取得阶段性成果，开启了中蒙俄合作新篇章
2018.6.9	第四次会晤	青岛	全面总结三国合作进展和成果，为下阶段的合作规划好任务和方向，共同磋商修建共享油气管道	2017年因政治因素中止会晤之后的又一次合作，是落实合作共识的举措
2019.6.14	第五次会晤	比什凯克	三国元首总结三方合作成果，共商全面推进合作大计	在当前国际上保护主义、单边主义抬头背景下，三方要坚定促进区域合作、实现共同发展的目标，围绕三国发展战略对接这条主线，推进各领域全面合作，共同释放三国维护多边主义、打造开放型世界经济的积极信号

资料来源：作者根据新闻网站整理得出。

二　中蒙俄经济走廊高质量发展科学内涵

在 2018 年召开的"一带一路"建设工作 5 周年座谈会上，习近平总书记首次指出，要推动共建"一带一路"向高质量发展转变。2019 年习近平总书记在第二届"一带一路"国际合作高峰论坛中宣布，中国将秉持共商共建共享原则，坚持开放、绿色、廉洁理念，努力实现高标准、惠民生、可持续目标，推动共建"一带一路"沿着高质量发展方向不断前进。在此次高峰论坛期间举办的圆桌峰会上，由中国提出的高质量共建"一带一路"倡议得到了参会国家元首、政府以及国际组织主要负责人的认可与支持，就高质量共建"一带一路"达成了广泛共识并发布了联合公报。① 高峰论坛的成功举行，标志着开启高质量共建"一带一路"新征程。② 同年 11 月，习近平主席出席第二届中国国际进口博览会开幕式时又一次重申了"一带一路"高质量建设的原则、理念和目标。③ 2020 年 6 月，习近平主席进一步提出，通过高质量共建"一带一路"，携手推动构建人类命运共同体。④ 至此，推动共建"一带一路"高质量发展的科学内涵越来越清晰。中蒙俄经济走廊作为"一带一路"框架下的首个多边经济走廊，共享"一带一路"高质量发展的诸多原则、理念、目标。中蒙俄经济走廊高质量发展的科学内涵主要有以下几个方面。

第一，秉持共商共建共享的基本原则。习近平主席曾多次用形象生动的语言阐述共商共建共享原则的内涵。他将这一原则比喻为"合唱""大道""蛋糕"和"百花"，中国追求的是"合唱"的协调合作之美，走的是携手同行的"阳光大道"，烘焙的是共赢共享的"蛋糕"，培育的是"百花"齐放的大花园，这些不同的比喻都共同地指向共商、共建、共享原则。⑤ 学者胡必亮认为，共建"一带一路"的多边主义合作平台、

---

① 新华网：《第二届"一带一路"国际合作高峰论坛举行圆桌峰会——习近平主持会议并致辞》2019 年 4 月 27 日，http：//www. xinhuanet. com/politics/leaders/2019 - 04/27/c_1124425120. htm，2022 年 3 月 15 日。

② 求是网：《王毅：开启"一带一路"高质量发展新征程》2019 年 5 月 1 日，http：//www. qstheory. cn/dukan/qs/2019 - 05/01/c_1124440783. htm，2022 年 3 月 15 日。

③ 共产党员网：《开放合作，命运与共——在第二届中国国际进口博览会开幕式上的主旨演讲》2019 年 11 月 5 日，http：//www. 12371. cn/2019/11/05/ARTI1572932742204872. shtml （缺引用日期）。

④ 求是网：《习近平向"一带一路"国际合作高级别视频会议发表书面致辞》，2020 年 6 月 18 日，http：//www. qstheory. cn/yaowen/2020 - 06/18/c_1126132483. htm，2022 年 3 月 15 日。

⑤ 新华社：《习近平的"一带一路"之喻》2019 年 4 月 24 日，http：//www. xinhua-net. com/2019 - 04/24/c_1124408038. htm，2022 年 3 月 16 日。

自愿基础上的平等合作和互利共赢这三个核心内容就是共商共建共享原则的外在体现。①

第二，努力实现高标准、惠民生、可持续目标，通过高质量共建"一带一路"，最终推动构建人类命运共同体。高标准就是在共建"一带一路"高质量发展过程中，不仅要引入国际通行和普遍支持的规则标准，而且还要尊重各国现行的法律规范规则。惠民生就是共建"一带一路"要始终坚持以人民为中心的发展思想，让共建"一带一路"成果更好惠及全体人民，为当地经济社会发展做出实实在在的贡献。可持续就是"一带一路"项目要确保商业项目和国家财政上的可持续性。在高标准、惠民生、可持续目标的基础上，在共建"一带一路"中融入支持联合国2030年可持续发展议程，共同推进经济增长、社会发展、环境保护。最终通过高质量发展，推动构建人类命运共同体。

第三，坚持开放、绿色、廉洁先进理念。首先，近年来，保护主义、民粹主义、单边主义、发展不均衡、贫富差距鸿沟问题凸显，世界经济和政治运行不确定性显著上升。在这样的背景下，习近平主席在首届"一带一路"国际合作高峰论坛上提出"一带一路"建设要以开放为导向，解决经济增长和平衡问题。简单来说，开放理念就是"不搞封闭排他的小圈子"②。其次，中蒙俄经济走廊建设初期阶段，个别企业绿色发展理念淡薄引致当地民众的抗议而停工现象时有发生，给"一带一路"建设带来很大负面影响。为此习近平主席在2017年专门指出，必须践行绿色发展、低碳、循环、可持续的新理念，共同实现2030年可持续发展目标③。2019年，习近平主席在第二届"一带一路"国际合作高峰论坛再次强调共建绿色"一带一路"，"推动绿色基础设施建设、绿色投资、绿色金融，保护好我们赖以生存的共

---

① 胡必亮：《推动共建"一带一路"高质量发展——习近平关于高质量共建"一带一路"的系统论述》，《学习与探索》2020年第10期。

② 人民网：《携手推进"一带一路"建设——在"一带一路"国际合作高峰论坛开幕式上的演讲》2017年5月15日，http：//politics.people.com.cn/n1/2017/0515/c1024-29274490.html，2022年8月17日。

③ 新华网：《习近平对推动"一带一路"建设提出五点意见》2017年5月14日，http：//www.xinhuanet.com//world/2017-05/14/c_129604239.htm，2022年8月17日。

同家园"①。不久前，中国首次设定了"2060 碳中和"目标，与此同时，习近平主席在 2020 年气候雄心峰会上，宣布了国家自主贡献力度 2030 年新目标并对全球气候治理提出了三点倡议。学者王文认为，绿色低碳可持续经济竞争正式酝酿开始，这将成为未来 10 年全球经济发展的主旋律，中国须在这种新格局中占领先机②。最后，中蒙俄经济走廊建设初期阶段，一些中资企业在项目运作上存在商业腐败、欺诈舞弊等不规范的问题。习近平总书记针对实际发展过程中出现的问题提出了共建"廉洁""一带一路"的新思想。2017 年 5 月，习近平主席在"一带一路"国际合作高峰论坛开幕式上的演讲中指出，我们也要加强国际反腐合作，让"一带一路"成为廉洁之路。2019 年 4 月，习近平主席在第二届"一带一路"国际合作高峰论坛发表主旨演讲，进一步阐释了廉洁之路的内涵。他指出，共建廉洁"一带一路"就是要共建风清气正的丝绸之路，坚持一切合作都在阳光下运作，共同以零容忍态度打击腐败③。

　　第四，更高要求的互联互通。互联互通不仅意味着中蒙俄基础设施的硬联通，而且还包括对接国际通行规则标准和民心相通的软联通。国际规则标准的对接意味着在共建"一带一路"高质量发展的过程中会涉及企业履行合规义务的问题。"合规"通常指履行组织的全部合规义务，而合规义务来自两个方面，一个是合规的要求，即法律法规等外部监管的要求，另一个是合规的承诺，即企业对社会承诺要做到什么。特别值得注意的是，习近平总书记针对"一带一路"多次强调企业的合规问题。2018 年习近平总书记在推进"一带一路"建设工作 5 周年座谈会上的重要讲话中指出，要规范企业投资经营行为，合法合规经营，注意保护环境，履行社会责任，成为共建"一带

---

① 人民网：《齐心开创共建"一带一路"美好未来——在第二届"一带一路"国际合作高峰论坛开幕式上的主旨演讲》2019 年 4 月 27 日，http：//politics. people. com. cn/n1/2019/0427/c1024 - 31053184. html，2022 年 8 月 17 日。

② 中国银行保险报网：《"全球绿色低碳经济之战"打响》2020 年 12 月 17 日，http：//pl. cbimc. cn/2020 - 12/17/content_375164. htm，2022 年 8 月 17 日。

③ 人民网：《齐心开创共建"一带一路"美好未来——在第二届"一带一路"国际合作高峰论坛开幕式上的主旨演讲》2019 年 4 月 27 日，http：//politics. people. com. cn/n1/2019/0427/c1024 - 31053184. html，2022 年 8 月 17 日。

一路"的形象大使①。随后不久,国务院国资委发布了《中央企业合规管理指引》。发改委牵头七部委也在2018年年底发布了《企业境外经营合规指引》。2019年习近平总书记进一步明确,在共建"一带一路"上要"引入各方普遍支持的规则标准,推动企业在项目建设、运营、采购、招投标等环节,按照普遍接受的国际规则标准进行,同时要尊重各国的法律法规"②。2020年5月的政府工作报告提出要高质量共建"一带一路",坚持共商共建共享,遵循市场原则和国际通行规则,发挥企业主体作用,开展互惠互利合作,引导对外投资健康发展。这就要求未来共建"一带一路"高质量发展需要符合市场经济基本规律、遵守当地法律法规和遵循国际通行规则、企业主体要重视保护环境,履行社会责任。民心相通是软联通另一个重要方面③。民心相通是最深入、最长久、最基础的互联互通,也是衡量文明交流互鉴成果的最主要指标。习近平主席多次强调民心相通的重要性,提出"国之交在于民相亲,民相亲在于心相通"④;"一带一路"建设要以文明交流超越文明隔阂、文明互鉴超越文明冲突、文明共存超越文明优越,推动各国相互理解、相互尊重、相互信任;要积极架设不同文明互学互鉴的桥梁,深入开展教育、科学、文化、体育、旅游、卫生、考古等各领域人文合作,加强议会、政党、民间组织往来,密切妇女、青年、残疾人等群体交流,形成多元互动的人文交流格局⑤。

---

① 中国政府网:《习近平出席推进"一带一路"建设工作5周年座谈会并发表重要讲话》2018年8月27日,http://www.gov.cn/xinwen/2018-08/27/content_5316913.htm,2022年8月17日。

② 人民网:《齐心开创共建"一带一路"美好未来——在第二届"一带一路"国际合作高峰论坛开幕式上的主旨演讲》2019年4月27日,http://politics.people.com.cn/n1/2019/0427/c1024-31053184.html,2022年8月17日。

③ 中国政府网:《政府工作报告——2020年5月22日在第十三届全国人民代表大会第三次会议上》2020年5月29日,http://www.gov.cn/premier/2020-05/29/content_5516072.htm,2022年8月17日。

④ 《携手推进"一带一路"建设——在"一带一路"国际合作高峰论坛开幕式上的演讲》2017年5月15日,http://politics.people.com.cn/n1/2017/0515/c1024-29274490.html,2022年8月17日。

⑤ 《齐心开创共建"一带一路"美好未来——在第二届"一带一路"国际合作高峰论坛开幕式上的主旨演讲》2019年4月27日,http://politics.people.com.cn/n1/2019/0427/c1024-31053184.html,2022年8月17日。

第五，更加多元化的参与主体。共商共建共享原则体现了中蒙俄经济走廊高质量发展参与主体的多元化和开放性。也就是说，全面、多元、开放、完善的主体是共建"中蒙俄经济走廊"高质量发展的应有之义。这就要求中国与蒙俄政府、私营部门、国际组织、相关智库、社会团体，甚至与非共建国发展积极的伙伴关系。习近平主席在第二届"一带一路"国际合作高峰论坛开幕式上提出，"我们欢迎多边和各国金融机构参与共建'一带一路'投融资，鼓励开展第三方市场合作，通过多方参与实现共同受益的目标"。[①] 这意味着对于发达国家而言，通过"一带一路"国际合作框架下的第三方市场合作，这些在资金和技术上有优势、在国际投资与国际贸易方面有丰富经验的国家，可以同中国一道共同参与到"中蒙俄经济走廊"高质量发展的建设当中去。

第六，完善机制保障，加强机制化建设。中蒙俄经济走廊高质量发展要取得良好的效果，必须要有多方协调的机制保障。中蒙俄区域合作机制的建设在很大程度上促进了中蒙俄三国的经贸发展，扩大了三国的合作范围，实现利益的融合，对务实"一带一路"战略具有重要的推动意义。习近平总书记在倡导高质量共建"一带一路"时，特别提出了机制保障方面的建议，即要着力构建良好的互联互通伙伴关系；要继续实现发展战略、区域发展议程、国际发展议程等方面的有效对接；务实合作，促使共建项目取得实实在在的成果[②]。中蒙俄区域合作机制的建设能够加强多领域内的合作，协调三方利益和合作行为，减少合作成本，提升各国能力结构，推动各国区域合作范围。通过加强三国多边国际机制制度创新，有助于在中蒙俄之间建立具有约束力的合作机制。目前，中蒙俄经济走廊依然存在着合作机制缺乏法律约束力的问题，阻碍了地区经济合作活动的开展与资源的有效开发，而制度化的合作机制能够防止合作的随意性和流于形式。加强经济走廊区域合作机制建设，就是要借助市场驱动和制度驱动两种机制力量，提供更符合该特定地区或国家真

[①] 人民网：《齐心开创共建"一带一路"美好未来——在第二届"一带一路"国际合作高峰论坛开幕式上的主旨演讲》2019年4月27日，http://politics.people.com.cn/n1/2019/0427/c1024-31053184.html，2022年8月17日。

[②] 胡必亮：《推动共建"一带一路"高质量发展——习近平关于高质量共建"一带一路"的系统论述》，《学习与探索》2020年第10期。

实需求的区域性公共产品的供给，实现区域合作的发展。

三 中蒙俄经济走廊建设的发展基础及价值

中蒙俄三国对经济走廊建设的战略诉求诸多方面契合，三国商品贸易和国际分工的互补性较强，这为三方合作奠定了良好的联通基础，也是共建中蒙俄经济走廊最大的发展机遇。2020年突如其来的新冠疫情在全球的蔓延与中蒙俄经济走廊新老风险叠加，更加凸显三方疫情下推进走廊高质量发展的重要价值，推动走廊高质量发展既重要又紧迫。与此同时，虽然疫情影响了走廊建设步伐，但三方携手努力克服困难，命运共同体意识和政治互信意志得到锤炼，越发强劲，走廊高质量发展政治基础牢靠。

（一）三国对经济走廊建设战略诉求契合且互补性合作能力强

1. 蒙古国的战略诉求依赖于中蒙俄经济走廊

蒙古国2013年提出要建设连接中、蒙、俄三国的铁路、公路、石油、天然气和电力的"五大通道"。2014年蒙古国把这五大通道正式升级为"草原之路"。该项目规划实施的内容是建设连接中蒙俄三国的"五大通道"，通过互联互通实现三国乃至本地区贸易便利化，激活蒙古国过境潜力，实现经济增长的目标。2016年蒙古国在"草原之路"倡议的基础上，提出了"发展之路"纲要。该项目规划实施的内容包括发展蒙古国交通运输、能源、通信、矿业、工业、旅游领域，通过与邻国互联互通，实现贸易便利化，实现国民经济增长的目标。相比草原之路，发展之路突出的特点是注重经济多元化发展[①]。第一，大力开发旅游资源，把旅游业发展成为国家经济增长的新着力点；建设农牧业产品加工园区，鼓励畜牧业产品加工出口；不局限于依赖传统能源，也致力于开发再生能源，以生产并出口高附加值的矿产品为目标；注重生态保护。第二，不仅强调国内铁路与公路建设，对连通"亚欧大陆桥"同样表现出极大的关注，其中包括联通亚欧的信息互联网络。但是，鉴于蒙古国政府财政投入有限，国内人口密度低，人力资源匮乏，实现经济多元化难度较大，必然

[①] 米军、李娜：《中蒙俄经济走廊建设：基础、挑战及路径》，《亚太经济》2018年第5期。

要寻求与外部合作，核心合作范围必然是中俄两个邻国。中蒙俄经济走廊合作有利于实现"发展之路"纲要，为蒙古国提供了发展的稳定的地区环境；为蒙古国弥补自身的规模缺陷、寻求发展空间和解决国内问题提供了可能性。例如长期困扰蒙方的空气污染一直是影响民生的重大问题，其实这个问题不是单纯的治理污染问题，与蒙古国贫困和失业有着密切联系，而加强中蒙俄经济走廊合作正是蒙方解决国内问题和发展空间的重要战略选项。

2. 俄罗斯对经济走廊存在多方面的需求

俄罗斯社会经济发展以及"跨欧亚大铁路"交通经济带建设，同样必然要寻求外援，与中蒙俄经济走廊对接合作正是实现发展的需要。正如俄科学院远东所奥斯特洛夫斯基副所长指出，丝绸之路经济带建设倡议，不仅极大地推进俄罗斯基础设施改善，而且对俄罗斯经济、金融、贸易、教育卫生等所有的领域都将产生积极影响。特别是主要位于俄罗斯领土北方的北冰洋航线，它既是中蒙俄经济走廊重要组成部分，又是一条增强中俄之间经济联系且便捷地将中国的贸易与欧洲联系起来的潜在贸易走廊，其未来开发的潜在经济价值巨大[1]。具体来看，俄方经济社会发展对经济走廊的需求主要表现为：其一，来自俄罗斯基础设施建设的需求。近年来，俄罗斯一系列基础设施，包括道路交通网建设、市政工程建设、住宅建筑、石油化工项目和天然气工程项目建设等在全俄各地区逐步展开，由此带来对建材的需求量很大。然而，俄罗斯国内建材建筑企业竞争能力不强，生产能力有限，技术上大大低于世界先进水平，中国多年前使用的建材产品在俄依然拥有市场。俄罗斯国内建材建筑企业满足不了本国市场的需求，急需引进外来投资，这为中俄在工业交通住宅等基础设施领域合作提供了机遇。其二，俄罗斯地域广阔，拥有较为丰富的农林牧业用地，一些主要的农林畜产品产量均居世界前列，对国外市场需求较大。目前，中国已经成为俄罗斯农产品和食品出口的第一大进口国。另外，随着中国加强对森林资源的保护，长江中上游地区的禁伐，中国越来越依靠进口国外木材资源。俄罗斯有着830多亿立方米

---

[1] 王海运、[俄] A. B. 奥斯特洛夫斯基等：《"丝绸之路经济带"构想的背景、潜在挑战和未来走势》，《欧亚经济》2018年第5期。

的森林资源储量，森林资源极其丰富，这几年卢布暴跌，俄罗斯木材以质优和价廉的特点迅速占领中国市场。其三，俄罗斯较高进口依赖，急切需要外援与之加强产能合作。根据俄罗斯政府统计局的数据，俄罗斯对进口产品的依赖程度非常高。进口产品种类覆盖民用军工及工农业制造等各个部门，而且在不少产品的进口中有80%的进口商品来自制裁俄罗斯的欧盟国家。2014年俄罗斯将进口替代从局部产业政策上升为国家层面的发展战略，提出要明确优先发展的领域并用数种本国生产产品替代国内市场上的进口商品。然而，进口替代战略的全面实施面临资金供应吃紧，投资不足，自有产能缺失等问题的困扰。中国具有资本优势和产业制造优势，随着中国科学技术进步，对俄罗斯来说，中国也是有优势的重要外援。不仅如此，获得中国的战略支持，从国际政治上可以强化其大国地位和国际影响力。

3. 中蒙俄经济走廊在中国"一带一路"倡议中有重要地位

中蒙俄经济走廊占有重要的地缘政治经济地位。由中蒙俄三国共同推动的中蒙俄经济走廊作为"一带一路"倡议的重要组成部分，其连接欧亚陆路大通道的战略地位得以凸显。从广义上来说，中蒙俄经济走廊建设版图，不只涉及中蒙俄三个主体国家的合作，其外延可以延伸到东北亚地区日本、韩国，甚至通过与新亚欧大陆桥对接联动，将其版图范围延伸到中亚地区，因而，中蒙俄经济走廊也是中国与东北亚或中亚加强区域经济合作并且体现新的发展理念与正外部性要求的重要载体。不仅如此，中蒙俄经济走廊还是拉动中蒙俄及沿线其他国家基础设施建设、贸易投资产能合作的有效机制，由此必将极大挖掘区域内贸易的潜力，促进各国经济的可持续发展。另外，俄罗斯、蒙古国在经济走廊实施进程中的作用不容忽视。蒙古国、俄罗斯两国在中国"周边是首要、大国是关键、发展中国家是基础"的外交方略中占有重要的地位。同时，蒙古国是经济走廊发展跨境运输贸易的重要一环，而俄罗斯在经济走廊以及"一带一路"倡议布局中的跨境交通联通及多边政治协调作用无可替代。

4. 中国与蒙俄较强的经济分工互补性是共建经济走廊的能力基础

国际区域经济合作的经验证明，国家和地区之间形成良好的国际区域经济合作的决定性因素在于有关国家和地区之间的强大互补性。经贸互补性的重要性可见一斑。大量的实证研究表明，中国与中蒙俄经济走廊沿线的核心国家蒙古国、俄罗斯以及所辐射的中亚、日韩等地区和国家的贸易互补性总体上要高于"一带一路"经济走廊其他地区。一方面，中俄之间形成互补关系，能够满足彼此的利益诉求。俄罗斯是重工业大国，在航天物理、化学材料等领域拥有高新技术水平，资源充裕，出口的产品集中在能源、原材料和武器领域，进口集中在工业制成品领域。中国是俄罗斯最大的进出口市场，主要进口能源和原材料等资源类产品，而出口高附加值的工业制成品。俄罗斯军工技术及大飞机等民用技术是中国所需的，这正好可以加强彼此的互补性。另一方面，十多年来，中国连续保持着蒙古国最大的贸易伙伴地位，蒙古国丰富的矿产资源和中国雄厚的资金、良好的基础设施建设以及广泛的人力资源形成极强的优势互补。因此，中蒙俄经济走廊能够充分发挥三国商品贸易优势互补，互补的国际分工能够有利于三国经济实力的增强。

（二）推进中蒙俄经济走廊高质量发展的价值

1. 推动中蒙俄经济走廊高质量发展既重要又迫切

其一，在国际层面，早在新冠疫情暴发初期，美国学界和战略界一些专家就直言应收缩全球供应链体系并将产业转移回流美国，以保证实现对本土供给的稳定，间接削弱中国在全球供应链中的地位和影响力。2020年5月美国主导推动的"经济繁荣网络"计划（Economic Prosperity Network）就是这一观点的现实写照。在此外部背景下，实现中蒙俄经济走廊的高质量发展，有利于化解美国在全球产业链和供应链方面对中国的围堵，加强与蒙俄、中欧班列沿途国家互联互通并延长有效可控的供应链网络，进而刺激欧亚地区经济复苏。其二，就中国国内而言，中蒙俄经济走廊高质量发展顺应中国中西部沿边地区发展需求，是推动边疆地区融入构建双循环新发展格局的重要抓手。共建中蒙俄经济走廊不仅能够实现中国中西部边疆地区稳边、兴边、安边、富边的发展目标，而且具有重要的战略价值作用。通过中蒙俄经济走廊与相邻国家发展深度融合并率先实现高质量发展不仅能对其他"一带一路"项目起到引领示范作用，而且还能调节沿海和内陆经济平衡，促进国内经济高质量发展，推动中国东北、内蒙古、新疆从沿边地区迅速转变为对外开放特别是面向欧亚大陆腹地开放的前沿地带，为中国西部地区的经济发展提供稳定的海外市场和陆海连通的大通道，进而推动西部地区融入国内国际双循环的新发展格局中。其三，蒙古国和俄罗斯对中蒙俄经济走廊高质量发展的需求十分迫切。蒙古国在过去的几十年间，不断寻求可以减轻其先天地理劣势的发展模式，俄罗斯则长期因资本严重短缺而制约了其经济增长，蒙、俄都认为中蒙俄经济走廊的提出提供了可行的现实路径，有利于实现其自我发展需求。然而，突发疫情在一定程度上扰动中蒙俄经济走廊建设合作项目的顺利推进，令蒙俄意识到只有继续推进中蒙俄经济走廊的高质量发展，才能持续推动交通和能源基础设施的发展和完善，也才能保证走廊建设今后能够抵御此类突发事件的冲击，实现经济的稳定持续发展。

2. 强劲的命运共同体和政治互信保障走廊建设稳步推进

2020 年 7 月，中俄东线天然气管道南段建设正式启动开工。中蒙边境口岸为防控疫情物资和复工复产人员通行提供"绿色通道"。在双方的努力下，中国石油大庆塔木察格公司克服困难，于 2020 年 9 月全面实现复工复产，成为新冠疫情暴发以来在蒙古国全面复工复产的最大中资企业。此外，经二连浩特、满洲里口岸出入境的中欧班列均顺利开行，开行班列和线路均逆势上扬。2020 年经二连浩特口岸出入境的中欧班列通过 2379 列，较 2019 年增长 53.3%。[①] 截至 2021 年 3 月，开行的中欧班列线路已达 45 条。[②] 满洲里进出境中欧班列 2020 年内首次突破 3500 列，同比增长 35.1%，[③] 线路也增至 57 条。[④] 中蒙俄经济走廊成为统筹抗疫与生产的模范先锋，疫情期间，蒙古国总统率先访问中国，中俄领导人也针对疫情等问题频繁视频或书信交流加强沟通合作，这都展示出三方命运共同体意识和政治互信意志越发强劲，为走廊统筹抗疫与恢复生产奠定良好的政治基础。

[①] 二连浩特市人民政府网：《内蒙古二连浩特口岸 2020 年出入境中欧班列 2379 列》2021 年 2 月 25 日，http://www.elht.gov.cn/dtzx/kadt/202103/t20210315_194940.html，2022 年 2 月 10 日。

[②] 二连浩特市人民政府网：《二连浩特铁路口岸运行中欧班列线路数持续增长》2021 年 3 月 11 日，http://www.elht.gov.cn/dtzx/kadt/202103/t20210315_194941.html，2022 年 3 月 15 日。

[③] 新华网：《中欧班列"东通道"进出境中欧班列累计突破万列》2021 年 2 月 27 日，http://www.xinhuanet.com/silkroad/2021-02/27/c_1127147564.htm，2022 年 3 月 20 日。

[④] 呼伦贝尔市人民政府网：《呼伦贝尔市 2020 年 1—12 月中欧班列运行情况》2021 年 1 月 11 日，http://www.hlbe.gov.cn/News/show/197792.html，2022 年 3 月 20 日。

第二节　中蒙俄经济走廊"五通"建设进程

自中蒙俄经济走廊提出并实施以来，中蒙俄三国在"五通"方面取得一系列进展。中蒙俄高层利用元首会晤、总理定期会晤和多边合作平台不断引领推进政策沟通建设；三国在贸易规模和经贸园区等方面的建设加速发展，但对外直接投资表现乏力；三国跨国交通、能源、通信基础设施互联互通水平不断提升，形成了一批具有代表性的基础设施项目；中俄联手加快推动本币结算机制和去美元化进程，同时基础设施融资顺利推进；其他如人员往来、旅游及人文交流也快速增长并成效显著，社会民意基础不断稳固加深。可见，中蒙俄三方有条件并有能力进行各方面的合作，齐力建设好中蒙俄经济走廊。

一　中蒙俄高层定期会晤机制引领推进经济走廊政策沟通建设

共建中蒙俄经济走廊高质量发展以高层会晤为引领，推进构建政策沟通和联动机制，有助于深化政府间合作并提高三方政治互信，营造良好的政策环境（见表4-2）。

首先，元首会晤为规划下一阶段的合作方向和任务指明方向。自2014年中蒙俄元首首次会晤以来，中蒙俄已成功举办五次多边元首会晤，就共建中蒙俄经济走廊达成诸多重要共识并签署重要文件。此外，蒙古国总统于新冠疫情期间访华，强调中蒙双方应不断深化政治互信，加强共建"一带一路"合作及各领域合作。在2021年的中俄领导人视频会议上，中俄元首宣布《中俄睦邻友好合作条约》延期，继续保持密切高层交往，加强疫苗合作，继续扩大双边贸易规模，拓展数字经济、低碳能源以及农业等领域合作，推进"一带一路"倡议同欧亚经济联盟对接[1]。

其次，中俄总理间定期会晤为中俄政策沟通提供交流平台，不断推进协商规则对接，推进经济走廊合规经营不断走向完善。自2014年元首

---

[1] 环球网：《习近平同俄罗斯总统普京举行视频会晤　两国元首宣布〈中俄睦邻友好合作条约〉延期》2021年2月25日，https://world.huanqiu.com/article/43ivoYgQkQO，2022年8月10日。

首次会晤以来，中俄总理间定期会晤已举办 7 次，2020 年举办完第二十五次定期会晤，7 年间达成诸多共识，签署包括投资合作、能源合作、贸易便利化、农业合作、数字发展、科技合作、地方合作等方面的"纪要""声明""协定""议定书"和"备忘录"等。

最后，中蒙俄三国以多边框架和多边合作机制为平台，利用诸如上海合作组织元首理事会定期会议来扩大政策沟通交流渠道，深化政府间共识及互信。2020 年 11 月 10 日，上合组织成员国元首理事会第二十次会议期间，习近平主席同包括俄罗斯总统和蒙古国总统在内的领导人共同发表了《上海合作组织成员国元首理事会莫斯科宣言》以及关于共同应对新冠疫情，保障国际信息安全，数字经济领域合作，打击利用互联网等渠道传播恐怖主义、分裂主义和极端主义思想，应对毒品威胁等一系列声明[①]。总体来看，在中蒙俄三国元首定期会晤机制、中俄总理定期会晤机制和多边交流平台的不断引领带动下，政策沟通在国家元首和部长级层面互动较为频繁，签署政策文件成果较多。

表 4–2　　　　　中蒙俄高层会晤一览表（2014—2021）

时间	地点	会晤	声明成果
2014.9.11	杜尚别	中蒙俄首次元首会晤	正式提出共建中蒙俄经济走廊并达成共识
2014.10.13	莫斯科	中俄总理第十九次定期会晤	签署中俄东线管道天然气供应协议和人民币/卢布双边本币互换协议等一系列部门和企业间文件
2015.7.9	乌法	中蒙俄第二次元首会晤	签署《中俄蒙发展三方合作中期路线图》，三国相关部门分别签署了《关于编制建设中蒙俄经济走廊规划纲要的谅解备忘录》《关于创建便利条件促进中俄蒙三国贸易发展的合作框架协定》《关于中俄蒙边境口岸发展领域合作的框架协定》

---

① 人民政协网：《上海合作组织成员国元首理事会莫斯科宣言》2020 年 11 月 11 日，http://www.rmzxb.com.cn/c/2020-11-11/2711457.shtml，2022 年 8 月 10 日。

续表

时间	地点	会晤	声明成果
2015.12.17	北京	中俄总理第二十次定期会晤	发布《中俄总理第二十次定期会晤联合公报》，签署一系列政府间和企业间合作文件
2016.6.23	塔什干	中蒙俄第三次元首会晤	签署《建设中蒙俄经济走廊规划纲要》，走廊正式落地实施
2016.11.7	圣彼得堡	中俄总理第二十一次定期会晤	双方发布了有关核能合作和国界检查的联合声明，签署11项文件
2017.11.1	北京	中俄总理第二十二次定期会晤	两国发布会晤联合公报，签署投资、能源、贸易便利化、农业、科技、地方合作的纪要、协定、议定书等
2018.6.9	青岛	中蒙俄第四次元首会晤	对三方合作进行总结，共同讨论下一步合作议程
2018.11.7	北京	中俄总理第二十三次定期会晤	两国总理签署投资、能源、科技、农业等合作的纪要、谅解备忘录、协定、议定书
2019.6.14	比什凯克	中蒙俄第五次元首会晤	三国元首就继续推进三方合作发表意见
2019.9.18	圣彼得堡	中俄总理第二十四次定期会晤	两国发布会晤联合公报，签署科技、贸易、能源、农业、人文、数字发展方面合作的声明、协定、备忘录
2020.11.10	视频	上合组织成员国元首理事会第二十次会议	参会国家元首及领导人发布"莫斯科宣言"等系列声明
2020.12.2	视频	中俄总理第二十五次定期会晤	两国总理高度重视积极推进"一带一路"建设与欧亚经济联盟对接，签署和发布《中俄总理第二十五次定期会晤联合公报》等一系列会议纪要及谅解备忘录
2020.2.27	北京	蒙古国总统访华	中蒙双方不断深化政治互信，加强共建"一带一路"合作及各领域合作

资料来源：笔者自制。

二 一批具有代表性的基础设施项目不断提升设施联通建设

中蒙俄经济走廊不断扩大跨国交通、能源、数字通信基础设施建设，形成了一批具有代表性的基础设施项目（见表4-3）。中蒙俄三国以推动经贸合作为出发点，逐步构建起公路、铁路、桥梁三位一体的跨国交通基础设施网络通道。

公路方面，中企承建多条蒙古国标志性公路项目，极大提升乌兰巴托及周围地区的交通条件。其中包括2013年正式开工的扎门乌德至赛音山达干线公路工程项目，[1] 2019年7月顺利竣工的蒙古国首条高速公路项目——乌兰巴托新国际机场公路，[2] 以及2019年由国家副主席王岐山和蒙古国总理共同揭牌开工的那来哈公路项目。[3]

桥梁方面，中俄围绕提升边境口岸基础设施互通建设，历史性地实现了中俄跨界江河公路和铁路大桥零的突破。例如，2019年6月，同江中俄跨江铁路大桥作为兼容中俄铁轨宽距标准的首座跨界河铁路大桥全部贯通，[4] 同时，2020年1月，中俄首座跨界江公路大桥——黑河大桥具备通车条件。[5] 这两大桥梁项目提升了中国与俄罗斯远东地区至西伯利亚的人流、物流便捷度和时效性。

跨境铁路通道建设方面，中国与蒙古国、俄罗斯不断共同推进跨境铁路项目建设，多条铁路运输网络建设取得积极进展，为提升中蒙、中俄能源资源贸易规模助力。如2016年中国正式启动策克口岸跨境铁路通道项目，[6] 该项目一旦建成运营后将极大提升策克口岸在中蒙能源运输网

---

[1] 人民网：《蒙古国公路项目开工仪式在扎门乌德举行》2013年4月30日，http://world.people.com.cn/n/2013/0430/c1002-21331614.html，2022年2月10日。

[2] 新华网：《中铁四局承建蒙古国首条高速公路顺利移交》2019年7月16日，http://www.xinhuanet.com/energy/2019-07/16/c_1124758129.html，2022年2月10日。

[3] 中国电建网：《王岐山与蒙古国总理共同为公司承建的那来哈公路开工揭牌》2019年7月17日，http://www.cteb.com/art/2019/7/17/art_7336_605630.htmll，2022年2月10日。

[4] 光明时政网：《全线贯通啦，看看中俄首座跨江铁路桥长啥样》2019年6月9日，https://politics.gmw.cn/2019-06/09/content_32903966.html，2022年2月10日。

[5] 新华网：《中俄首座跨界江公路大桥通过验收具备通车条件》2020年1月17日，http://www.xinhuanet.com/2020-01/17/c_1125475139.html，2022年2月10日。

[6] 中国新闻网：《中国通往境外首条标轨铁路在内蒙古国开工》2016年5月26日，http://www.chinanews.com/cj/2016/05-26/7884294.shtmll，2022年2月10日。

络中的重要地位。同期，中蒙"两山"铁路后方线路中国段部分已如期贯通，[①] 该铁路建成后与俄罗斯远东铁路连接，极大提升连接中蒙俄东翼的贸易陆路运输能力。此外，截至 2020 年年底，蒙古国与中国临近的塔温陶勒盖煤矿至嘎顺苏海图口岸的南向铁路已完成铺轨约 112 公里，[②] 该运煤铁路线的建成将大幅提升蒙对华煤炭资源贸易规模。2017 年 12 月，滨洲铁路全线实现电气化运营，使得中俄贸易陆路运输速度得到极大的提升。[③]

近年来，中俄、中蒙在能源基础设施建设方面取得了巨大的成就。中俄陆续打通了两国油气管道运输通道和液化石油气陆运通道。2016 年 8 月，继中俄原油管道之后的第二个油气重点合作项目——中俄原油管道二线开工建设，并于 2018 年 1 月正式投入商业运营[④]，为深化中俄能源合作和保障中国能源供应安全奠定基础。不仅如此，中俄东线天然气管道北段（黑河—长岭）工程于 2019 年年底率先通气，[⑤] 中段（长岭—永清）工程也于次年 12 月实现投产运营。[⑥] 2020 年 7 月，南段（永清—上海）工程也正式启动建设。2022 年春的俄乌冲突之际，俄中达成经蒙古国通往中国的西伯利亚 2 号重大天然气管道协议。[⑦] 此外，满洲里远东气体有限公司进口液化石油气换装基地于 2019 年 9 月成功储运首批俄罗斯进口的液化石油气，这意味着中俄正式打通

[①] 汤晓丹：《中蒙俄经济合作走廊建设的现状及前景分析》，《对外经贸实务》2017 年第 6 期。

[②] 国家发展和改革委员会网：《中俄、中蒙跨境铁路通道建设取得积极进展，我与俄蒙煤炭贸易规模有望进一步扩大》2020 年 12 月 29 日，https：//www.ndrc.gov.cn/xwdt/xwfb/202012/t20201229_1260742.html，2022 年 2 月 25 日。

[③] 新华网：《滨洲铁路全线实现电气化》2017 年 12 月 28 日，http：//www.xinhuanet.com/local/2017-12/28/c_1122181670.htm，2022 年 2 月 25 日。

[④] 中国石油新闻中心网：《中俄原油管道二线正式投入商业运营》2018 年 1 月 2 日，http：//news.cnpc.com.cn/system/2018/01/02/001673746.shtml，2022 年 2 月 25 日。

[⑤] 光明网：《中俄东线天然气管道北段全线贯通，12 月 1 日正式进气投产》2019 年 10 月 17 日，https：//tech.gmw.cn/ny/2019-10/17/content_33240321.htm，2022 年 2 月 25 日。

[⑥] 新华网：《中俄东线天然气管道中段正式投产运营》2020 年 12 月 3 日，http：//www.xinhuanet.com/fortune/2020-12/03/c_1126816424.htm，2022 年 2 月 25 日。

[⑦] 新华网：《中俄东线天然气管道南段建设正式启动》2020 年 7 月 28 日，http：//www.xinhuanet.com/2020-07/28/c_1126294896.htm，2022 年 2 月 25 日。

液化石油气陆路通道。①

中蒙持续推进以煤电为代表的基础设施建设合作，形成了一批标志性的重要项目。2015 年，国网与蒙古国签署锡伯敖包煤电输一体化项目可研协议，该项目不仅是中蒙和亚洲域内电网互联互通的首期重点项目，而且是落实中国关于构建全球能源互联互通网络倡议的重要起点；② 中企在蒙施工的第一个大型电站项目——巴格诺尔电站项目顺利开工，项目建成后将有力保障蒙古国电力供给。③ 2016 年，中蒙能源合作项目——布罗巨特煤电一体化相关协议签署；采用"中国设计、中国制造、中国建造"的额尔登特铜矿自备电厂扩建项目正式施工建设，于 2018 年 1 月顺利竣工后一跃成为蒙古国第三大电厂。④ 2019 年，乌兰巴托市至曼德勒戈壁输变电项目竣工，标志着蒙古国首条最高电压等级的输变电项目顺利完工；⑤ 额尔登特热电厂升级改造项目启动奠基仪式，项目完成后将极大提升电力和供热能力，保障额尔登特市及其周边地区的工业和居民需求。⑥

此外，中蒙俄还不断推进跨境陆地光缆通信干线网络设施互联互通。目前中国移动、中国联通、中国电信运营商已打通抚远、满洲里、黑河、绥芬河 4 个边境站的中国—俄罗斯跨境光缆系统和二连浩特边境站的中国—蒙古国跨境光缆系统（表 4 – 3）。⑦

---

① 人民网：《中俄 LPG 能源贸易陆路通道正式开通》2019 年 9 月 9 日，http：//paper. people. com. cn/zgnyb/html/2019 – 09/09/content_1946047. htm，2022 年 2 月 25 日。

② 国务院国资委新闻中心：《国网与蒙古国签署中蒙锡伯敖包煤电输一体化项目可研协议》2015 年 11 月 17 日，http：//www. sasac. gov. cn/n2588025/n2588124/c3810144/content. html，（缺引用日期）。

③ 新华网：《中国企业在蒙承建的首个大型电站项目开工》2015 年 12 月 23 日，http：//www. xinhuanet. com/world/2015 – 12/23/c_1117559562. htm，2022 年 2 月 25 日。

④ 新华丝路：《哈电集团承建的蒙古国第三大电厂扩建工程竣工并荣获优质项目奖》2018 年 1 月 25 日，https：//www. imsilkroad. com/news/p/81556. html，2022 年 2 月 25 日。

⑤ 新华网：《中国进出口银行融资支持的蒙古国乌兰巴托至曼德勒戈壁输变电项目竣工》2019 年 10 月 25 日，xinhuanet. com/money/2019 – 10/25/c_1125152919. htm，2022 年 2 月 25 日。

⑥ 新华网：《中国援助蒙古国额尔登特电厂改造项目举行奠基仪式》2019 年 3 月 22 日，http：//www. xinhuanet. com/world/2019 – 03/22/c_1124271713. htm，2022 年 2 月 25 日。

⑦ 中国信息通信研究院：《中国国际光缆互联互通白皮书（2018 年）》2018 年 8 月，http：//pdf. dfcfw. com/pdf/H3_AP201809031186813405_1. pdf，2022 年 2 月 25 日。

表 4-3　　　　　　　　　　重点基础设施项目一览表

项目类型	涉及国家	项目名称	时间
交通	中蒙	扎门乌德至赛音山达干线公路工程	2013 年 4 月正式开工
		乌兰巴托新国际机场高速公路	2016 年 5 月正式建设，2019 年 7 月正式通车
		策克口岸跨境铁路通道项目	2016 年 5 月启动奠基仪式
		中蒙"两山"铁路后方通道	2016 年 11 月转线贯通
		南向铁路	2019 年恢复施工
		那来哈公路项目开工	2019 年 7 月开工揭牌
	中俄	滨洲铁路电气化升级	2017 年 12 月完成改造运营
		黑河公路大桥	2019 年 5 月合龙，2020 年 1 月达到通车要求
		同江铁路大桥	2019 年 6 月全部贯通
能源	中俄	中俄原油管道二线	2016 年 8 月开工，2018 年 1 月正式投入商业运营
		满洲里液化石油气储运基地	2019 年 8 月启动运营
		东线天然气管道北段项目	2019 年 10 月全线贯通，12 月正式通气
		东线天然气管道中段项目	2019 年 7 月启动建设，2020 年 12 月实现运营
		东线天然气管道南段项目	2020 年 7 月启动开工
	中蒙	锡伯敖包煤电输一体化项目	2015 年签署可研协议
		巴格诺尔电站项目	2015 年 12 月正式开工
		布罗巨特煤电一体化项目	2016 年 5 月签署协议
		额尔登特铜矿电厂扩建项目	2016 年 5 月开工，2018 年 1 月竣工
		乌兰巴托市至曼德勒戈壁输变电项目	2017 年 5 月签署协议，2019 年 10 月竣工
		额尔登特热电厂改造项目	2019 年 3 月启动奠基仪式

续表

项目类型	涉及国家	项目名称	时间
信息通信	中俄	中国—俄罗斯跨境光缆系统（抚远、满洲里、黑河、绥芬河）	
	中蒙	中国—蒙古国跨境光缆系统（二连浩特）	

资料来源：笔者自制。

三 贸易投资自由化与便利化的提升推进贸易畅通进一步发展

（一）口岸持续提升通关便利性

中国对蒙、对俄主要口岸过货量稳步增长，出入境中欧班列数量和线路显著增加，通关便利化水平不断提升。

1. 中国对蒙古国边境口岸建设

表4-4是中国对蒙古国边境口岸一览表，可知，二连浩特口岸是中国对蒙古国唯一同时拥有铁路和公路的口岸。

表4-4　　　　　　　　中国对蒙古国边境口岸一览表

开通情况	口岸名称	所属省份	蒙方对应口岸	运输方式	批准时间
已运营（14）	策克	内蒙古	西伯库伦	公路	2005
	甘其毛都	内蒙古	嘎顺苏海图	公路	1992
	满都拉	内蒙古	杭吉	公路	2009
	二连浩特	内蒙古	扎门乌德	公路	1992
	二连浩特	内蒙古	扎门乌德	铁路	1990
	珠恩嘎达布其	内蒙古	毕其格图	公路	1992
	阿拉哈沙特	内蒙古	哈比日嘎	公路	1992
	额布都格	内蒙古	巴音胡舒	公路	2009
	阿尔山	内蒙古	松贝尔	公路	2004
	乌力吉	内蒙古	查干德勒乌拉	公路	2016
	红山嘴	新疆	大洋	公路	1992
	塔克什肯	新疆	布尔干	公路	1989
	乌拉斯台	新疆	北塔格	公路	1991
	老爷庙	新疆	布尔嘎斯台	公路	1991

续表

开通情况	口岸名称	所属省份	蒙方对应口岸	运输方式	批准时间
未运营（2）	马鬃山	甘肃	那然色布斯台	公路	1992
	巴格毛都	内蒙古	南戈壁省	公路	1993

资料来源：根据各口岸提供资料进行整理。

作为中蒙边境目前最大且唯一的铁路口岸，也是中欧班列中部通道，二连浩特口岸进出口运量稳步上升，进出境中欧班列和线路均显著增多，通关便利化改革持续推进。2017年二连浩特口岸进出口运量累计达1503.1万吨，同比增长4.7%，其中铁路口岸进出口货物量首次超千万吨，累计达1327.3万吨，同比增长7.8%，出入境中欧班列575列，同比增长246.4%，运行线路由2013年的2条增加至2017年的15条。截至2020年年底，铁路口岸进出口运量较去年提前突破1400万吨大关，全年中欧班列通过2379列，到2021年年初，经二连浩特铁路口岸开行的中欧班列线路已达45条。[①] 二连浩特口岸持续提升通关便利性，升级改造中欧班列。2019年启动建设公路货运通道智能卡口项目，建成后口岸货运通道将实现由"一进一出"转变为"两进两出"。新冠疫情暴发后，口岸建立疫情联防联控机制，实现"信息共享、监管互认"，推出"专用通道""绿色通道"和"优先通道"等快速通道，并于2020年年底投入使用两条新建标准轨边检线，极大提升中欧班列的通关能力，助推中欧班列中部通道运行高效畅通。此外，二连浩特口岸不断加大通关便利化改革步伐。一是大力提升无纸化业务办理覆盖率，落实减税降费惠企政策，推广口岸"两步申报"模式。二是放宽申报模式、提升审单效率、优化简化煤炭送检流程，提升通关效能。三是通过不断提升单一窗口应用程度和"多证合一"等提高窗口办事水平。[②]

2. 中国对俄通关渠道和便利化水平显著扩大

中国对俄罗斯口岸中满洲里、珲春、绥芬河均同时拥有铁路和公路

[①] 二连浩特市人民政府网：http://www.elht.gov.cn/dtzx/kadt/。

[②] 二连浩特市人民政府网：《二连浩特市持续发力不断深化口岸通关领域"放管服"改革》2021年2月22日，http://www.elht.gov.cn/dtzx/kadt/202103/t20210315_194939.html，2022年2月25日。

通关能力，满洲里口岸是中俄间开设时间最早，运量最大且中欧班列东部通道的重要口岸。2013 年以来，满洲里口岸过货量平稳上升，进出境中欧班列开行数量和线路均呈显著增长态势，通关便利化改革成效显著。2013—2019 年，满洲里口岸过货量累计 21641 万吨，年均增速达 1.6%，2020 年受新冠疫情影响，口岸剔除转口货运量后，进出口运量为 1974 万吨，较 2019 年下滑 3.6%。进出境中欧班列 2020 年内首次突破 3500 列，同比增长 35.1%，[①] 线路增至 57 条。[②] 截至 2021 年 2 月，进出境中欧班列累计开行突破 1 万列。满洲里口岸持续提升贸易便利化水平，压缩通关时间，提高通关效率。积极推行完善公路双向通道"三互"、铁路"三个一"和航空口岸"一机三屏"通关模式改革，[③] 率先启用国际贸易"单一窗口"系统并 100% 覆盖铁路和公路口岸。[④] 此外，满洲里口岸还创新优化报关模式，于 2020 年 6 月率先实现铁路模式出口提前报关，大大降低货物停留时间和费用，提升中欧班列等跨境运输的通关效率。[⑤] 表 4-5 为中国对俄罗斯边境口岸一览表。

表 4-5　　　　　　　中国对俄罗斯边境口岸一览表

开通情况	口岸名称	所在省份	俄方对应口岸	运输方式	批准时间
已运营 (19)	胡列也吐	内蒙古	凯拉斯维	水运	1992
	二卡	内蒙古	阿巴盖图	公路	1992
	黑山头	内蒙古	旧粗鲁海图	公路	1989

---

① 新华网：《中欧班列"东通道"进出境中欧班列累计突破万列》2021 年 2 月 27 日，http://www.xinhuanet.com/world/2021-02/27/c_1127147564.htm，2022 年 3 月 25 日。

② 呼伦贝尔市人民政府网：《呼伦贝尔市 2020 年 1—12 月中欧班列运行情况》2021 年 1 月 11 日，http://www.hlbe.gov.cn/News/show/197792.html，2022 年 3 月 25 日。

③ 满洲里市人民政府网：《满洲里市 2017 年国民经济和社会发展统计公报》2018 年 4 月 13 日，http://www.manzhouli.gov.cn/mzl/363045/zfxxgkml/tjxx13/1045863/830751/index.html，2022 年 3 月 25 日。

④ 满洲里市人民政府网：《满洲里市 2018 年国民经济和社会发展统计公报》2019 年 3 月 25 日，http://www.manzhouli.gov.cn/mzl/363045/zfxxgkml/tjxx13/1045863/911452/index.html，2022 年 3 月 25 日。

⑤ 中国海关总署网：《满洲里海关助力全国首单铁路模式出口提前报关货物快速放行》2020 年 6 月 6 日，http://cws.customs.gov.cn/customs/xwfb34/302425/3111514/index.html，2022 年 3 月 25 日。

续表

开通情况	口岸名称	所在省份	俄方对应口岸	运输方式	批准时间
已运营（19）	室韦	内蒙古	奥洛契	公路	1989
	满洲里	内蒙古	后贝加尔斯克	公路	1992
	满洲里	内蒙古	后贝尔加斯克	铁路	1901
	珲春	吉林	克拉斯基诺	公路	1993
	珲春	吉林	卡梅绍瓦亚	铁路	1998
	东宁	黑龙江	波尔塔夫卡	公路	1989
	密山	黑龙江	图里洛格	公路	1989
	虎林	黑龙江	马尔科沃	公路	1989
	绥芬河	黑龙江	波格拉尼奇内	公路	2000
	绥芬河	黑龙江	格罗迭科沃	铁路	1994
	饶河	黑龙江	波克洛夫卡	水运	1989
	同江	黑龙江	下列宁斯阔耶	水运	1986
	抚远	黑龙江	哈巴罗夫斯克	水运	1992
	萝北	黑龙江	阿穆尔捷特	水运	1989
	黑河	黑龙江	布拉戈维申斯克	水运	1982
	逊克	黑龙江	波亚尔科沃	水运	1989
未运营（4）	漠河	黑龙江	加林达	水运	1988
	嘉荫	黑龙江	巴斯科沃	水运	1989
	孙吴	黑龙江	康斯坦丁诺夫卡	水运	1993
	呼玛	黑龙江	乌沙阔沃	水运	1993

资料来源：根据各口岸提供资料进行整理。

（二）中国对蒙、俄边境口岸的经济合作园区呈现快速增长势头

1. 中蒙以边境经济合作区为先导，持续推进互市贸易区、重点开发开放试验区、跨境经济合作区和自贸区建设。一是率先在二连浩特设立边境经济合作区和重点开发开放试验区，设立策克口岸为内蒙古自治区级重点开发开放试验区。二是同步推进互市贸易区建设，批复满都拉中蒙互市贸易区建设项目，相继启动二连浩特、策克、塔克什肯、额布都格中蒙边民互市贸易区运营。三是为了进一步加强两国边境地区融合发展，中蒙互签协议决定共建二连浩特到扎门乌德的跨境经济合作区，签署自贸协定联合可行性研究谅解备忘录并召开两次工作组会议。如

表4-6所示。

表4-6　　　　　中蒙边境口岸合作园区建设情况

口岸名称	边民互市贸易区	边境经济合作区	综合保税区	重点开发开放试验区	跨境经济合作区	自贸区
策克	★			★		
甘其毛都						
满都拉	▲					
二连浩特	★	●		▲	★	★
珠恩嘎达布其						
阿日哈沙特						
额布都格	★					
阿尔山						
乌力吉						
红山嘴						
塔克什肯	★					
乌拉斯台						
老爷庙						

注：●表示"一带一路"倡议前，▲表示"一带一路"倡议提出至规划纲要签订期间，★表示中蒙俄经济走廊规划纲要签订之后。

资料来源：根据各口岸提供资料进行整理。

2. 中俄边境相邻地区逐步形成了边境经济合作区、互市贸易区、综合保税区、重点开发开放试验区、跨境经济合作区和自贸区六位一体的边境口岸经济发展合作框架。一是继续发展绥芬河、满洲里、黑河、逊克、珲春五大边境经济合作区。二是在已运营的绥芬河、黑河、珲春、逊克、东宁中俄互市贸易区的基础上，进一步扩大互市区的数量，启动运营密山、同江、抚远、满洲里、饶河、萝北、黑山头中俄互市贸易区。三是以中俄边境地区首个综合保税区—绥芬河综合保税区为引领，对内蒙古首家综合保税区—满洲里综合保税区进行封关运营和成立珲春综合保税区。四是批复建设了满洲里和绥芬河—东宁两个重点开发开放试验区。五是完成"绥芬河—波格拉尼奇内"跨境经济合作区规划草案，黑龙江跨境经济合作试验区东宁片区和黑河片区揭牌运营。六是在黑龙江自由贸易试验区基础上成立绥芬河和黑河自贸区。截止到目前，中俄已经推进的跨境经济合作区包括绥波、东波、黑河跨境经济合作区建设，此外，中俄已经建设的境外经济合作区增加到27个。如表4-7所示。

表4-7　　　　　中俄边境口岸合作园区建设情况

口岸名称	边民互市贸易区	边境经济合作区	综合保税区	重点开发开放试验区	跨境经济合作区	自贸区
黑山头	★					
室韦						
满洲里	▲	●	★	●		
珲春	●	●	★			
东宁	●			▲	★	
密山	▲					
虎林						
绥芬河	●	●	●	▲	★	★
饶河	▲					
同江	▲					
抚远	▲					
萝北	★					
黑河	●	●			★	★
逊克	●	●				
漠河						
嘉荫						
孙吴						
呼玛						

注：●表示"一带一路"倡议前，▲表示"一带一路"倡议提出至规划纲要签订期间，★表示中蒙俄经济走廊规划纲要签订之后。

资料来源：根据各口岸提供资料进行整理。

四　去美元化进程加快且融资支持的能力不断增强

近年来，中俄联手加快在本币结算、投资人民币和以人民币计价的金融产品及增加外汇储备中人民币占比等方面助推中俄本币结算机制和去美元化进程。

一是中俄加强双边贸易中的本币结算占比。据俄罗斯央行2020年一季度最新数据表明①，人民币在中俄所有贸易结算中的占比超过17%，而美元在中俄贸易结算中的占比则下滑5%，跌至46%，创历史最低纪录。根据2020年间的统计数据，中俄在大型交易中人民币结算占比超过44%，欧元为37%，美元为14%，人民币已经超过美元、欧元成为中俄大宗商品跨境支付业务的主要货币。2022年俄乌冲突以来，美欧国家加大了对俄罗斯的金融制裁力度，俄中贸易更多采用人民币结算，美元和欧元的贸易结算占比显著下降，据俄罗斯卫星社报道，2022年9月中俄天然气结算完全使用人民币与卢布结算，预计2022年中俄双边贸易中的本币结算占比由2020年的25%上升到65%。

二是缩减美元及美债投资，批准并加大对人民币和人民币计价国债的投资力度。2020年4月，俄罗斯总理米舒斯京签署政府令，同意俄国家福利基金可投资人民币和以人民币计价的中国国债。② 2021年2月，俄罗斯财政部宣布，将俄主权财富基金国家福利基金货币结构中部分美元和欧元份额转换成人民币，转换完成后人民币占比达15%，美元和欧元份额从45%降至35%。③ 2020年6月，俄罗斯主权财富基金进一步扩大人民币份额并剔除美元资产，预计新结构中人民币占比达30%，仅次于40%的欧元占比。④ 与此同时，俄罗斯在2018年初大举削减美债投资规模。根据美国财政部国际资本流动（TIC）历史统计数据，俄罗斯于2018年4月和5月分别大幅减持474亿和338亿美债，所持美债余额从2018年3月末961亿美元降至5月末仅149亿美元。⑤ 最新数据显示，截至

---

① 俄罗斯卫星通讯社：《中俄联手去美元化》2020年8月7日，http：//sputniknews.cn/china/202008071031927508/，2022年3月25日。

② 俄罗斯卫星通讯社：《俄政府批准俄国家福利基金投资中国国债》2020年4月29日，http：//sputniknews.cn/politics/202004291031327969/，2022年3月25日。

③ Xinhua：《RMB included in Russia's national wealth fund》2021年2月25日，http：//www.xinhuanet.com/english/2021-02/25/c_139764612.htm，2022年3月25日。

④ 光明网外媒：《俄主权基金将清零美元增持人民币》2021年6月7日，https：//world.gmw.cn/2021-06/07/content_34906073.htm，2022年3月25日。

⑤ U.S. Department of The Treasury，Major Foreign Holders of Treasury Securities，https：//tic-data.treasury.gov/Publish/mfhhis01.txt（2021-02-16）.

2020年年底，其持有的所有美债经过连续大幅抛售后已降至60.11亿美元，并被剔除出"主要外国美债持有者"名单。① 三是增加人民币在俄央行外汇储备占比。2015年俄罗斯决定把人民币纳入外汇储备，此后人民币成为俄罗斯外汇储备中的重要部分。截至2020年6月底，人民币在俄外汇储备中所占的份额稳定在12.2%，相反美元比重逐步降至22.2%。②

中蒙大力推进基础设施融资建设，大型项目合作资金以中国政策性银行贷款为主，项目融资模式较为单一。例如，2017年5月两国签署采用专用优买贷款建设的乌兰巴托市至曼德勒戈壁输变电项目协议。③ 2018年4月，中国进出口银行签署向额尔登特热电厂改造项目提供贷款协议。④ 2019年4月，中国进出口银行和蒙古国政府签署冈楚尔特至那来哈乔伊尔路口20.9公里公路项目贷款协议。⑤ 2020年1月，进出口银行与蒙古国财政部在京签署乌兰巴托污水处理厂项目贷款协议。⑥ 可见，以上重点民生基础设施项目均采用中国政策性银行贷款作为主要融资方式。

五 官方主导的民心相通建设项目发展显著

中蒙人文交流日益密切，合作领域不断扩展，人员交流频繁，民间互信感不断提升。到目前为止，中蒙两国教育部门高级官员已实现互访，双方签署了一系列有关培养蒙古国留学生、学历学位认定、教育交流以

---

① U. S. Department of the Treasury, U. S. Treasury Securities Held by Foreign Residents, https://ticdata.treasury.gov/Publish/slt3d.txt（2021-02-19）.

② Bank of Russia, Bank of Russia Foreign Exchange And Gold Asset Management Report, https://www.cbr.ru/Collection/Collection/File/31875/2021-01_res_en.pdf（2021-01-11）.

③ 新华社：《特变电工推动蒙古国大型输变电项目落地》2017年5月16日，http://www.xinhuanet.com/fortune/2017-05/16/c_1120982540.htm，2022年3月15日。

④ 中国进出口银行网：《进出口银行与蒙古国财政部签署蒙古国额尔登特热电厂改造项目贷款协议》2018年4月10日，http://www.eximbank.gov.cn/info/news/201810/t20181031_8388.html。

⑤ 中国金融新闻网：《进出口银行与蒙古国政府签署公路项目贷款协议》2019年4月26日，https://www.financialnews.com.cn/yh/sd/201904/t20190426_158897.html，2022年3月25日。

⑥ 新华网：《中国进出口银行与蒙古国政府签署乌兰巴托污水处理厂项目贷款协议》2020年1月23日，http://www.xinhuanet.com/money/2020-01/23/c_1125496900.htm，2022年3月25日。

及合作计划,对外汉语志愿者赴蒙学习任教方面的官方协定。① 中国已在蒙设立孔子学院,两国成功互办"中国文化周""蒙古国文化周""文化月"活动。两国根据互设文化中心协定,分别于2010年在蒙成立乌兰巴托中国文化中心,2017年在北京建成中蒙国际文化交流基地。② 中蒙两国还在2014年开展了一系列文化友好交流活动。例如,儿童文化交流系列活动、中国电影周、汉字书法大赛、汉语系列比赛、各界代表团互访等交流活动。③ 2015年,中蒙俄三国还共同发起创立首届中蒙俄智库国际论坛,期间成立了中蒙俄智库合作联盟。④ 为了进一步统筹协调两国人文领域交流合作,筑牢友好交往基础,中蒙人文交流共同委员会作为两国人文交流合作新平台于2018年成立,迄今已成功举办两次会议,有力推动了两国文化、教育、体育、旅游、媒体、青少年、卫生、地方等领域交流合作。为庆祝中华人民共和国成立及中蒙建交70周年,中蒙两国在2019年也开展了一系列人文领域活动,例如,在中国举办第十一届中蒙新闻论坛,在蒙举办"欢乐春节"2019中国日活动,"北京日"活动,中国文化旅游系列推介活动及"感知中国"系列文化活动等。⑤ 2020年新冠疫情暴发以来,在蒙方赠予中方3万只羊的同时,中方不仅陆续援助蒙古国三批防疫物资,而且还将疫苗及时运抵乌兰巴托,协助蒙方尽快战胜疫情。深刻体现出中蒙两国政府和人民守望相助,携手抗疫的意志,进一步加深和巩固两国的珍贵友谊和社会民意基础。

中蒙民间交流同样体现在两国之间的文化教育交流中。1998年中蒙签署了相互承认学位学历的协定,2000年双方签署了培养蒙古国留学生计划项目。2005年内蒙古自治区政府受教育部委托同蒙古国教育科学部

---

① 人民网:《中国与蒙古国文化、科技与教育等方面的双边交往与合作》2013年5月7日,http://world.people.com.cn/n/2013/0507/c363481-21383946.html,2022年3月25日。

② 环球网:《中蒙国际文化交流基地落成典礼》2017年7月9日,https://finance.huanqiu.com/article/9CaKrnK3XTd,2022年3月25日。

③ 中国政府网:《外交部发布中蒙友好交流年纪念活动方案》(全文)2014年1月17日,http://www.gov.cn/gzdt/2014-01/17/content_2569654.htm,2022年3月25日。

④ 人民网:《中蒙俄智库国际论坛简介》2016年9月23日,http://nm.people.com.cn/GB/n2/2016/0923/c378166-29052751.html,2022年3月25日。

⑤ 外交部:《中蒙签署发表建交70周年纪念活动计划》2019年4月28日,https://www.fmprc.gov.cn/web/zyxw/t1658868.shtml,2022年3月25日。

签订了《关于接受蒙古国留学生来华学习和派遣汉语教师赴蒙古国任教协议》。2008 年，双方签署《关于组织国际汉语教师中国志愿者赴蒙古国任教的协议书》。2010 年，双方签署《中蒙相互承认学历、学位证书的协定修订备忘录》。2017 年，双方签署《中华人民共和国教育部与蒙古国教育文化科学体育部 2018—2021 年教育交流与合作执行计划》。随着这些文化与教育交流合作计划的实施，来华和去往蒙古国学习交流的人数逐日增多。

中俄人文交流成果丰富，民心相交基础牢靠。一方面，中俄率先建立以人文合作委员为交流平台的人文合作机制，中俄人文交流合作以此为依托取得了诸多成果，人员交流往来日益密切。2019 年度双向留学交流人员规模突破 10 万人，截至 2020 年年底，经教育部批准的中俄本科及以上的合作办学机构和项目共计 81 个。[①] 两国成功互办 "文化节" "电影节" "电影周" "电影季" 等活动，成立 "万里茶道" 国际旅游联盟，共同打造跨境旅游目的地，已成功举办八届中俄青少年运动会，设立中俄大学生创业孵化器交流项目机制化平台，成功举办纪念中俄建交 70 周年档案文献展。新冠疫情肆虐全球之际，中俄医科大学联盟积极推动中俄新型冠状病毒学术交流会议，交流研究成果。另一方面，为扩展两国人民交流渠道，中俄首提互办 "国家年" 倡议，举办了一系列 "语言年" "旅游年" "青年友好交流年" "媒体交流年" 和 "地方合作交流年" 活动，极大提升了两国民众交流渠道和机会，丰富人文交流领域。此外，习近平主席在 2019 年 6 月出访俄罗斯期间与普京总统共同宣布在 2020 年和 2021 年互办 "科技创新年"。[②] 2020 年 9 月至 12 月，作为中俄科技创新年框架内的中俄科技合作会议暨展览会以线上形式如期举行。[③] 根据 "2020 年中俄社会民意调查"，两国民众表现总体积极正面，支持中俄合

---

① 教育部中外合作办学监督工作信心平台：《中外合作办学机构与项目》（含内地与港台地区合作办学机构与项目）名单 2020 年 11 月 18 日，http：//www.crs.jsj.edu.cn/aproval/orglists，2022 年 3 月 25 日。

② 人民网：《习近平同普京分别向中俄科技创新年开幕式致贺信》2020 年 8 月 27 日，http：//politics.people.com.cn/n1/2020/0827/c1024-31838099.html，2022 年 3 月 25 日。

③ 卫星社：《俄中科技合作会议暨展览会圆满落幕》2020 年 12 月 10 日，http：//sputniknews.cn/russia_china_relations/202012101032687181，2022 年 3 月 25 日。

作抗疫，在与中国的心理距离和接纳度上表现出更加积极的态度，尤其是俄年青一代对中国民众的接受和亲近程度有明显提高。① 总的来说，经过长期的富有成效的人文交流活动，中俄两国人民的民心相交基础牢靠。

---

① 新华网：《2020 年中俄社会民意调查报告：两国民众彼此认可中俄关系社会基础更加巩固》2020 年 6 月 19 日，http：//www.xinhuanet.com/world/2020 - 06/19/c_1210667848.htm，2022 年 8 月 10 日。

第 五 章

基于合作区间的中蒙俄区域合作推进机制安排

研究中蒙俄经济走廊区域合作机制，重点是如何从一般学理意义上搞清楚中蒙俄经济走廊建设究竟建立什么样的合作机制模式，依托这个一般意义的合作机制模式可以作为多方面具体领域合作机制建构的指导性原则。离开了一般学理意义上合作机制模式的探讨，将会导致中蒙俄经济走廊机制化建设容易陷入"头痛医头、脚痛医脚"的被动性应付状态。为此，本章从一般意义上回答了中蒙俄经济走廊国际机制构建的基本方向与公共产品供给的主要内容。

第一节 区域合作区间与区域驱动机制的关系机理

一 区域利益与区域合作

"囚徒困境"模型从理论上证实了国家间的区域合作对彼此都是有利的，如果双方只考虑自身利益最大化而选择不合作，结果会是双方都遭受到最大的损失。区域利益作为区域合作的基础，通常情况下区域利益越大，彼此都能给对方带来较大的利益，合作也会越紧密和越持久。在市场经济中，建立区域合作机制能够加强双方之间的信息沟通，能够为彼此找到一个对双方都有利的方法。目前，普遍认为有两种力量推动着区域合作的进行，即市场力量驱动和借助政府合作的制度驱动。第一，市场驱动，即区域间的经济联系主要依靠广泛的市场主体参与、充分发挥市场机制的调节作用。市场驱动将产生功能溢出效应，使得企业在追求利益最大化的基础上推动市场扩张，从而促进区域合作的扩大。区域间市场经济联系的最高程度就是区域经济一体化。从市场的角度来说，区域经济一体化能够为区域内参与者提供共同利益，促进区域合作的形成与发展，反过来，区域合作的发展又可进一步加速区域一体化进程。第二是制度驱动，即区域间的联系主要依靠政府合作，通过提供区域制度、基础制度环境等公共产品来调节。制度的驱动是在市场交易成本持续增长、公共产品供给不足、经济相互之间存在利益冲突和不确定信息的情况下，应通过各国之间的协商建立国际机制和相关法律和规范，以使合作制度化。与此同时，制度驱动的政治溢出效应将促进区域经济合作组织的形成[①]。可见，区域合作的发展进程主要依托市场驱动和制度驱动两种力量来推动，两条驱动路径不是相互割裂的，而是具有"互补型"联动关系，只是在区域合作发展进程的某一阶段某一种力量发挥主要作用。一般地，依托两种驱动力量能有效增加区域利益，进而推动实现区域合作，而区域合作又会促进区域利益的帕累托改进。现以区域合作内两国家或地区为例，通过进行区域利益分析探讨国家间区域合作的倾向性，并分析区域差距对区域合作的影响。具体分析如图 5-1 所示。

在图 5-1 中，横轴 OA 表示 A 国家或地区（如中国）的利益，纵轴 OB 表示 B 国家或地区（如俄罗斯或蒙古国）的利益，弧线 AB 是在现有制度的约束下利益的可能性边界，OC 是指合作平均利益线，即该条线上的任何点，A 和 B 国家能够获得相同的利益，D 点是在现有条件下的利益区间分布点。从 D 点到扇形 EDF 上任何一点我们称为利益帕累托改进路线。具体分析从 D 点到 G 点，由图 5-1 可知，在相同条件下 B 增加的利益要大于 A 增加的利益，则 B 国的合作倾向也就更大，同时由于 A 的利益在一定程度上也增加了，因此 A 国也有合作的基础，其中 DE 为 A 国参与合作的底线；同样的道理，从 D 点到 M 点的路线，A 国相比于 B 国利益增加得多，则 A 国的合作倾向更大，B 国合作倾向较低，但也有合作的基础，其中 DF 不能视为 B 国参与合作的底线，因为相比于 A 国，

[①] 朱翠萍等：《孟中印缅经济走廊建设：中印视角》，社会科学文献出版社 2015 年版，第 54—81 页。

B 国的经济发展条件较好，实力较强，若无限扩大两者之间的利益差距，矛盾就会增多，A 国合作倾向就会逐渐丧失。

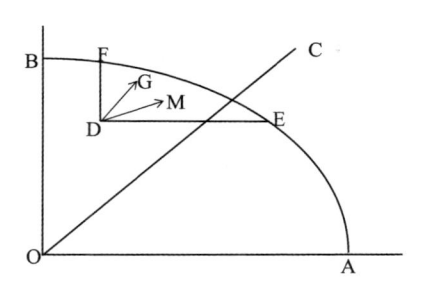

图 5-1 国家间区域合作的倾向性

由此可见，区域利益是区域合作的基础，它决定了区域内国家或地区的合作倾向，同时也要控制区域合作内国家间的利益差距，差距过大或过小都会影响合作的进行。因此，为了推进中蒙俄经济走廊合作的持续发展，控制区域合作的利益分配及利益差距的大小成为中蒙俄区域合作要考虑的重点。

二 中蒙俄经济走廊区域合作区间与制约因素

为了更好地了解中蒙俄三国区域合作的可能性、难易程度、可获得的区域利益以及制度驱动对区域合作的作用效果，我们根据合作的难易程度和层次性将区域分为三个不同的合作区间，即困难合作区、自由合作区和分裂合作区，来分析中蒙俄经济走廊所处的合作区间。

在图 5-2 中，横轴 OA 表示参与区域合作的 A 国家或地区（如中国）的利益，纵轴 OB 代表参与该区域合作的 B 国家或地区（如俄罗斯或蒙古国）的利益，弧线 AB 是指在现有制度约束条件下利益的可能性边界，扇形 AOB 为所有可能的利益合作区间。I 是利益可能性边界 AB 与平均利益线 OP 的交点。线段 DI 和 CI 称为现有制度下通过帕累托改进消除区域差距、增进区域利益的边界。直线 OM 和 ON 为区域差距边界线，即当现状利益空间分布点处在 OM、ON 以外，由于区域合作利益分配进一步拉大区域差距，合作倾向越来越困难，当现状利益空间分布点越过帕累托改进边界线 DI 和 CI，中国与俄罗斯（或蒙古国）合作为零。

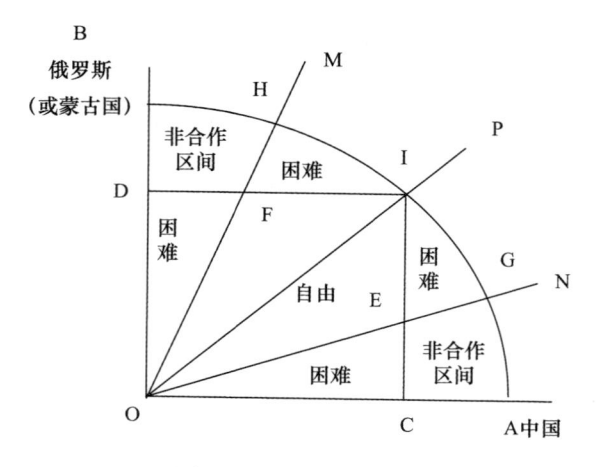

图 5-2 区域合作区间

从图 5-2 可知，第一，自由合作区，主要包括三角形 OFI 和三角形 OEI，在该区间内，完全由市场主导，市场驱动完全发挥作用，通过利益驱动和贸易投资就能够推动合作的进行，现有的制度能够保证区域利益帕累托改进有效，没有政府的扶持就能获得区域利益。在这一区间，A 国和 B 国的区域差距控制在适度的范围内，投资和贸易等经济活动可以推动区域利益的帕累托改进，以企业主导型为区域合作主要形式。目前中蒙俄区域合作距离单纯靠市场的驱动作用还不足以满足合作发展的需要，在一定程度上要依赖政府的推动作用发挥重要作用。

第二，困难合作区间，包括扇形 HFI 和扇形 GEI，三角形 DOF 和三角形 COE。在困难合作区间内，合作双方自由合作存在一定的阻碍，市场驱动不能完全满足发展的需要，缺乏合作倾向，现有的国际制度安排无法提供足够的激励措施来推动区域利益的帕累托改进，只有通过政府推进能够满足这一条件。在该范围内，政府主导型是主要合作形式。目前，中蒙俄经济走廊处于低度区域市场一体化合作区，实际上大多处于困难合作区间。由于中蒙俄三国之间存在较大的差距，单纯依靠商贸往来和市场驱动的投资无法实现有效合作，加之社会文化、语言、信仰、理念等方面的差距导致共识无法形成，在一定程度上阻碍了三方的合作发展，同时在利益汇合点认同方面也存在很大差异。在交通运输基础设施方面，蒙古国交通设施落后，国内仅有一条贯穿中蒙俄三国的主干线和较少的支线,与中国接壤的区域仅仅只有运输效率较低的草原公路连接,同样俄罗斯境内的交通基础设施整体状况不佳。在认知和信任方面存在部分缺失,直到现在俄、蒙国内仍有部分群体对中国"一带一路"倡议存在误解。例如,2009年中国和俄罗斯就相关问题签署了推动两国地区合作的规划纲要,部分人士认为纲要的达成是俄领导人将远东与东西伯利亚自然资源向中国出售的行为,这些消极的言论使得俄罗斯民众对中国形成较大误解①。蒙、俄在表面上表现得颇为积极,但实际行动上却尤其谨慎,政策执行稳定性差,特别是担心对中国开放市场造成巨大冲击和依赖,导致三方多年来合作项目推进比较缓慢,潜在的合作利益不能有效释放,困难合作区间扩大。

第三,非合作区间,包括扇形AOB区域内的BDFH、ACEG。从理论上讲,在这个区间内,A、B两国区域差距过大,既超过了区域差距边界线,又越过了现有制度下通过帕累托改进消除区域差距、增进区域利益的边界线,导致合作的不可能性。对于中蒙俄经济走廊来说,如果三国内部经济发展差距持续增加,相互认知严重不能弥合,区域合作的利益分配严重不均等,国际形势触发的矛盾日益加深,就有可能导致三国区域合作陷入非合作区间。

第二节　中蒙俄经济走廊区域合作推进机制的构建

一　国际机制的制度创新

国际机制的制度创新是中蒙俄经济走廊建设的基本内生动力机制。跨国区域经济合作的一般效应是实现区域利益的帕累托改进,在区域经济差距方面,现状利益空间分布点不能超出自由合作区间和困难合作区间的范围。当分布点处于困难合作区或非合作区时,制度创新是区域合作的主要推动力,是经济合作持续发展的基础。通过制度创新产生的溢出效应是驱动跨国区域合作区间扩展的一个主要机制,可以扩大区域合作区间,制度创新推动利益可能性边界的扩大,使得大部分困难合作区

---

① 于小琴:《俄方对〈中俄地区合作规划纲要〉的反应》,《俄罗斯学刊》2011年第6期。

间纳入自由合作区间,将大部分非合作区纳入困难合作区间,将整体合作水平提升到又一个高度。再者,跨国区域合作的本质是要加强区域联系,而区域联系的加强将会增大区际经济活动的外部性风险,导致交易费用上涨,典型的问题如信息不对称造成成本增大,这些问题通过制度的创新能够加以解决。

目前中蒙俄经济走廊区域合作,一部分是自由合作区间、有较大部分处于困难合作区间,且跨国合作区间还处于多种因素干扰的受阻状态,导致合作发展速度不达预期。为了摆脱眼前发展困境,制度创新是扩大合作区间,推动中蒙俄经济走廊向自由合作区间发展的不二选择。制度创新带来的具体效果如图 5-3 所示。

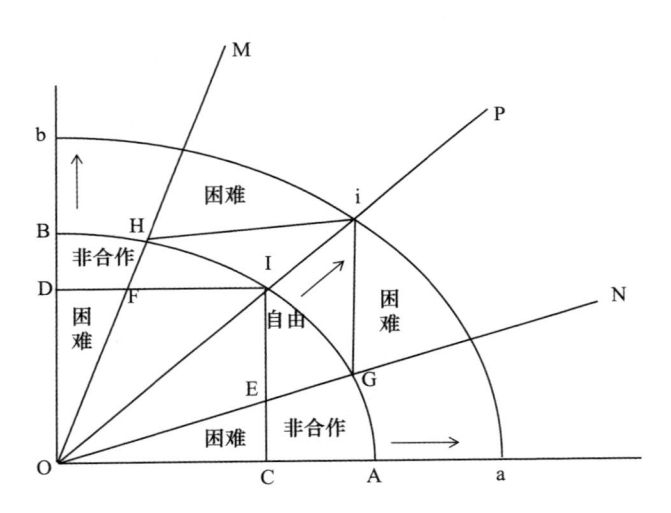

图 5-3 制度创新对合作区间的影响

区域合作的可行性和有效性取决于合作区间的大小。制度外的潜在利益是制度创新的根本动力,制度创新推动着自由合作区间增加越大,区域合作倾向就越强,区域合作也就越有效和越稳定。在图 5-3 中,政府借助制度创新这一手段,推动利益可能性边界 AB 向外移到 ab,并在点 i 处与平均利益线 OP 相交,四边形 OHiG 为新的自由合作区间,是由制度创新前的自由合作区和困难合作区 FHI、EGI 转变而成,与此同时,原来的非合作区 BDFH、ACEG 也进入困难合作区,这说明即使目前利益汇合点处在非合作区，也可以通过制度创新来使利益可能性边界外移。通过国际制度创新，将非合作区纳入困难合作区，将困难区纳入自由合作区域，实现合作由弱到强。比如通过国际发展援助等政策，为困难合作国家或地区搭建合作桥梁，从而加强合作的相互依存。

由上述分析可以说明，中蒙俄经济走廊可以通过制度创新推进区域合作的国际机制，扩大区域合作领域，汇集利益共同点，实现区域利益的帕累托改进。国际机制能够有力推动跨境区域和次区域合作，确保区域合作的连续和稳定。因此，国际机制的制度创新就是中蒙俄区域合作推进机制的基本思路，是中蒙俄经济走廊建设的基本内生动力。

二 推进国际机制的基本方向与公共产品供给

在现阶段，中蒙俄经济走廊区域合作机制还存在着很大的不确定性，各个方面还不够完善和健全，合作形式松散且硬约束性不强，缺乏组织机构的实体化。已有的首脑会晤属于政府间非正式协商机制，贸易自由化和便利化程度较低，私营部门和企业参与程度不够，潜在的风险不容忽视。同时，空间距离产生的时间成本和运输成本造成高昂的交易成本，影响了中蒙俄三国之间的互联互通，贸易投资活动也会相应减少，导致困难合作区间增大。总的来说，制约中蒙俄区域合作机制发展的主要因素就在于软硬等基础设施类区域性公共产品的缺失。因此，改善区域基础制度环境和保障区域公共产品供应成为推进中蒙俄走廊区域持续合作的基础。目前，中蒙俄经济走廊区域公共产品供给不足的现状如表 5-1 所示。

表 5-1　中蒙俄经济走廊作为基层制度环境的区域公共产品供给现状

类别	内容	需求	供给
A 经济设施类公共产品	包括交通、能源、通信网络等基础设施、公共设施、区域对话与合作机制、贸易金融制度、发展援助等等	非常大	严重不足
B 人文类公共产品	包括文化认同、民心相通工程、中外留学生互换项目等等	较大	不足

续表

类别	内容	需求	供给
C 安全类公共产品	包括传统安全和非传统安全，减少恐怖主义、政治社会动荡等	大	不足
D 环境类公共产品	包括大气治理、减少水污染、荒漠化等	大	不足

资料来源：作者根据相关新闻网站整理得出。

由表5-1可知，中蒙俄经济走廊缺乏的区域公共产品主要包括四大类。

第一，在经济设施类特别是基础设施公共产品方面还存在着很大的不足，俄蒙两国基础设施建设的落后严重阻碍了该公共产品的供给。

第二，在人文交流类公共产品供给方面，中国、蒙古国和俄罗斯三国相互之间存在着文化认知差异和误解，增加了三国在互动中理解彼此意图的难度，间接影响了区域公共产品供给的效率，导致政治谈判成本上升。

第三，在安全类公共产品方面，中蒙俄三国之间政治互信有待加强，俄蒙两国对中国存有忌惮和防范保留心理，同时跨境犯罪问题屡见不鲜。

第四，在环境类公共产品方面，水资源污染、荒漠化和大气污染依然是一个严重的问题，这需要各国积极采取跨国治理措施，保障环境安全。

其中，经济设施类公共产品直接关系到经济走廊合作空间的拓展和有效性，当然，其他如文化认同与民意相通类公共产品是合作的基础，安全和环境类公共产品是长期发展的保障，这几类区域合作发展也是缺一不可的。目前，在中蒙俄区域合作中，作为经济设施类的区域公共产品供给不足现象严重，导致中蒙俄困难合作区间大。因此，为了扩大中蒙俄经济走廊区域合作，迫切需要加强多方面协调的机制化，以联合起来共同生产、提供本地区所需的跨国经济社会基础设施、制度、机制及默契等区域性公共产品。国际制度创新是推进手段，能够在很大程度上保证区域性公共产品的供给。区域公共产品供给的主要优势就在于能够降低区域经济一体化的成本，涵盖范围小，各国付出成本与获得收益明确，可以减少"搭便车"现象的发生，避免公共产品的供给者通过霸权将其私物化。同时，通过促进制度创新，推动利益可能性边界向外移，缩小区域合作的差距，扩大自由合作区，减少困难合作区的范围。随着区域公共产品供给的完善，各国的贸易和投资也会增长，经济发展也会增速，高度区域经济一体化的目标也会成为可能。

三 功能性合作机制的构建

目前，中蒙俄经济走廊构建诸如 FTA 等制度型合作机制的时机和准备工作还不够成熟。究其原因，一是经济上中国与蒙、俄二国经济体量差异过大，蒙、俄担心开放市场容易对其造成重大冲击；二是政治上蒙俄担心三边 FTA 丧失规则主导权；三是由于历史因素，蒙俄在认同方面对中国抱有偏见，甚至出现对中国开放会失去远东的忧虑，蒙古国担心开放长期下去会被中国吞并。因此，中蒙俄经济走廊区域合作机制的构建，依靠标准的制度型合作机制的逻辑推动，在实践中实施的阻力大，区域合作效应不能有效凸显，这就需要通过经济、科技等多重实际合作成果的积累，有效发挥在诸如基础设施、贸易、金融、文化、旅游、能源和安全等具体功能性领域的合作产生的溢出效应，使之成为中蒙俄经济合作建设的突破点。因为功能性合作能够有效地将三国在国家层面难以达成的统一，分散到各个小功能部门，在小领域消除分歧达成一致的难度要远远小于国家领域，降低了中蒙俄合作的难度。当然，功能性合作机制建设同样是跨国区域经济合作制度创新的重要组成部分，其中，磋商对话机制可以作为在各个功能领域进行合作的主要动力。功能性合作机制能够较为针对性地提供区域公共产品，发挥中蒙俄各自具有比较优势的公共产品的效用[①]。功能性合作还可以增加并汇聚利益汇合点，扩大中蒙俄合作范围，推动困难合作区间向自由合作区间的转换，增大中蒙俄进行自由合作的空间，为深入区域合作提供必要的道路。

中国作为中蒙俄经济走廊区域性公共产品提供的相对优势者，可以在一定程度上对蒙古国和俄罗斯进行额外国际援助，提高两国参与合作

---

① 米军：《公共产品供给与中俄地区合作机制建设》，《欧亚经济》2018 年第 5 期。

的积极性，从而有助于提升经济走廊公共产品整体供给水平。最后，待制度性合作时机成熟和准备条件完善时，再逐渐由功能性合作过渡到制度性合作。在现阶段，功能性合作为主的机制构建是中蒙俄经济走廊推进机制的主要动力，是一条可行路径。

第 六 章

中蒙俄经济走廊合作机制模式与预期效应分析

本部分指出，功能性合作主导下的复合型机制化建设模式是中蒙俄经济走廊区域合作机制构建的一般选择，在此基础上，采取从一般到特殊的研究范式，对一般意义上提出的中蒙俄经济走廊合作机制模式在多个具体领域展开阐述。此外，以关税降低为例，用实证方法来说明某一合作机制预期目标的实现对走廊沿线相关国家所带来的经济效应。

第一节 构建机制复合体的合作模式

一 复合机制

复合机制这一概念较早是由卡尔·罗斯提亚拉和戴维·维克特于2004年提出的，指在某一特定问题领域具有重叠和无等级的一系列国际机制的集合[1]。而后戴维·维克特和罗伯特·基欧汉（Robert Keohane）在2011年对其进行了发展，认为国际机制作为具有明确规则的、政府同意的制度系统，是专门针对国际关系中的一些具体问题而设的，一个极端是完全整合的单一机构，通过全面的等级规则实施监管；另一个极端是高度分散的制度集合，其中没有可识别的核心，机制要素之间很少或根本没有联系；而介于两者之间的范围很广，包括具有可识别核心的嵌

---

[1] Kal Raustiala And David Victor, "The Regime Complex for Plant Genetic Resources", *International Organization*, Vol. 58, No. 2, 2004, p. 277.

套制度和非等级但松散耦合的制度系统,即所谓的"复合机制"①。复合机制具有多个独立的要素机制,它描述的是国际机制各层次和形式机制的复杂性关系。一般来讲,国际机制分为非正式机制和正式机制②。非正式机制主要表现为国际协定和惯例,有暗含的形成行为体期望的规则和理解,这有利于形成观念上的认知共同体。在实践中,非正式机制经常通过一种对话机制的形式运行,并基于参与者之间的目标趋同或共识来建立和维持,该机制发表口头倡议或声明、或签订法律约束力弱的协议。正式机制,主要表现为一种约束机制,是指由国际组织立法,由代表大会或其他机构维持,并由国际机构监督的制度,具有法律约束力。由于非正式是以国家领导人会晤为核心的相关对话机制或各种形式的论坛,又称"软法机制",正式机制是具有强制力来对多国合作行为进行约束的国际机制,又称"硬法机制"。国际上非正式机制包括金砖国家、G20、G7 等。多边正式机制包括区域性与全球性两种形式,区域性正式机制可以是为解决某区域具体功能性领域的问题而设立的区域性组织机构,如金砖国家新开发银行、金砖国家应急储备安排等,也可以是诸如自贸区、关税同盟、共同市场、区域经济联盟等典型的区域经济合作机制;全球性正式机制,典型的如国际货币基金组织、世界银行和世贸组织等。因此,结合正式与非正式以及一个国际机制是否存在多重机制的套嵌,同样可以将国际机制分为非正式对话机制、"非正式对话机制 + 正式约束机制"、正式约束机制三种形式,且每一种形式都是适应当时国际经济关系中的联系强弱度而存在③。

在实践中,国际机制经常表现为复合机制,即"非正式对话机制 + 正式约束机制"形式,软法要求硬法来保障实施,硬法要求软法来调和,两者相互制约、相互促进,不可或缺④。这种复合形式机制能够有效地将国际机制的层次和形式融合起来,在执行解决国际经济关系中的一些具

---

① Robert Keohane And David Victor, "The Regime Complex for Climate Change", *Perspectives on Politics*, Vol. 9, No. 1, 2011, p. 8.
② 成志杰:《复合机制模式:金砖机制建设的理论与实践方向》,《国际关系研究》2018 年第 1 期。
③ 朱杰进:《复合机制模式与 G20 机制化建设》,《国际观察》2013 年第 3 期。
④ 刘宏松:《正式与非正式国际机制的概念辨析》,《欧洲研究》2009 年第 3 期。

体问题上体现出较好的灵活适应性和务实性。构建复合机制执行模式是中蒙俄经济走廊区域合作机制建设的现实选择。目前，中蒙俄经济走廊已经形成以领导人会晤为引领，以交通、旅游、外交等部长级会议为支撑，在交通、经贸、人文旅游、智库等数十个领域开展务实合作的多层次架构。现有的机制组合架构在推动经济走廊经贸往来、交通运输、能源合作和旅游等方面已经取得显著的成果，但现有的经贸合作推动机制主要属于非正式合作模式，带来的问题和挑战也不容忽视。中蒙俄首脑峰会、部长会议和专业论坛的合作机制，虽然灵活性和效率性高，但是机制运行不稳定，属于一种不稳定性的机制，会影响经贸合作的长远发展。一旦中蒙、中俄之间受资源民族主义、宗教因素、所谓的"中国威胁论"、历史遗留领土等问题干扰并发生冲突，双方政府可能叫停并退出这种对话平台，导致合作机制濒临解散的危险。因此，中蒙俄经济走廊的复合机制，总体上是"非正式对话机制＋正式约束机制"形式，在具体实施进程中，应该分两阶段：第一阶段："非正式合作机制＋多边正式功能性组织机构"执行模式，该阶段是当前中蒙俄经济走廊区域经济合作机制构建的现实选择；第二阶段："非正式对话机制＋正式对话机制＋自贸区＋多边正式功能性组织机构"执行模式，该阶段是未来中蒙俄经济走廊区域经济合作机制构建努力的方向。

二 "非正式＋多边正式功能性组织机构"机制是合作的现实选择

由于中国与蒙俄经济发展差距大、俄蒙对中国疑虑丛生，导致中蒙俄经济走廊区域合作不具备建立自贸区及其他标准化的正式区域合作机制的条件。该阶段主要是构建功能性合作主导下的复合型机制化建设模式，通过功能性机制的有效运作，为日后制度化的合作机制模式奠定良好的基础。如"非正式机制＋金砖国家新开发银行（或亚投行或共同发展基金等）"就是解决中蒙俄经济走廊建设执行该模式很好的样板。

（一）中蒙俄经济走廊合作机制架构

中蒙俄经济走廊现有的合作机制架构：三方或双边首脑会晤机制；各领域的部长磋商机制、交通运输及资源合作各种专业分委会；多种次区域合作机制如中蒙俄旅游联盟联席会议、中俄哈蒙四国六方机制、中俄东北地区与远东地区政府间合作委员会、中俄"长江—伏尔加河"地方合作理事；中蒙俄经济走廊智库论坛、中蒙俄工商论坛、经贸合作论坛和满洲里论坛、二连浩特论坛等专业论坛（见图6－1）。其中，三方首脑会晤机制发挥顶层设计作用和实质性推动作用，就三方重大问题进行沟通、讨论和表决，具有连续性和灵活性的特点，既能保证协调机制运作的稳定，又能提升效率。从2014年在杜尚别举行的第一届会晤起，每年召开1次，2017年因政治因素中止会晤，2020—2021年因新冠疫情中断，2022年恢复会晤，双边首脑会晤继续发挥作用。各领域的部长磋商机制、交通运输及资源合作各种专业分委会既为顶层设计提供决策支持，也推动专业领域的实质性合作。各专业论坛是中蒙俄三国经济政策协调的交流、沟通和协商平台，为政策协调所涉及的专业问题提供理论支持和应用解决方案。多种次区域合作机制促进首脑会晤期间达成的具体协议落到实处。

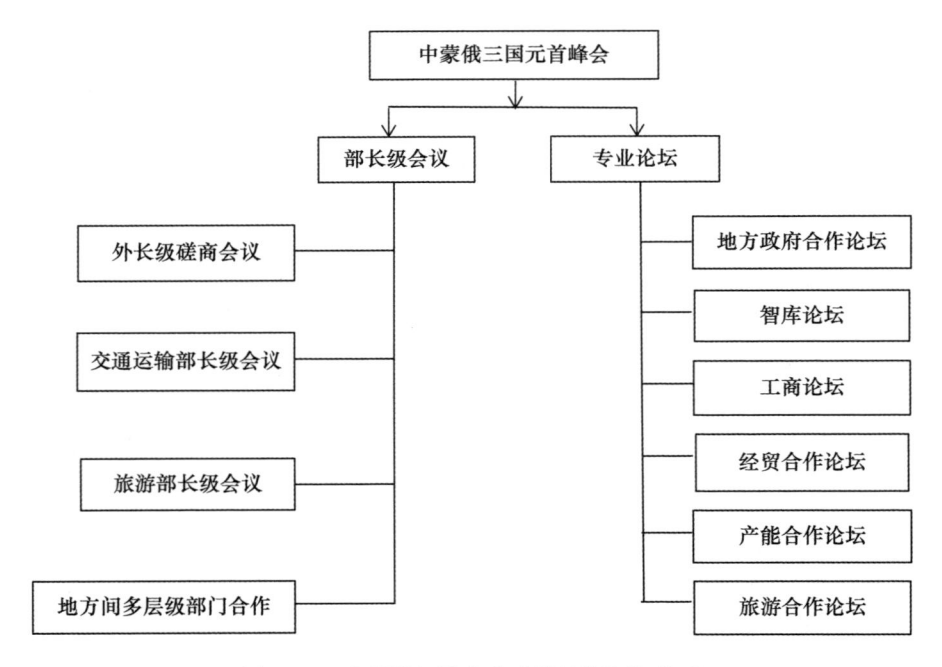

```
                    中蒙俄三国元首峰会
                   ┌──────┴──────┐
                部长级会议        专业论坛
                   │                │
            ┌──外长级磋商会议      ├── 地方政府合作论坛
            │                       │
            ├──交通运输部长级会议   ├── 智库论坛
            │                       │
            ├──旅游部长级会议       ├── 工商论坛
            │                       │
            └──地方间多层级部门合作 ├── 经贸合作论坛
                                    │
                                    ├── 产能合作论坛
                                    │
                                    └── 旅游合作论坛
```

图6－1　中蒙俄经济走廊政策协调框架体系

（二）功能性合作主导下的复合型机制化建设模式

中蒙俄经济走廊目前的运行机制是非约束性承诺，突出成员自主自愿，强调公开对话和平等尊重各方意见，这是一个非强制性的政府间磋商的合作机制，总体属于非正式机制范畴。非正式合作机制的劣势也是显著的，约束力和执行力不强，为此需要实施复合机制模式，既要加强已有的非正式性机制的引领或基础性政策方案合理提供，又要在中蒙俄经济走廊合作机制内建立或外部引入多边正式功能性组织，才能保证将三国领导人所达成的政治共识转化成具体政策承诺并加以落实，这样的机制体系才是现阶段经济走廊区域经济有效运行的保障（见图6-2）。而中蒙俄经济走廊区域合作机制现有的主体是"一轨"层面的政府间对话和"二轨"层面的中蒙俄经济走廊地区合作论坛及各领域的专业委员会。根据区域合作的实践经验，"一轨"层面的合作应该从低整治领域、低敏感性领域开始，按照功能主义的理论，这些领域的合作效应会最终外溢到其他领域，推动该地区其他领域的合作。在进行"顶层"和制度设计的同时，以某个项目的合作和机制建设为突破口首先推进，发挥示范效应是一种可行的方法。下面就几个重点领域展开复合机制的阐释。

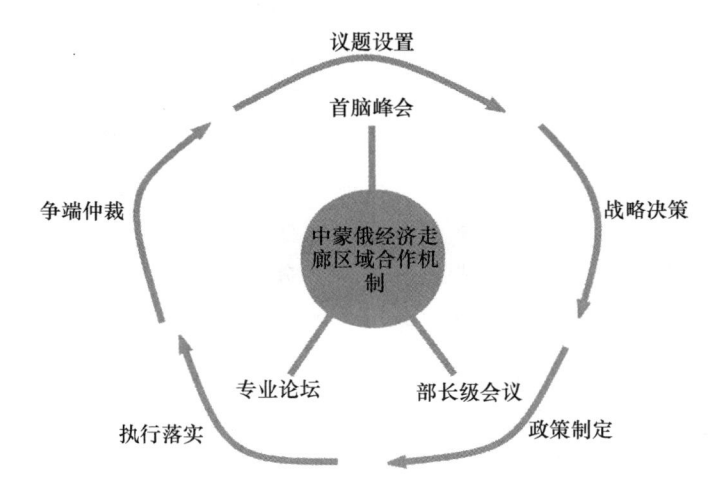

图6-2 中蒙俄经济走廊区域合作机制结构运行图

1. 创新贸易投资便利化机制以促进经贸合作

根据世界经济论坛发布的《全球贸易促进报告》，中蒙俄贸易投资便利化水平总体偏低①。为了提升中蒙俄经济走廊贸易投资便利化水平,尤其需要加强复合型机制化建设,即构建"部长级磋商会议 + 经贸合作论坛及洽谈会 + '一带一盟'经贸合作协定正式机制 + 开发性金融机构 + 支付结算系统和评级机制 + 交通基础设施物流大通道机制"的合作模式。

(1) 继续发挥已有的非正式工作机制作用

中蒙俄经济走廊国家多年的合作发展实践表明,中蒙俄在经贸方面已形成了包括部长级磋商会议机制,以及中蒙俄工商论坛、经贸洽谈会等在内诸多非正式经贸合作机制,现有的合作机构为促进三国多方经贸合作提供了重要发展平台和实施手段。其一,创建于2005年的中蒙俄工商论坛作为中蒙俄在工商界的对话交流机制性平台,成为三国开展多边经贸合作的重要补充。近年来,中蒙俄三国借助这一论坛在贸易合作方面取得了较大进展,如2014年第十届工商论坛达成了加强边境合作和投资领域合作的共识,三国商会签署了17项合作文件;2018年第十四届工商论坛就鼓励企业入驻边民互市贸易区等议题进行了探讨,在贸促会上签署了合作备忘录。其二,连续召开的副外长级磋商会议,以外交协作推动具体领域合作的方式为三国经贸合作的具体实施提供了指导性方向。其三,中蒙俄三方交通运输部门部长和机构工作组会晤机制,在有关三国建立互联铁路新走廊、运输发展方向和增加通道运量等方面取得了一定的进展。其四,在财政金融合作方面,中俄之间已经建立起一套比较成熟的机制,中俄高层互访与会晤机制对两国具体领域的合作起到统领全局、指明方向的作用;中俄金融合作分委会和中俄金融合作论坛在加强中俄两国银行、外汇、证券和保险等金融机构之间的互信与合作发挥着重要的作用。中俄财长对话机制,对双方宏观经济运行、宏观政策的沟通起到良好的推进作用。此外,中俄边境地方经贸合作协调委员会至今已召开14次会议,对于协调和解决两国毗邻地区贸易便利化问题发挥了重要的作用。

(2) 充分发挥正式约束机制在推进便利化方面的作用

其一,发挥"一带一盟"经贸合作协定机制的保障作用。在"一带

---

① World Economic Forum,"The Global Enabling Trade Report 2016",https://www3.weforum.org/docs/WEF_GETR_2016_report.pdf(2016 – 11 – 30).

第六章　中蒙俄经济走廊合作机制模式与预期效应分析　／　105

一盟"对接合作的制度性框架下，加强中蒙俄经济走廊贸易投资便利化。2015年5月，中俄两国共同签署了《丝绸之路经济带建设和欧亚经济联盟建设对接联合声明》（简称一带一盟），旨在加强"一带一盟"相关区域国家在贸易投资、基础设施和金融等领域的合作。从2016年到2017年中国与欧亚经济联盟经贸合作协议谈判实质性完成。2018年中国同欧亚经济联盟成员国签订了经贸合作协定，在2019年正式生效。这是中国与欧亚经济联盟首次达成的经贸方面重要制度性安排，也是首次建立解决双方经贸合作问题的法律基础与长期有效的正式合作机制，这对于各方推进更高水平的贸易便利化及实现"一带一路"建设与欧亚经济联盟建设对接合作具有里程碑意义。事实上，中国与欧亚经济联盟成员国经济互补性非常强，贸易合作潜力巨大，这一协定生效对于加快中蒙俄经济走廊建设来说无疑是重要的。从该协议主要内容看，涉及海关合作、知识产权保护、政府采购和电子商务等内容，特别是在海关、质检和技术标准等方面达成共识，简化通关手续，采用信息技术手段，便利货物迅速通关，有效提升该地区的通关速度和贸易便利化水平；同时强调双方建立信息交换和磋商机制，注重部门合作机制的建设，强化政策和规则的对接，为双方提高经贸合作水平奠定了较为坚实的法律制度基础。"一带一盟"经贸合作协定机制是正式的机制结构，为中蒙俄经济走廊贸易便利化和经贸合作提供制度化保障。在大国协调下实现非约束机构与正式机制的结合，保证了机制自主性与可信性的并存，成为机制建设的主要方向。

其二，发挥开发性金融机构与专项合作基金在推进便利化项目上的作用。现有中蒙俄经济走廊的基础设施建设水平相对滞后，远不能满足便利化需求，而资金瓶颈和缺乏有约束力机制是基础设施建设的重要障碍。当前，一些重大的基础设施工程项目在建设时因对方违约和资金的缺乏而被搁置的情况时有发生。为此，可以借助亚洲基础设施投资银行、丝路基金及其他国际多边金融机构，并与现有的各基础设施领域形成的非正式合作机制结合在一起，形成有约束力的复合机制模式，借助这些金融机构提供的资金，推动基础设施方面合作机制向更稳定更深层次发展。亚投行、丝路基金和上合组织银联体都是基础设施建设的融资机构，在解决基础设施融资赤字方面有共同的合作目标和巨大的合作空间。亚投行是一个区域性多边开发机构,从成立到现在已经获得了比较好的效益与口碑,中蒙俄作为亚投行的成员国,可以将其作为三国基础设施建设争取的主要资金;以中国为主导的丝路基金是一种中长期开发投资基金,通过以股权投资为主的多种投融资方式进行境外投资。只有积极推动中蒙俄经济走廊与亚投行、上合组织银联体、丝路基金、国际货币基金组织等国际金融机构以及其他第三方投资机构建立有约束力的合作机制,共同推进在该地区开展多元化投资,才能实现长期高效的互利合作。

其三,推动新的支付结算系统和评级机制建设。这不仅有助于推动人民币国际化,也顺应了"一带一路"国家本币结算的需求。人民币可以承担中国与"中蒙俄经济走廊"沿线国家对接合作重任,化解区域合作的资金瓶颈,实现发展为导向的区域合作。为此要适时推进人民币跨境结算支付系统向"中蒙俄经济走廊"沿线重要国家覆盖,发挥人民币清偿能力。

其四,推进交通基础设施物流大通道机制建设。这是"中蒙俄经济走廊"的前提和基础。中国应牵头与"中蒙俄经济走廊"沿线国家联合共建交通基础设施大联通网络,破除交通障碍,制定标准化交通规范,推进贸易便利化水平[1]。

2. 构建能矿资源复合机制

俄罗斯和蒙古国是能源和矿产品的重要供应国,在世界出口中占据着较大的比重。尤其是中国作为全球最重要的能源资源需求国之一,中国与蒙古国、俄罗斯能源之间的供求互补关系为双方合作奠定了基础。近年来,在中蒙俄元首的推动下,三国在能源方面达成了诸多协议,启动了中俄原油管道复线供油,建设了中俄天然气管道东西线项目,以及中线经蒙古国的三国跨境天然气协议已经签署。中蒙双方签订了煤气工程协议也开展了煤电输一体化项目。目前,中蒙和中俄双边只是以合作协议的形式建立高层互访机制和能源合作委员会,在约束性和健全性方面存在严重欠缺,能源合作缺乏行之有效的制度安排,如能源贸易政策

---

[1] 米军等:《一带一路高质量发展需加强机制化建设》,《中国社会科学报》2019 年 11 月 14 日第 4 版。

的临时性，缺乏稳定、有效的双边投资保障和法律保障；三方在国际能源市场的话语权较低，在能源合作中处于被动地位；存在无序竞争和不规则操作等问题，由此严重阻碍了能矿产业合作的有效开展。能源合作机制的建设远远滞后于三国政治关系的改善速度，不利于中蒙俄政治关系优势和能源互补优势向长期可持续的务实合作优势的转换，迫切需要推进完善的能源合作机制建设。

构建能矿资源复合机制，即采取"领导人会晤+部长级会议+能源合作委员会+能源商务论坛+能源产业园区+上海合作组织+开发性金融机构"的执行模式，应该是当前中蒙俄能矿资源合作的现实选择。其一，继续发挥领导人会晤机制和部长级会议机制的作用。中蒙俄三方通过元首会晤和部长级会晤，在扩大能源合作方面达成了一系列共识，在能源项目推进方面取得了重大的突破。

其二，完善双边并推动多边能源合作委员会建设。中俄能源委员会自2003年起至今已成功举行16次会晤，在能源上下游一体化的合作均取得了积极进展，如天然气管道、亚马尔液化天然气和电力合作等重大项目进程。我们从中俄能源委员会机制取得的成果中可以受到启发，逐渐建立中蒙能源合作机制和中蒙俄多边能源委员会机制，充分发挥蒙古国和俄罗斯能源资源的优势，形成三角良性循环。

其三，建立中蒙俄能源产业园区。构建中蒙俄能源产业园区合作机制，充分发挥政府、产业、资金、科研的支撑，构建"编制规划—政府协议—企业合同—融资贷款—项目执行"的多层次能源合作模式[①]，形成合力营造可持续发展的能源园区合作环境，并且带动沿线其他产业合作，从而提升区域经济发展水平。中蒙俄三国的能源产业具有高度的互补性，通过三国能源资源的聚集，产生平台效应，在已有双多边项目合作与技术交流平台的基础上，推进三国能源项目的深度合作，实现能源全产业链的互联互通。

其四，发挥上海合作组织的多边作用。上合组织由中俄两国在2001年倡导建立，作为一个正式的国际组织，已发展成为举世瞩目的区域性

---

① 张玉清：《"一带一路"能源合作模式探讨——以中巴经济走廊能源项目为例》，《国际石油经济》2017年第25卷第12期。

合作组织之一，较强的制度约束力可以对参与国的行为施加某些限制，能够确保合作的可持续性。2004年蒙古国成为该组织的观察国，上合组织应该是中蒙俄经济走廊国家寻求地区合作的一个重要平台。上合组织已建立起完善的合作机制框架和法律机制，是中蒙俄所在的东北亚地区最重要的区域合作机制，而中蒙俄经济走廊区域合作机制便是上合组织区域经济合作的重要组成部分，正好可以发挥上合组织平台作用，在现有合作模式的基础上，建立中蒙俄经济走廊与上合组织能源合作机制，完善能源定价机制和风险防控机制。目前上合组织已基本完成了机制建设任务，在不同层次和各个领域都有了进行约束的相关文件和制度，特别是在能源合作方面，2013年成立的上合组织能源俱乐部成为上合组织扩大能源合作的一种新型多边开放平台和国际能源政治中心，俱乐部高官会议的召开对各成员国能源合作进行了统一规范。2018年《里海法律地位公约》的签署为上合组织的能源合作提供了较好的区域政治环境。因此，加强中蒙俄经济走廊与上合组织在能源方面的合作，在现有能源合作分委会和非正式对话机制的基础上，利用上合组织能源俱乐部优势，增强在国际油气资源中的话语权。通过建立区域性的能源定价机制和能源出口国多样化的经济结构，降低受国际油气价格变动的影响，促进能源共同安全。

其五，建立以能源合作开发与再加工为主的开发性金融机构与专项合作基金的金融支持机制。能源的开发与加工合作离不开资金的供给和支持，目前中蒙俄在能源项目方面的合作存在明显的资金缺口，解决好融资问题才能推进三国经贸合作有质的飞跃。因此，建立能源合作开发与再加工为主的开发性金融机构与专项合作基金的金融支持机制，对于中蒙俄规范建立具有约束性的多边能源合作机制，扩大能源合作规模具有较大的促进作用。

3. 完善跨境旅游复合机制

自中蒙俄经济走廊提出以来，中蒙俄跨境旅游交流规模平均每年超过500万人次。与此同时，中蒙俄跨境旅游合作机制从建立到逐步趋向完善。双边和多边的旅游协作机制已经建立起来，从中俄旅游部长会议、红色旅游工作协调小组、人文委员会等多个平台，形成了与之相关的备忘录、会议纪要等合作成果体系；到2016年，中蒙俄旅游部长会议机制正式建立，之后"万里茶道"国际旅游联盟（已在内蒙古设立联盟秘书处）、三国五地联席会晤机制以及中蒙俄旅游合作论坛和合作协会开展如火如荼，成果斐然，签订了诸多相关合作协议文件，为中蒙俄开发建设旅游合作项目提供了平台和政策支持（见表6-1）。

表6-1　　　　　　　　中蒙俄旅游部长级会议汇总

时间	地点	会晤	内容	成果
2016.7.22	呼和浩特	首届会议	建立中蒙俄三国旅游部长会议机制，制定三国旅游中长期合作规划和年度合作计划。推动旅游基础设施、旅游市场开发、旅游品牌建设，促进三国旅游的持续发展	《中俄蒙三国旅游合作谅解备忘录》《首届中蒙三国旅游部长会议联合宣言》设立联盟秘书处
2017.6.21	乌兰乌德	第二届会议	探讨跨境旅游合作线路构建和"万里茶道"国际旅游品牌的推广	《第二届中俄蒙三国旅游部长会议纪要》
2018.7.9	乌兰巴托	第三届会议	探讨扩大跨境旅游规模、商讨推动旅游便利化、深化万里茶道旅游品牌等议题	《第三届中俄蒙三国旅游部长会议纪要》建立长效中俄蒙三国旅游工作机制
2019.6.23	乌兰察布	第四届会议	探讨三国文化和旅游产业发展的新潮流，就继续深化文旅融合、提升"万里茶道"旅游知名度等达成共识	《第四届中俄蒙三国旅游部长会议纪要》

资料来源：作者根据相关网站资料整理得出。

目前存在的问题严重制约着三国旅游合作发展的进一步推进。虽然中蒙俄旅游合作态势良好，但是到目前为止仍有许多合作项目并未落实，还处于交流协商层面，没有形成系统的合作。官方国际旅游组织和正式的区域合作文件是跨境旅游合作必备的两个条件。中蒙和中俄双方已经建立了定期或不定期交流合作机制，但多为日常事务的协调，缺乏国家政府层面的制度性管控。旅游市场秩序紊乱，没有统一的监管机制。中蒙俄跨境旅游合作涉及范围较广，包含口岸开放、海关监管、通关便利化、法律法规适用等多方面，需要国家政府进行协调。同时，三方旅游业法规的不协调性和一些手续的非便利化，不仅严重影响旅游量的扩大，也带来了旅游安全问题。

针对中蒙俄旅游合作现有的问题，可以采取"旅游部长级会议＋多边跨境旅游合作区＋多边跨境旅游公司＋跨界旅游合作监管委员会"的执行模式。其一，优化三国部长级和地方高官旅游合作机制构建，实现三方顶层设计的常态化有效沟通。引进大数据与人工智能等新技术，突出对日常协调机制的完善，突发事件的处理，以及三方旅游合作在国家层面的长远规划。其二，建立专门的多边跨境旅游合作监管委员会。主要是为三国制定跨境旅游合作规范性法律法规，协调三国跨境旅游政策，提高跨境旅游政策的执行力；对三国旅游市场建立统一的监管制度，制定三国旅游企业规范标准和市场服务标准，建立旅游综合安全联动保障机制，为合作发展与安全问题提供协调监管职责。如对于旅游投诉事件，可以建立统一的受理旅游投诉举报机制，利用线上线下各个平台，为旅游投诉举报受理、处理和反馈提供便捷通道；建立紧急情况下的游客救助机制。其三，加强跨境旅游合作区和边境旅游试验区以及跨境旅游公司建设。一方面，通过中蒙俄多边跨境旅游合作区或中蒙、中俄、俄蒙双边跨境旅游合作区，签署政府层面跨境旅游合作框架协定，建立统一的旅游产品合作体系、统一的包装和统一推广，建立统一的工作推进机制，丰富旅游产品，拓展旅游市场，将合作提升到更高层次。通过这种方式，为旅客旅游提供便利化和新颖化服务。如借助口岸优势，培育文化旅游业，逐渐开发边境文化游、民俗风情游、休闲度假游、驿站文化游等特色旅游产品，进一步增强文化旅游吸引力，丰富旅游合作类型。深入拓展"万里茶道"在文化、旅游等领域的合作内容。积极推动二连浩特中蒙跨境旅游合作试验区和满洲里中蒙俄跨境旅游合作区的建设。目前，中俄已经实现了团队游互免签证，这些手续的简化都有新进展，有力地扩大了团体旅游规模和人次。要积极推行赴蒙旅游团队免签政策，放宽赴俄边境旅游团队人数限制。因此，可以实现团体旅游中俄免签扩展到中蒙俄三国免签，简化手续和缩短停留时间，最大限度地带动游客量的流动。同时可以积极探索非团队旅游免签的可能性。另一方面，多边跨境旅游公司的建立，能够为出境旅客集体办理旅游签证，节省游客的办证手续时间，实现旅游出行和通关便利化。有利于促进国内外旅游企业联营规模的扩大和三国旅游资源的整合，推动跨境旅游点的接待设施建设。

4. 完善安全管理复合机制

营造区域稳定安全的环境是保证区域经济建设顺利进行的前提条件。中蒙俄经济走廊沿线国家面临着共同的发展与安全挑战，如恐怖主义、分裂主义、毒品问题、宗教、疫病流行、生态环境变化问题等，这些问题的解决具有长期性、持续性、专业性、复杂性的特点。如中国境内受"东突"恐怖势力带来的边疆威胁，境外受美国"亚太战略"的挤压；俄罗斯在境内受车臣分裂势力的威胁，境外受美国的制裁；蒙古国受宗教风险的影响。现有中蒙俄元首频繁会晤和外长会晤机制就反恐、反分裂以及区域、全球性安全问题等行为进行了磋商，签署了一系列纲领性文件，并达成了相关协定，三方通过相互配合在解决中蒙俄经济走廊中的传统和非传统安全问题方面取得了良好的进展。但仍面临制度化约束力不强的问题，导致中蒙俄经济走廊建设中达成的安全合作部分协议不能执行、相关机制难以保障、实践开展困难重重。

加强中蒙俄经济走廊安全管理机制的建设尤为重要，应完善"领导人会晤+外长级会晤+卫生部长级会议+亚信峰会+上合组织"的执行模式。其一，加强建立卫生部长级会议和高官会议机制，搭建中蒙俄卫生合作论坛。目前，中蒙俄经济走廊仍然遭受新冠病毒大流行的威胁，已经严重影响到三国经济社会的发展。为此，三国要加强在传染病防控领域开展项目合作，加强传染病联防联控，对接卫生发展战略，促进地区卫生安全发展，为三国提供健康安全的合作环境。其二，利用好亚信会议安全合作平台。该平台是一个有关安全问题的多边论坛，现形成一种多边合作机制。亚信作为亚洲重要的安全对话合作机制，至今已连续举办三次非政府论坛会议、五次峰会和外长会议，旨在构建亚洲命运共同体，促进亚洲和平与发展。同时，还建立起了亚信会议专门工作组，起草亚信会议的相关文件，为亚信会议成员国签署的协议提供了约束性。

到目前为止，亚信峰会已在一系列安全问题上达成了共识，并签署了相关文件和宣言。中蒙俄三国作为亚信会议的成员国，在其中扮演着重要的角色。借助亚信会议这个平台，可以加强欧亚区域的安全合作，共同打击危害区域安全的"三股势力"、毒品走私等，构建欧亚区域安全合作体系，实现中蒙俄安全发展。其三，在现有领导人会晤机制和外长级会晤机制以及亚信峰会的基础上加强与上合组织的对接合作。上合组织本就是为了打击三股势力和维护地区安全而成立的国际性组织，其建立的反恐怖机构执行委员会、理事会和专项工作组，为开展反恐务实合作提供了协商、决策和执行的平台，特别是成员国之间还签订了专门的制度性反恐公约和相关反恐协定，为上合组织的制度化奠定了法律基础[①]。在2014—2017年间，上合组织元首理事会分别签署了包括《上合组织反极端主义公约》《上海合作组织成员国元首关于共同打击国际恐怖主义声明》等在内的一系列文件和声明，都成为中蒙俄经济走廊建设的重要法律基础和合作框架。通过与制度化的上合组织安全管理机制进行对接，能够有效推动中蒙俄现有会晤机制与上合组织在反恐、能源和网络安全等领域的务实合作。借助上合组织的平台，提升各方命运共同体意识，共建包容、互信、共赢的区域合作机制，为三国乃至其他国家提供安全保障，这必将对中蒙俄经济走廊的建设和经济发展提供坚实的安全环境。

5. 加强人文交流合作机制建设

民心相通是"一带一路"建设持续发展的社会基础和人文基础，而实现民心相通人文交流的建设至关重要。自古以来，人文交流就是国与国之间维系关系的重要纽带，国家之间互相了解和认识，旨在塑造区域文化认同、价值认同。人文交流形式广泛，主要集中在文化、旅游、教育、科技、媒体和卫生等多领域。

随着中蒙俄经济走廊建设的提出，中蒙俄双边人文交流合作逐渐频繁。其一，中俄相继举办了国家年、语言年、旅游年、青年友好交流年、媒体交流年和地方合作交流年等活动，交流规模大，形式内容多种多样，推动了语言和文化的交流和合作，促使中俄两国民众互相了解，使中俄

---

① 刘宏松：《正式与非正式国际机制的概念辨析》，《欧洲研究》2009年第27卷第3期。

"世代友好、永不为敌"的理念深入人心,激发了认同感,增进了双方的传统友谊。其二,中蒙在人文交流方面的合作也进行得如火如荼。中蒙举办了"文化周"活动,摄影展、美术展相继成功举办,两国在共同保护"非遗"方面达成了共识。中蒙在 2012 年开展了"文化月",同年蒙中文化部部长会晤期间就建立双方文化合作机制达成共识①。

在中蒙俄双方人文合作发展的同时,一些问题也逐渐显现出来,依然存在"民心不通"现象。高层政策沟通没有障碍,官方交流更是如火如荼,但是民间交往相对滞后,许多合作项目久拖不决,难以被民间接受,难以落到实处。现有双边合作机制建设以政府间主导为主,尚未落实到民间层面,民间合作仍然不足。中蒙俄之间的交流以三国少数民众为主,影响范围有限,真正能产生广泛影响的合作内容少之又少②。中蒙俄之间存在心理认知层面的问题,从某种意义上来说这种问题具有持续性和顽固性,而这种特性会严重影响三方互信。例如,蒙古国和俄罗斯民众对中国依旧存在疑虑和不友好的言论,抱着"中国威胁论""中国阴谋论"的态度,这种敌视态度不利于国家之间展开交流合作;同样中国知识界的部分群体大搞历史翻案风,竭力离间、仇化中俄关系的倾向值得高度警惕,恶化中俄关系只会将俄从"资源"变为"问题"。在中俄和中蒙关系中,文化和心理层面的认知水平同双边关系的定位高度和其他领域的合作成果不相匹配,人文交流领域的合作将成为中蒙俄经济走廊重点推进的对象③。为此,迫切需要加强中蒙俄经济走廊区域人文交流合作机制建设。

其一,继续提升现有人文合作机制的作用。通过继续发挥现有的合作机制的作用,统筹协调中国与俄、蒙两国人文领域交流合作,夯实双方友好社会基础,从而推动双方全面战略伙伴关系向前发展。目前,中蒙俄在人文交流合作方面,呈现以多元合作形式交融发展态势。在多边

---

① 中国政府网:《蔡武与奥特根巴雅尔就加强文化交流合作交换意见》,http://www.gov.cn/gzdt/2012-04/13/content_2112925.Htm,2022 年 3 月 25 日。

② 吴赛、张建华:《"一带一路"框架下的中俄人文合作机制:特点、问题与对策》,《北京教育学院学报》2019 年第 5 期。

③ 西仁塔娜:《中蒙俄经济走廊建设探析:一种跨境次区域合作视角》,《俄罗斯东欧中亚研究》2017 年第 2 期。

层面，三国成立了中蒙俄智库联盟机制、中蒙俄地方文化交流机制、中蒙俄旅游部长级会议机制。其中，在推动中蒙俄经济走廊合作机制建设方面，中蒙俄在智库交流方面取得了重要成果，2015年中蒙俄智库联盟成立，至今已经分别在中蒙俄三国连续举办了五届"中蒙俄智库国际论坛"，为共商共建中蒙俄经济走廊搭建了高端交流合作平台。在双边层面，成立了中俄人文合作委员会机制、中俄档案合作分委会、中俄医科大学联盟、中俄长江—伏尔加河高校联盟；中蒙人文交流共同委员会机制、中蒙青少年交流机制等具体合作平台。其中，中俄人文合作委员会已经成为推动中俄人文交流发展架构完善的合作机制，已步入健康稳定发展成熟期。该机制2000年建立至今，委员会已发展成为包括文化、教育、旅游、体育、卫生、青年、媒体等九个领域的人文合作委员会机制，并设有专门的分委会和工作组，且在各领域定期举办磋商会议，双方交流活动有序进行，已成功举办二十次会议。2019年9月，中俄在圣彼得堡举办了第二十次人文合作委员会议，双方签署了7项合作协议，在双方人文合作发展方面达成了新的共识。中蒙两国在2017年5月签署成立了中蒙人文交流共同委员会政府间备忘录，2018年委员会首次会议的召开，标志着中蒙人文交流共同委员会机制正式启动，双方借助委员会这一平台，设计规划内容形式多样的交流项目，让两国民众了解对方的想法，喜爱彼此的文化，拉近彼此的距离。

其二，继续发挥中国—亚欧博览会、中国—俄罗斯博览会、中国—蒙古国博览会、中国西部国际博览会等平台的建设性作用。支持蒙古国、俄罗斯地方、民间挖掘"一带一路"历史文化遗产，联合举办专项贸易、文化交流活动，办好丝绸之路（敦煌）国际文化博览会、丝绸之路国际电影节和图书展。

其三，在原有合作机制的基础上，与上合组织、中亚区域经济合作智库论坛等国际平台进行对接。其中，借助上合组织这个平台，在上合组织框架内打造"中国—俄罗斯—蒙古国"三方小多边合作机制，建立定期的文化部长会晤机制，为加强三国人文交流合作发挥重要的作用。在上合组织框架下，中国已与俄罗斯等其他成员国建立了文化部长会晤机制，至今文化部长会晤已经成功举办了15次，各成员国在相关文化合作方面达成了诸多协定，签署了《北京宣言》等多个官方文件。同时，依托上合组织大学平台,三国互相引进对方教师和学生进行语言学习和培训,将平台建设和人才培养与科学研究相结合。此外,中亚区域经济合作机制作为中国政府支持成立的政府间国际组织,在促进区域经济一体化方面取得了大量的成果。中蒙同为该机制的成员国,应该充分利用和整合该国际化平台的资源如中亚区域经济合作智库论坛,发挥智库功能,为具体项目建设提供科研与实务服务,推进国家与民间各个层面人文合作项目的达成与开展。

总之,中蒙俄要在文化交流、旅游合作、科研教育、文化遗产发掘与展览、非物质文化遗产研究与申报、跨境民族人文合作、语言文字等方面展开深度合作,通过具体项目落实,推动三国民众多元文化认同,加深人民之间的信任①。在文化交流方面,打造"文化+旅游"专线,增进人员交往,带动文化的交流和传播,促进三国民意相通,大规模的文化旅游交流成为国家之间人文交流的关键支柱,成为民间友好交流、文明互鉴和民心相通的重要组成部分,有效地强化了人民间的理解和信任。在教育科研方面,加强三国在知识产权法律制度、知识产权保护时间及知识产权领域人员培训等方面的交流合作。

6. 加强区域发展援助机制建设

援助机制,通常是指主权国家对外提供的包括发展援助、军事援助、人道主义援助等各种形式在内的援助。它是改善国家国际环境、提高影响力、推动本地区与世界经济稳定发展的重要政策工具②。通过提供对外援助,能够改善国家之间的关系,增进彼此之间的信任,使得双方之间进行合作具备可能性和可行性。至今,中国对外援助逐渐完善,走向系统化和制度化,俄罗斯对外援助体系也正在不断完善和发展中③。

对外发展援助是一种经常性和机制化的国家外交活动。在经济走廊

---

① 孙玉华、彭文钊、刘宏:《中蒙俄经济走廊人文合作中的文化认同问题》,《东北亚论坛》2015年第6期。

② 李燕、杰·杰戈捷廖夫、阿·特鲁索娃:《中俄对外援助机制比较分析》,《俄罗斯学刊》2019年第4期。

③ 尽管中俄对外援助已有多年历史,但由于两国都不在经济合作与发展组织(OECD)及其下属的发展援助委员会(DAC)等国际援助主要组织体系中,且对外援助的"援助量和援助条件等方面数据可获取性比较有限,也缺乏与其他援助国援助政策的协调",故被称为"新兴援助国",在发挥援助作用方面受到一些限制。

这一框架下，建立中蒙俄经济走廊国际援助机制，协调三国之间的对外援助相关事宜，具有鲜明的功能性，发挥"新兴援助国"的作用，有效推进三方之间合作，这一机制的建立不涉及利益的分配和主导权的竞争，并且运行成本也较低，能够"跟随"交通建设和边境合作的步伐，深入三国的社会经济发展进程中去。一般来说，国际上比较成熟的发展援助机构主要是以经济和社会发展方面的赠与、中长期无息或低息贷款和技术转让等为主要方式，有效地促进了受援国经济社会的发展。中蒙俄经济走廊相关国家，通过资金捐赠和政府贷款或投资及技术转让等，从资金和技术以及基础设施建设、发展能力建设上带动发展困难的国家进步，培养他们自力更生的能力，以共商、共建、共享原则推进与他们的合作，突出他们在援外事务中的平等地位，在一定程度上可以消除疑虑，建立信任关系，推动进一步的合作。比如，在经济走廊的框架下，作为在三国发展中处于相对落后的蒙古国，可以凭借中国和俄罗斯对其的国际援助而获得发展，改善不信任的关系，促进民间交流，实现相互进步共同发展。为此，三国应当加强对话，积极参与制定有效的国际援助机制，建立充分的信息流动机制，将援助范围从传统的促进经济增长和减贫扩展到经济发展、社会进步、公共卫生治理和环境保护等方面。

公共卫生发展援助是一国官方发展援助的重要组成部分[①]，要加强中蒙俄在公共卫生治理方面的合作，建立中蒙俄公共卫生治理合作机制，开展公共卫生发展援助。鉴于邻国之间会有更强的共同安全性，在中蒙俄三国互为邻国之间加强合作，来推进公共卫生治理防疫合作机制显得更具有可能性和可行性，从利益感受方面来说也会更快、更强[②]。立足人类命运共同体高度，构建疫情防治合作新机制。不仅要在提供物资和资金援助方面，而且要更着重于分享积累的经验、探索疫情应对模式和一些先进做法，开展专家团队密切合作等，都可以成为一种重要的公共产品。医疗和卫生相关的知识和技术、公共卫生政策、公共卫生机制、公

[①] 唐昆等：《卫生发展援助在国际及国家援助体系中的协调机制》，《中国公共卫生管理》2016年第5期。

[②] 张蕴岭：《国际公共安全治理——能从新冠疫情中得到什么启示》，《世界知识》2020年第7期。

共卫生系统等都属于卫生公共产品[①]。区域性公共卫生合作机制属于区域卫生公共产品之一，在推进区域公共卫生合作治理方面具有积极意义。中蒙俄三国应积极参与区域性公共卫生合作机制的建构，在制定公共卫生政策、落实公共卫生倡议等方面发挥正面作用。同时构建有效的公共卫生争端解决机制，寻求共识妥善处理区域公共卫生治理事务，消除三国之间的差距，共同应对突发性跨国卫生公共危机，积极构筑"人类卫生健康安全公共体"[②]。

从短期来看，人道主义援助和发展援助都不具有明显的经济效益，提供者可能需要承担高额的成本，但是，区域合作不能只着眼于短期的经济利益，还需要综合全面的衡量。发展援助有利于在双方之间建立信任关系，且具有公共产品的外部属性，对未来区域内的贸易发展和国际直接投资会产生明显的先导效应和改善投资环境的作用，因此其潜在的社会和经济功能不能被低估。

中国、俄罗斯等新兴援助国在经济走廊国际援助中发挥着重要的作用，要充分利用"一带一路"倡议、中国—联合国和平与发展基金、南南合作援助基金等援助资金，同时发挥好亚洲基础设施投资银行、金砖国家新开发银行等新的援助主体的作用[③]，多渠道增加国际发展援助资金的供给量。

三 "非正式机制+自贸区+多边正式组织"的机制是未来努力方向

该阶段主要是构建以制度性合作主导下的复合型机制化建设模式。这主要是由于自由贸易区强调合作的制度化，属于政治议题领域的国家间合作，遵循"政治带动政治"的演化和扩散合作理念。

随着合作需求的增加，进行制度化和组织化规范成为必要。因此，在功能性合作达到一定程度时，在满足标准化合作模式发展条件的前提

[①] "公共产品理论视角下推进国际公共卫生合作治理"，http://ex.chinadaily.com.cn/exchange/partners/82/rss/channel/cn/columns/du740d/stories/WS5e82e4b0a3107bb6b57a9d5d.html。

[②] "公共产品理论视角下推进国际公共卫生合作治理"，http://ex.chinadaily.com.cn/exchange/partners/82/rss/channel/cn/columns/du740d/stories/WS5e82e4b0a3107bb6b57a9d5d.html。

[③] 胡进梅、黄梅波：《国际发展援助协调机制的构建：中国参与的可能渠道》，《国际经济合作》2018年第8期。

下，要从机制化建设的第一阶段向第二阶段过渡，即从"非正式机制＋多边正式功能性组织"的执行模式向"非正式机制＋自贸区＋多边正式组织"的模式深化。在第一阶段模式发展成功的情况下，中蒙俄三国区域合作逐渐具备了向标准化合作模式转化的条件，非正式机制和多边正式组织保证了合作国家的自主性和部分约束力，为向标准化的区域合作机制的建立提供了可操作性，因为只建立非正式机制和多边正式机构是远远不够的。国际贸易合作的最终目标是要建立标准化的合作机制，从而实现合作国家之间的最大利益，这就是在保证自主性和约束力并存的同时以期建立正式化的以自贸区为主的中蒙俄区域合作机制。

建立以自贸区为主的中蒙俄区域合作机制，有利于巩固和扩大中蒙俄元首会晤和各专业论坛达成的成果，能够为中蒙俄三国之间扩大贸易、基础设施、能源和旅游、知识产权保护、投资准入等方面的合作提供制度化保障。在自贸区的建设过程中，出现过发达国家设立高标准贸易规则的自贸区，这属于高度一体化的自由贸易区，对于经济发达和实力雄厚的国家来说，建立这样的自贸区是可行的。但是，在中蒙俄中按照高标准的贸易规则来建立自贸区，会使得各方利益更加难以协调，特别是经济实力的差距和由此引发的产业冲击，导致相互之间的不信任和怀疑加深，从而增加了建设的难度。考虑到这些战略利益的复杂性，可以在现有的基础上采取逐步推进的方式，分两步走战略。第一步是要加快中蒙、中俄以及俄蒙等双边自贸区谈判的开展，通过双边自贸区的发展，来对接中蒙俄多边自贸区谈判。目前，中国在双边自贸区的构建方面经验丰富，未来可以在中蒙俄自贸区建设中，借鉴中国与其他发展中国家建设自贸区的经验。第二步是要推动以中俄蒙为主的低标准的多边自贸区建设。所谓低标准，主要是降低一般商品关税水平，减少贸易壁垒，实现资本的自由流动，更大程度简化通关手续，在涉及有关国计民生的敏感性产业上实施有保护期的关税措施。为了消除中国与俄蒙因经济差距和产业竞争力因素导致的中蒙俄三边自贸区建设的疑虑，不妨将中蒙俄多边自贸区扩展到包括中蒙俄在内的更多发达国家和发展中与新兴市场国家参与的更大范围的低标准自贸区，从而抵消彼此的不利影响，更好的协调各方的利益。如可以将中蒙俄自贸区建设与欧亚经济联盟国家、日本、韩国、东盟等国家进行对接就是努力的重要方向。当然，只有当低标准的中蒙俄自贸区取得一定成果之后,才可以选择向高标准的自贸区推进,逐渐将敏感性产业纳入谈判议题中,逐步取消所有产品的关税设置和外资审批,建立负面清单投资管理方式,创建一个开放水平更高的版本。

第二节 预期合作机制目标实现的经济效应

中蒙俄经济走廊区域合作机制的构建最终的努力方向是取消贸易投资壁垒,建立中蒙俄自贸区,实现地区经济一体化。为了证明这一结论,增强说服力,本书将用实证方法来说明这一预期目标的实现对走廊沿线相关国家所带来的经济效应,通过降低关税贸易壁垒对三国 GDP、居民福利、进出口和贸易条件以及各部门产出所产生的影响来进行分析。

一 模型的选取

本书选取的全球贸易 GTAP 分析模型,由美国的汤姆斯·赫特教授所发展,这是贸易政策分析中最重要的工具。GTAP 模型是一个由研究人员和决策者组成的全球网络,负责对国际政策问题进行定量分析,以全球经济为研究整体。通过 GTAP 模型可以模拟政策变动对各国 GDP 变动、进出口变动、福利变动、贸易条件变动以及各产业产出变动的影响。GTAP 模型包括数据库 GTAPagg 和主程序 Run GTAP,其中最核心的部分就是 GTAPagg 数据库,它记录了基准年中整个世界经济的年度货物和服务流量,包括连接各个国家或地区经济数据库的双边贸易、运输等,主要为主程序提供数据支撑。而 Run GTAP 则根据新古典经济理论对各大主体设定方程,将政策变动作为变量来处理相关数据,从而进行模拟运算得出结果。其中 Run GTAP 对三大主体——私人、生产者和政府的设定方程可分别表示如下:

政府消费方程采用柯布—道格拉斯方程,即:

$$U = AX^{\alpha}Y^{1-\alpha} \tag{1}$$

其中,U 表示效用水平,A 代表技术水平参数,X 和 Y 代表两种不同的产品,α 表示 X 产品的所得在 U 中所占的份额。

产品的生产函数用嵌入常系数替代弹性方程表示,即:

$$X = [\alpha_L L^\beta + \alpha_K K^\beta]^{\frac{1}{\beta}} \tag{2}$$

其中 X 表示一种产品，L 表示投入要素劳动，K 表示投入要素资本，α_L 表示产出中劳动投入的份额，α_K 表示产出中资本投入的份额，β 为投入要素劳动与资本间的恒定替代弹性。

私人的支出方程采用固定差异弹性（CDE）效用方程，由于方程极为复杂暂不列举。

在 GTAP 模型中除了三大主体外，还涉及两个国际主体，即国际银行和国际运输部门。每个国家对应一个账户，国际银行将他们的储蓄进行汇总，在每个国家之间按资本回报率进行分配。而国际运输部门可以解决进出口的关税和运费问题，实现到岸价和离岸价的平衡。

GTAP 模型中假设本国产品与进口产品存在一定的差别，两者不能相互替代，而实际上当一国经济模型构建完成时，贸易商品和资本的流入会促成多国经济模式的形成。那么，进口国与国内产品就存在替代关系，针对这种情况，可以根据阿明顿假设进行产品复合，复合后的国内产品生产函数为：

$$X = [\partial_L X_m^\rho + \partial_K X_d^\theta]^{\frac{1}{\rho}} \tag{3}$$

X 表示市场上的一种产品，∂_L 表示进口产品所占的市场份额，∂_K 表示国内产品所占的市场份额，X_m 为进口产品，X_d 为国内产品，ρ 表示进口来源的替代弹性，θ 表示进口产品与国内产品的替代弹性。

这个模型的基本假设包括：（1）市场完全竞争；（2）生产规模报酬恒定不变；（3）生产者以最低生产成本进行生产，消费者以效用最大化进行消费；（4）所有的产品和投入要素全部出清；（5）一个国家对应一个负责本国所有税收和金融资产的账户。

二 模拟情景设定

本书将运用标准的静态 GTAP 模型来模拟中蒙俄经济走廊区域合作机制建设对中蒙俄经贸的影响。在该模型中，用 VIMS 和 VIWS 分别表示按国内市价计价的进口产品价值和按世界市价计价的进口产品价值，则：

等价税率 $TRE = VIMS/VIWS - 1$

现用在中蒙俄三国建立自贸区的方式来具体表现合作机制形式，以各国之间的等价关税税率作为最重要的政策冲击变量,模拟中蒙俄完全建立自贸区所带来的经济影响。本书将从宏观层面和微观层面共同进行定量分析:GDP的变动、福利的变动、贸易条件、进出口的变动和具体行业产出的变动。数据研究来源于GTAP第九版数据库,包括140个国家、57个产业和5种基本生产要素——土地、资本、自然资源、熟练劳动力、非熟练劳动力,三大主体——政府、厂商和私人。为了更加准确地分析机制预期目标的实现带来的经济效益,本书根据中国与主要贸易伙伴国的贸易额大小将这140个国家分为10类,具体分类国家见表6-2,根据属性对57个产业也进行了分类,共分为10类,见表6-3。其次,因为该模型在编制时力图把非线性方程线性化,从而使得程序能简单化,在模拟时采取直接将政策变动(这里是变动关税)的百分比输入Run GTAP中的相应窗口即能得到有关结果。同时还需要对数据进行处理,由于中蒙俄经济走廊区域合作机制的建立并不是一蹴而就,三国之间不可避免地会因经济发展差距和地缘政治敏感问题等实际情况而影响合作的进程,难以短时间内将关税全部降低为零,各国都会存在一定的敏感产业作为关税减让的例外。本书将用GTAP模型模拟全部关税降为零时,比较中蒙俄三国各部门产业的下降比例大小,从而挑选出下降程度最大的作为一国的敏感产业(见表6-4、表6-5)。

表6-2　　　　　　　　　　地区分类

编号	新分类地区	原140个GTAP地区
1	中国	中国内地、中国香港、中国台湾
2	蒙古国	蒙古国
3	俄罗斯	俄罗斯
4	印度	印度
5	美国	美国
6	日本	日本
7	韩国	韩国
8	东盟	印度尼西亚、马来西亚、泰国、老挝、缅甸、柬埔寨、文莱、菲律宾、新加坡、越南

续表

编号	新分类地区	原 140 个 GTAP 地区
9	欧盟	奥地利、比利时、丹麦、芬兰、法国、德国、爱尔兰、意大利、希腊、卢森堡、荷兰、塞浦路斯、葡萄牙、西班牙、瑞典、匈牙利、捷克、斯洛伐克、斯洛文尼亚、保加利亚、克罗地亚、罗马尼亚、波兰、爱沙尼亚、拉脱维亚、立陶宛和马耳他
10	世界其他地区	世界其他地区，由于数量较多暂不列举

资料来源：根据 GTAPagg 数据库汇总。

表 6-3   部门分类

编号	部门分类	包含范围
1	农产品种植业	水稻、小麦、谷物及其他相关产品；蔬菜、水果、坚果，各类农作物及相关产品
2	畜牧业和肉制品	牛、羊、马牲畜等动物制品及相关产品；牛羊马等肉制品及其他相关产品
3	自然资源	森林、渔业、煤、石油、天然气、矿产及相关产品
4	食品加工业	动植物油脂、乳制品、糖等食物制品及其他相关产品；饮料和烟草制品
5	纺织业	纺织品和服装
6	轻工业	皮革制品、木材制品、纸制品、金属制品、机动车及零配件、交通运输设备及其他相关产品、制造业其他产品
7	重工业	石化及煤制品、化学橡胶业、塑料、矿产制品和其他相关产品、黑色金属、有色金属及相关产品；电子设备、机械设备及其他相关产品
8	公共事业与建设	电力、天然气制造及零售、水、建筑
9	交通与运输业	旅游、交通及其他相关服务、陆运、海运、通讯
10	其他服务业	金融及其他相关服务、保险、商务服务及其他相关服务、娱乐及相关服务、政府、法院、医疗、教育、民居

资料来源：根据 GTAPagg 数据库汇总。

表 6-4　　　　　　　中蒙俄三国各部门产业产出变化

部门	部门变化率（%）		
	中国	蒙古国	俄罗斯
农产品种植业	0.07	-0.03	0.02
畜牧业和肉制品	0.02	0.86	0.05
自然资源	-0.11	-0.46	0.03
食品加工业	0.04	-4.60	0.65
纺织业	1.22	4.32	-11.98
轻工业	0.13	-1.02	-0.85
重工业	-0.16	-3.20	0.32
公共事业与建设	0.05	0.81	0.12
交通与运输业	-0.06	-0.09	0.03
其他服务业	-0.02	-0.37	-0.04

资料来源：根据 Run GTAP 软件模拟得出。

表 6-5　　　　　　　　中蒙俄三国敏感产业选择

国家	中国	蒙古国	俄罗斯
敏感产业	重工业	食品加工业和重工业	纺织业

可知，中国以重工业为敏感产业，蒙古国以食品加工业和重工业为敏感产业，俄罗斯选择以纺织业为敏感产业，因此本研究分两种情况来分析中蒙俄经济走廊区域合作机制建立带来的经济影响。情景1，建立自贸区，取消中蒙俄三国之间所有的关税，完全的自由贸易；情景2，建立自贸区，将中蒙俄三国各自的敏感产业关税下降50%，其他产业关税全部下降100%（见表6-6）。

表 6-6　　　　　　　　GTAP 模型模拟情景设定

情景1	所有产业关税削减100%
情景2	敏感产业关税削减50%，其余产业关税削减100%

三　结果分析

本次研究中，在 GTAP 模型中分情景1和情景2来探讨中蒙俄自贸区的建立对中蒙俄三国的GDP、居民福利、进出口、贸易条件以及各部门产出产生的影响,具体变动情况如下。

(一) 对GDP的影响

由表6-7可知,不论是在情景1还是在情景2下,中蒙俄自贸区的建立对于中国、蒙古国和俄罗斯都会产生正面效应,都会对其经济发展带来增长效应,研究发现自贸区的建立和关税的削减使得中国的GDP上涨了0.01%左右,蒙古国的GDP变动率在0.59%,对俄罗斯的GDP影响也是朝良性发展。相比起来,蒙古国GDP增加得最多,说明在中蒙俄合作机制创新中蒙古国得利最明显,俄罗斯次之,中国位于两者之后。这可能与各国各自的产业部门产出变化有关。可见,中蒙俄自贸区的构建为中蒙俄三国创造了发展机遇,将继续扩大双方贸易规模,也为中蒙俄经济走廊的产业部门发展提供明确的方向。

表6-7　　　　　　中蒙俄建立自贸区对GDP的影响情况

国家	GDP变动率(%)	
	情景1	情景2
中国	0.01	0.01
蒙古国	0.59	0.57
俄罗斯	0.08	0.07

资料来源:根据Run GTAP软件模拟得出。

(二) 对居民福利的影响

判断一国是否富裕强大,经济发展是否高水平,最重要的标准之一就在于该国的居民福利是否增长,居民福利是否处于较高水平。中蒙俄区域合作机制的建立能够扩大成员国的对外贸易规模,使资源分配更加高效,逐渐满足消费者的消费需求,以更低的价格进口商品来满足消费者消费,消费者个性化选择越来越多样化,这一政策行为不仅有利于国家发展,也给一国国民带来了较大的福利。事实证明,中蒙俄经济走廊区域合作机制建设预期目标的实现能够为三国都带来正的福利效应,这在表6-8中可以了解到,关税的削减使得中国、蒙古国和俄罗斯居民福利明显上升,在情景1模型下,中国福利增加量在蒙古国和俄罗斯之前,达到 33.34 亿美元左右，俄罗斯为 18.24 亿美元，蒙古国的增长量约为 1.13 亿美元。在情景 2 模型下，中国仍处于第一位，约为 32.66 亿美元，与情景 1 下相差 0.67 亿美元左右；俄罗斯居民福利增长量约为 17.19 亿美元，与情景 2 所模拟的数据相差约 1.05 亿美元；蒙古国情景 2 模型下的福利水平低于情景 1 下的效应。这说明完全取消关税壁垒对居民福利的提升要高于部分取消关税壁垒的效应。总之，不论是在情景 1 还是情景 2 中，中蒙俄三国的居民福利变动都是保持正值，这说明中蒙俄区域合作关税一体化机制的建立将提高中蒙俄三国的福利水平，三国之间的贸易壁垒将削减，资本流动将会加快，优化了资源配置，带来了居民福利正效应。

表 6-8　　　　　　中蒙俄建立自贸区对居民福利的影响情况

国家	福利变动（亿美元）	
	情景 1	情景 2
中国	33.34	32.66
蒙古国	1.13	1.10
俄罗斯	18.24	17.19

资料来源：根据 Run GTAP 软件模拟得出。

（三）对进出口的影响

中蒙俄经济走廊区域合作机制建设实质上是一个实现区域一体化的过程，目的就是要提高参与国的经济实力，促进经贸发展，实现进出口总额增长。关税的削减使得中蒙俄三国的进出口总额发生明显的变化，从表 6-9 中可以看出，无论是在考虑敏感产业还是忽略敏感产业方面，三国的进口总额是增加的，蒙古国增加得最多为 5.85%，明显大于对中国进口影响，俄罗斯进口总额变动率为 1.87%，中国进口变动率为 0.39%。两种情况的区别在于，对所有产业关税减免时，进口总额的增长量略高于对敏感产业关税减半的情况，两者相差不大。从表 6-10 中可以发现，中国、蒙古国和俄罗斯的出口总额也增加了，其中在情景 2 下，蒙古国的出口额大于对中国出口影响，增长了 0.56%。两种情况下计算出来的数据差别不大，因此，无论是选择哪种政策模型模拟，关税的削减都会降低成员国之间的贸易壁垒，使得贸易水平明显提高，商品价格下降，进出口贸易量增加，提高了成员国的经济效益，有效推动了各国的经贸发展。中蒙俄经济走廊的建立在区域内产生了贸易创造效应，带来了经济正效应。

表6–9　　　　　　　中蒙俄建立自贸区对进口的影响情况

国家	进口变动率（%）	
	情景1	情景2
中国	0.39	0.36
蒙古国	5.85	5.75
俄罗斯	1.87	1.73

资料来源：根据 Run GTAP 软件模拟得出。

表6–10　　　　　　中蒙俄建立自贸区对出口的影响情况

国家	出口变动率（%）	
	情景1	情景2
中国	0.18	0.10
蒙古国	-1.99	0.56
俄罗斯	0.75	0.08

资料来源：根据 Run GTAP 软件模拟得出。

（四）对贸易条件的影响

在 GTAP 模型中，贸易条件变动的计算公式为：tots = psws - pdws，tots 表示贸易条件的变化，psws 表示出口价格指数的变化，pdws 表示进口价格指数的变化。中蒙俄自贸区的建立消除或削减了三国之间的贸易壁垒，在情景1和情景2中中国和蒙古国的贸易条件都得到了改善（见表6–11），并且两种情况下的变动情况相差并不是很明显，中国的贸易条件变动率为0.12%，蒙古国的较高为0.7%和0.72%，俄罗斯的贸易条件略有恶化，但下降幅度较小且仅为情景1的0.03%和情景2的0.05%。造成这种现象可能的原因是，自贸区的建立会加剧贸易竞争，个别国家需要通过调整贸易结构来改善贸易条件。

表6-11　　　　　　中蒙俄建立自贸区对贸易条件的影响情况

国家	贸易条件变动（%）	
	情景1	情景2
中国	0.12	0.12
蒙古国	0.70	0.72
俄罗斯	-0.03	-0.05

资料来源：根据 Run GTAP 软件模拟得出。

（五）对各部门产业产出的影响

中蒙俄经济走廊区域合作机制的构建势必会在一定程度上改变各参与国的贸易结构，各国的产业优势也会相对发生变化，导致产业结构发生调整。

表6-12和表6-13模拟了关税一体化机制的构建对各成员国产业部门产出的变化量情况，根据对该表的分析可知：

其一，在表6-12情景1的模拟下对三国影响。对于中国来说，中国在纺织业、轻工业、农产品种植业、公共事业与建设、食品加工业、畜牧业和肉制品等部门的产出增长率都是正值，关税一体化机制的建立对中国这些产业产生了正面影响，其中对纺织业和轻工业的影响最为明显，原因可能在于中国的这些产业具有比较优势，国内需求也较大；而自然资源、重工业、交通与运输业和其他服务业则受到了不同程度的冲击，重工业产出下降最多为0.16%，可能是由于自身无法提供足够的资源，在同类竞争中处于比较劣势，最终导致产出下降。从蒙古国的角度来看，蒙古国在纺织业、畜牧业与肉制品和公共事业与建设部门具有比较优势，其中以纺织业和畜牧业与肉制品最为突出，产出率达到4.32%和0.81%；但在食品加工业和重工业方面欠缺，产出率降低了4.6%和3.2%，下降数值较大。俄罗斯的食品加工业和重工业产出分别增加0.65%和0.32%；在纺织业和轻工业方面受到较为严重的负面影响，对纺织业影响最大，降幅高达11.98%，这可能是由于贸易壁垒的取消使得部分具有比较优势的产业扩大生产，而具有比较劣势的产业要缩减有关的生产。

其二，在表6-13情景2中的影响。三国纺织业产出都出现了较为明显的变化，中国和蒙古国分别增长了1.23%和4.39%，俄罗斯呈下滑趋势,且下滑程度较大。变化程度较大的还有俄罗斯的重工业产量增加了0.34%,中国的轻工业增长了0.14%,蒙古国的畜牧业与肉制品增长了0.87%,食品加工业缩减了4.63%。可见情景2中三国的产业产出变化幅度要普遍低于情景1。

表6-12　　　　情景1下三国各部门产出变化情况

部门	部门变化率(%)		
	中国	蒙古国	俄罗斯
农产品种植业	0.08	-0.04	0.01
畜牧业和肉制品	0.02	0.87	0.05
自然资源	-0.11	-0.45	0.02
食品加工业	0.04	-4.63	0.65
纺织业	1.23	4.39	-12.00
轻工业	0.14	-1.10	-0.87
重工业	-0.16	-3.12	0.34
公共事业与建设	0.05	0.78	0.11
交通与运输业	-0.06	-0.12	0.03
其他服务业	-0.02	-0.35	-0.05

资料来源:根据 Run GTAP 软件模拟得出。

表6-13　　　　情景2下三国各部门产出变化情况

部门	部门变化率(%)		
	中国	蒙古国	俄罗斯
农产品种植业	0.08	-0.04	0.01
畜牧业和肉制品	0.02	0.87	0.05
自然资源	-0.11	-0.45	0.02
食品加工业	0.04	-4.63	0.65
纺织业	1.23	4.39	-12.00
轻工业	0.14	-1.10	-0.87
重工业	-0.16	-3.12	0.34
公共事业与建设	0.05	0.78	0.11
交通与运输业	-0.06	-0.12	0.03
其他服务业	-0.02	-0.35	-0.05

资料来源:根据 Run GTAP 软件模拟得出。

上文在假定中蒙俄经济走廊区域合作建设预期机制目标实现的基础上，将关税作为冲击变量，应用 GTAP 模型模拟中蒙俄经济走廊区域合作关税一体化机制的建立对三国产生的经济效应，结果发现对三国的 GDP、居民的福利水平、进出口总额、贸易条件和部门产出都产生了较大的影响。无论是在考虑将敏感产业关税减半或是所有产业关税降为零模式下，中蒙俄经济走廊区域合作关税一体化机制的建立都对于中蒙俄三国经贸发展具有重大的促进作用，这种制度性合作能够加强区域内经贸合作，增加商品流通数量，大幅度提升三国消费者的福利水平，给三国带来更多的社会价值和经济价值。

第七章

中蒙俄经济走廊安全风险评估与应对机制

中蒙俄经济走廊建设提出距今已有八年，已经取得了一定的进展。但是，诸多安全风险制约着中蒙俄经济走廊高质量发展。正如德国社会学家乌尔里希·贝克发出的警告所言，全球正处于从古典工业社会转向风险社会过程中，全球化越深入发展，其可能产生的全球性风险也越多。[①] 中蒙俄经济走廊面临的结构性风险仍长期存在，同样要加强识别防范此类安全风险。

中蒙俄不仅在国家政治制度、经济发展水平、基础设施建设、工业化城镇化进程、民族文化宗教、利益诉求等方面存在显著差异，而且自然环境和资源条件也各不相同。空间距离产生的时间成本和运输成本同样形成较大的制约。这些异质性因素给共建中蒙俄经济走廊高质量发展带来了诸多的安全风险挑战和不确定性，比如政治风险、经济风险、社会与话语认同风险、自然环境风险与公共卫生事件、合规风险都是中蒙俄经济走廊高质量发展需要考虑的重要因素。习近平总书记强调，"要高度重视境外风险防范，完善安全风险防范体系，全面提高境外安全保障和应对风险能力"。[②] 受世界经济衰退以及更加复杂的国际政治环境等多种因素综合影响，可以预计"十四五"期间中蒙俄经济走廊建设风险复

[①] 林跃勤、郑雪平、米军：《重大公共卫生突发事件对"一带一路"的影响与应对》，《南京社会科学》2020 年第 7 期。

[②] 中国政府网：《习近平出席推进"一带一路"建设工作 5 周年座谈会并发表重要讲话》2018 年 8 月 27 日，http://www.gov.cn/xinwen/2018-08/27/content_5316913.htm，2022 年 9 月 22 日。

杂多变，因此十分有必要识别并把握走廊面临的风险。

第一节 中蒙俄经济走廊安全风险识别及成因

一 中蒙俄经济走廊高质量发展面临政治风险考验

政治风险是一种重要的国家风险，它主要涉及国内政治秩序与安定，包括政局不稳定、政策法规变动、歧视性干预、战争、恐怖主义、国有化征用及没收等。导致政治风险形成因素比较复杂，如种族、宗教、利益集团和国家之间的关系变化等，这些因素相互交织促成了国内冲突的发生并出现利益遭受损失的可能性[①]。

虽然中国与俄罗斯、蒙古国政治关系总体上发展比较好，但三国国家政治体制不同，社会文化宗教民族结构复杂，不得不考虑政治风险对中蒙俄经济走廊高质量发展的制约影响。走廊面临的政治风险主要包括三个方面：政府投资政策的连续性较差、长期的腐败问题以及"第三邻国"政策带来的地缘政治风险。

（一）政府投资政策的连续性较差

在政府投资政策的连续性方面，蒙古国存在的问题最为突出，为此我们重点阐述蒙古国家管理制度建设对经济走廊高质量发展的影响。中蒙俄经济走廊建设中的基础设施建设项目具有建设周期长、投入大、投资回收周期长的特点，如何处理好项目周期与政策周期的矛盾是三方合作必须解决的问题。一方面，虽然蒙古国政治环境整体稳定，但蒙古国议会政党席位轮替和政治选举会影响政府执政周期，同时法院受国家议会和政府牵制，使国内政策法规变更频繁，缺少透明度，且不可预测，[②]导致企业面临政府投资政策连续性较差的政治风险。蒙古国实行设有总统的议会制。总统是国家元首兼武装力量总司令，国家大呼拉尔是国家最高权力机构，拥有立法权，政府为国家权力最高执行机关，政府成员由国家大呼拉尔任命。其中，议会在国家运作中占有举足轻重的地位，

---

① 阳军：《国外政治风险评估现状分析》，《国外社会科学》2018年第4期。
② 徐建山、吴谋远：《"一带一路"油气合作国别报告（中亚、俄罗斯和中东地区）》，石油工业出版社2016年版，第133—140页。

就连蒙古国总统权力也受议会的限制，各项重大决策甚至大项目都要经过议会投票通过。中国企业不仅要与蒙古国中央政府主管部门和地方政府建立良好的关系，而且要积极发展与蒙古国各级议会的关系，政府的换届和政策走向和议会选举以及与相关政府要员和议员保持沟通直接关系到企业在蒙古国的生存与发展。另外，蒙古国的司法审判风险较高。法院受到国家议会和政府的牵制，特别是法院获得的国家预算关系到法院的基础设施建设和法官待遇问题能不能提高，而这经常需要多数议员的支持，往往法院的审判权成为国家议会审批法院预算的"交易品"。同时，法官审判案件经常受到行政管理权的干预，审判权独立没有真正实现。从20世纪90年代以来，法院预算占比较低，导致法官待遇低于公职人员平均水平，法院的基础设施比较陈旧。在这种情况下，法官职业荣誉感不强，行贿受贿等司法腐败现象较严重，法官职业无法吸引高层次法律人才，甚至人才流失情况严重。在司法方面，蒙古国还存在法官违法责任体系不健全问题，法律没有明确规定法官违反职业纪律、违法审判的责任形式和追究程序，很多涉及法官的申诉控告没有得到解决[1]。

另一方面，由于蒙古国政府担心中国对本国战略性自然资源的控制力越来越强而影响其主权权威，尤其是在政府更迭期间频频对中资企业的收并购等交易进行干预，致使中蒙签订的各类经济金融协议或合同时常随政局改变而废止或更改。如在2011年和2014年，中国神华集团牵头的联合体均因蒙古国国内政治原因而被迫两次放弃成功中标的塔温陶勒盖（Tavan Tolgoi）煤矿开发权。与此同时，中铝公司在收购蒙古国南戈壁资源有限公司和永晖焦煤股份有限公司两项交易中，也皆因蒙古国新政府上台后政策变动而导致中国企业被迫宣告收购计划失败。有专家指出，蒙古国《关于外国投资战略意义领域协调法》的出台，非常明显地表明其扼杀中铝交易的目的。[2] 由于该法案的影响以及国际市场大宗商品

---

[1] 刘少坤、范丽君：《蒙古国发展研究报告（2019）》，《国别区域与全球治理数据平台》2019年10月1日。

[2] Dai C. H., Gibson D T. MINEGOLIA PART I, "China And Mongolia's Mining Boom", https://www.wilsoncenter.org/sites/default/files/media/documents/publication/Dai% 20and% 20Gibson _ Minegolia.pdf.

价格的回落，在蒙的外国投资者急剧减少，蒙古国经济发展陷入困境。为了改善蒙古国营商环境，蒙古国于2013年通过新修订的《投资法》，简化企业投资注册程序，取消外国私有企业在蒙古国投资战略领域限制，这些举措对外国投资者信心的恢复发挥了积极的作用，但事实上，外国国有企业在蒙战略领域的投资仍必须得到蒙政府和议会的批准。[①] 虽然蒙古国政府对外国投资者的投资政策可能正在转变，但事实是近年来蒙古国政府专门针对中国投资的控制有增无减。如2016年由蒙古国人民党控制的蒙古国议会又否决了由中国神华、蒙古国矿业（Mongolian Mining）和日本住友（Sumitomo）组成的财团联合体收购塔温陶勒盖的交易计划。[②] 中资企业不仅在采矿行业受蒙古国政府干扰较多，而且在银行业同样深受其影响。为大型基础设施项目提供资金支持的国有大型银行如中国银行乌兰巴托代表处，虽然自2013年成立以来已经具备商业银行营业的条件，但是该行未获得总理、总统和议长的共同批准，因而目前尚未取得营业资格。2016年，中行乌兰巴托代表处负责人在接受蒙古国一家媒体采访时说道，他们并未收到正式反馈或回应，政府内部的政治动荡和一些政府部门的意外合并导致我们申请批准遥遥无期。[③] 另外，中国工商银行乌兰巴托代表处也同样面临无法运营的窘境。中资国企在蒙投资经营受政治因素影响失败的案例令中国在与蒙古国的合作中显得更加谨慎。

（二）腐败顽疾短期难以化解

中蒙俄经济走廊主体国家均存在不同程度的腐败问题，但蒙、俄政府官员腐败比较严重，个别政府官员的腐败现象作为一种隐性风险，显著影响中国企业投资活动。2019年"透明国际"发布的国际清廉指数

[①] 驻蒙古国经商参处：《蒙议会通过〈战略领域外资协调法〉（修订案）》2013年4月23日，http://mn.mofcom.gov.cn/article/jmxw/201304/20130400099558.shtml，2022年3月10日。

[②] 安荷雅：《公众对中国在蒙古国投资的看法：探索性研究》，清华大学2018年版，第36页，https://www.researchgate.net/publication/327646936_Public_Perception_of_Chinese_Investment_in_Mongolia，2021年4月2日。

[③] 安荷雅：《公众对中国在蒙古国投资的看法：探索性研究》，清华大学2018年版，第36页，https://www.researchgate.net/publication/327646936_Public_Perception_of_Chinese_Investment_in_Mongolia，2021年4月2日。

（CPI）显示①，蒙古国和俄罗斯在180个参评国家中分别排名106位和137位。该指标汇总了一国专家和企业代表对公共部门腐败程度的看法，表明其腐败现象十分严重，法律环境欠佳，司法公正和司法效率不足，行政效率和公共管理水平不高。目前，俄罗斯法律制度基本健全，在保护外商投资者利益方面有一定改进，2014年以来俄罗斯加速修改法律吸引外资，在取消限制和改善投资环境迈出重大步伐。但是，经济转型以来的俄罗斯一直是"寻租"活动的重灾区。政府官员腐败比较严重，存在权力机关对企业干预问题、法律程序繁杂且效率低等问题依然存在，特别是过于强调投资合作中的安全问题。而市场观念淡薄、"寻租"和人身依附导致俄罗斯腐败现象屡禁不止。② 总的来说，腐败问题不仅影响本国政治发展和恶化经商环境，而且制约中蒙俄对外经贸关系的深入发展。

（三）"第三邻国"政策可能诱发大国地缘政治竞争③

蒙古国是一个地处亚洲北部内陆国家，领土只与中国、俄罗斯两国接壤。冷战结束后，蒙古国由社会主义国家转变为议会民主制的资本主义国家。转型后的蒙古国在政治经济制度和意识形态上积极向西方靠拢。当前蒙古国在政治上基本形成较为稳定的民主制度，政局基本稳定，政权过渡均能通过选举平稳地进行。鉴于蒙古国特殊的地缘政治位置，1994年通过的《蒙古国家安全战略构想》等文件，明确提出了蒙古国实行不结盟、等距离、全方位的"多支点"外交政策，这一政策的主要内容是将发展与中俄两大邻国的关系作为外交政策的首要方针，但同时也重视寻求发展与"第三邻国"的关系。该政策强调蒙古国的国家安全和利益实现不能只通过中俄两大邻国这两个支点，而应该由多个支点为支撑，"第三邻国"外交思想顺势而生。2011年2月，蒙古国新修订的《蒙古国外交政策构想》，首次明确地把"第三邻国"的概念写入其中，并以法律的形式将这一概念确立了下来。蒙古国的"第三邻国"含义广

---

① Transparency International, "Corruption Perceptions Index 2019", https://images.transparencycdn.org/images/2019_CPI_Report_EN_200331_141425.pdf.

② 佟景洋、源缘圆元：《"一带一路"视域下中蒙俄经贸发展》，社会科学文献出版社2019年版，第211页。

③ 有关俄罗斯面临的地缘政治风险，在第九章的中蒙俄经济走廊金融合作发展及金融合作机制建设部分详细论述。

泛，从最初的美国演变到西方国家，到后来的"援蒙国家"，如日本、韩国等国家。近年来，"第三邻国"的范围又有着向国际组织发展的趋势，如欧洲安全与合作组织等。但是，邻国是不能选择的，邻国的崛起与复兴对蒙古国来说并不是"压力"而是其发展富强的机会，如果因发生误判而过度地强调利用"第三邻国"来谋求所谓"多支点"平衡，则可能使其面临的地缘政治环境变得复杂起来，极有可能得不偿失。"第三邻国"政策指的是，蒙古国在保持除与中俄两个邻国的外交关系之外，还积极争取西方发达国家等"虚拟"邻国对蒙古国政治经济领域支持的一种外交政策。另外，蒙古国由于其独特的地理位置、历史文化，形成了迥异于其他东北亚国家的政治文化。如宗教问题在蒙古国的政治文化当中扮演着重要的角色，冷战后民族主义的普遍兴起成为蒙古国政治文化当中重要的组成部分，民族文化认知差异影响不容忽视。

蒙古国"第三邻国"政策平衡中俄影响做法对中蒙俄经济走廊框架下的合作造成一定冲击。蒙古国虽然优先发展同中俄两大邻国的关系，但因为历史渊源造成的蒙古民族潜在大民族意识和现实上夹于中俄的地缘关系，使得蒙古国对中俄两个邻国都不放心，存有不同程度的疑虑和戒心。例如，在蒙古国报纸网中，经常会有根据美、日媒体评述中国的评论翻译成蒙文的报道出现，蒙古国也格外重视中国与俄罗斯两国之间的政治动向。这些都足以证明作为两个大国之间的蒙古国心理上的不安和忧虑。因而蒙古国在苏联解体后结合自身需要，采用"第三邻国"政策手段，最大限度地同域外各国合作以使自身利益最大化，将国家安全寄希望于强大的"第三邻国"，这种地缘政治思想的新变化在蒙古国政府层面和基层民众层面都有明显的表现。近年来，蒙古国积极加强与"第三邻国"关系，积极发展与世界上有影响的美国、日本、韩国、英国、欧盟、印度等国关系。在蒙古国看来，依靠"第三邻国"不仅可以获得军事和经济援助、直接投资和政治支持，而且可以借助大国的力量平衡而抵制中俄两个强邻的影响和潜在压力。

2015年2月，日本时任首相安倍晋三与蒙古国总理赛汗比勒格在东京签署了一项自由贸易协定，该协定涵盖商品和服务贸易、投资、知识产权等多个方面，这也是蒙古国对外签订的首个自贸协定。蒙古国经济严重依赖矿业，该协定有助于日本扩大从蒙古国进口煤炭、稀有金属和其他矿产资源。我们知道，对蒙贸易前五位的国家是中国、俄罗斯、日本、美国、韩国[①]。蒙古国最大贸易伙伴是中国、其次是俄罗斯，蒙日双边贸易额本身并不大，然而直到目前蒙俄、中蒙 FTA 因蒙古国的疑虑未能签署。蒙日自贸协定签订象征意义大于实际意义，主要目的是加强政治关系，蒙日第三邻国关系的强化将对中国构成一定的制约。

蒙古国与美、日关系的日趋走近应引起我们的格外重视。1998 年蒙日宣布建立新世纪的综合性伙伴关系。日本看重蒙古国，一直加强对蒙古国的经济援助。日本是所有对蒙援助国家中提供援助和贷款最多的国家。截至 2018 年 3 月，日本对蒙古国累计提供了约 3268 亿日元的资金援助，最近日本运用政府开发援助，帮助蒙古国修建了新式机场、医院等设施。日本向蒙古国提供的官方援助内容非常丰富，主要用于发展蒙基础设施部门和农牧业、开展人才培训和保障人民基本生活所需。从 2002 年起，日本政府将援助重点从经济方面逐渐转向文教等思想交流领域，加强对蒙文化教育的投资力度，增进蒙古国人对日本的认同感。根据媒体的调查，在中日关系紧张的时期，蒙古国国民更欢迎日本人，经常把日本列为"对蒙古国最友好的国家之一"[②]。

蒙古国视美国为长期的战略伙伴，认为美国是其政治和军事安全的保障，特别是"9·11"事件之后，蒙古国迅速向美国开放领空和部分机场。同时，美国也高度重视并积极发展与蒙古国的对话关系，不断提升共同价值观及相互认同度，增强对蒙古国的影响力，这些行动都会对中蒙关系产生显著影响。如在中美贸易战焦灼时期，蒙古国和美国就"第三邻国"贸易法案进行谈判，同期，蒙美不断提升互访级别，合作领域也上升到国防层面。美国及其同盟日本进入蒙古国，在政治上存在地缘战略需求，可能会引发中俄相关区域地缘政治状况局势的紧张，如果美日插手蒙古国，东北亚不安全因素将会由海上向陆地蔓延，中国北部边境和西北地区的不安定因素就会增多，直接影响中国北部、西部和西北部以及俄罗斯南部边境地区的安定与民族团结。美军最负盛名的智囊机

---

① UN Comtrade Database, https://comtrade.un.org/data/.
② 中国银行股份有限公司：《蒙古国政治环境》，《国别区域与全球治理数据平台》2016 年 1 月 1 日。

构兰德公司专家观点还指出,美国介入蒙古国原因之一,美国期望蒙古国在"引导亚洲社会主义国家走民主之路"方面发挥领头羊的作用[①]。在经济方面,美日的介入主要是瞄准了蒙古国享誉世界的丰富的矿产资源,因而他们也一定会在各方面阻挠蒙古国与中国的经贸和投资等活动,从外部渲染"中国威胁论",这是中蒙未来合作关系面临的不可回避的一大挑战。

蒙古国第三邻国政策中的印度、韩国因素不容忽视。自蒙古国民主改革以来,蒙古国与印度的关系迅速得到加强,两国主要基于悠久的佛教文化联系,确立了"精神邻国"关系。因此,蒙印文教合作中的宗教联系值得关注。根据对相关驻蒙外交人员调研,近十多年来,蒙古国通过两国宗教机构的渠道,每年派几十名喇嘛到印度达兰萨拉("达赖集团流亡政府"所在地,自称"西藏国")学习经文,迄今蒙古国有几百名青年喇嘛在达兰萨拉学成回国。蒙古国与印度及其流亡在印的达赖集团的紧密联系,无疑影响中蒙区域合作推进。此外,1991年蒙古国制度转型后,韩国开始对蒙古国进行学术和教育渗透。韩国在乌兰巴托修建的首尔街,成为扩大韩国在蒙古国民众中影响力的重要载体。在乌兰巴托,韩国饭店、医院和韩国汽车随处可见,蒙古国的电视里也播放韩国电视剧。[②] 韩国对蒙古国的文化影响不容忽视。

近年来,蒙古国不断强化"第三邻国"政策,与"第三邻国"在政治、经济、文化、军事以及外交领域的双边合作与交流不断扩大。可以看出,蒙古国外交采取主动吸引外部力量进入本地区,注重调动不同属性的力量在该地区内形成制衡,降低对中俄依赖,以便从中扩展发展空间和机会,或直接得到安全和经济上的援助,但是这可能会诱发大国在该地区的地缘政治竞争,使中蒙俄经济走廊面临地缘政治风险。由于大国之间在此区域的博弈,蒙古国可能在其他国家提供的利益面前减少对中蒙俄经济走廊建设的关切,间接削弱中蒙俄经济走廊高质量发展的合作深度和广度。尽管在2016年中俄蒙区域合作中三边元首推动签署了中

---

① 娜琳:《蒙美关系的新发展及其对中国的影响》,《当代亚太》2002年第1期。
② 刘少坤、范丽君:《蒙古国发展研究报告(2019)》,《国别区域与全球治理数据平台》2019年10月1日。

蒙俄经济走廊区域合作规划纲要，但总体看中蒙俄经济走廊项目的落实进展不尽如人意，其中因素之一是蒙方在中俄蒙区域合作中表现得也并不是非常积极，蒙方也不愿意参加由中俄倡导成立的上合组织推进中蒙俄经济走廊项目的有效落实。有专家学者认为，如果蒙古国能够参与该组织框架内经济和基础设施合作项目，特别是交通运输互联互通和跨境运输，其尝到可观的经济效益以后，自然就会有加入其中的愿望了。

二 经济金融风险的周期性和长期性问题突出

虽然中蒙俄三国均为新兴经济体，但是三国资源禀赋不同、经济发展阶段不同，加之国内政治体制和治理能力存在差异，决定了三国经济金融发展水平与产业结构上的差异。目前，中国经济金融风险较低，而蒙古国和俄罗斯则均面临宏观经济运行不稳和产业结构单一的风险，蒙古国还存在债务可持续风险挑战。

（一）宏观经济运行面临周期性风险

1. 中国宏观经济运行较为稳健

改革开放以来，中国经济增长一直保持年均9%的高速度，尽管中国宏观经济运行同样受世界经济周期性发展的影响，但总体运行较为稳定，经济金融风险相对较低。如表7-1所示，2010—2019年，中国GDP规模稳步增长，增速虽有所下降，但近年来5%—6%的增速仍处于中高速区间范围内。此外，中国不仅人均GDP突破1万美元大关，而且通胀率总体仍保持平稳和较低水平，拥有超大规模市场优势和完整产业链优势展现出较稳健的宏观经济运行态势。

表7-1　　　　　　　　2010—2019年中国主要经济指标

年份	经济指标			
	GDP（亿美元）	GDP增速（%）	人均GDP（美元）	通胀率（%）
2010	60871.64	10.64	4550.45	6.88
2011	75515	9.55	5618.13	8.08
2012	85322.30	7.86	6316.92	2.33
2013	95704.06	7.77	7050.65	2.16
2014	104756.83	7.43	7678.60	1.03

续表

年份	经济指标			
	GDP（亿美元）	GDP增速（%）	人均GDP（美元）	通胀率（%）
2015	110615.53	7.04	8066.94	0
2016	112332.77	6.85	8147.94	1.41
2017	123104.09	6.95	8879.44	4.23
2018	138948.18	6.75	9976.68	3.50
2019	142799.37	5.95	10216.63	1.29

资料来源：根据World Bank发布的World Development Indicators整理而得。

2. 蒙古国宏观经济稳定性差且经济周期性现象突出

从蒙古国GDP相关数据，通胀率及贸易额等主要反映宏观经济运行水平的指标看，蒙古国宏观经济稳定性较差，如表7-2所示。

表7-2　　　　2010—2019年蒙古国主要经济指标　　　（单位：亿美元）

指标类型	经济指标	2010	2011	2012	2013	2014	2015	2016	2017	2018	2019
宏观经济运行	GDP	71.89	104.00	123	125.8	122.	117.5	112	114	131	139.9
	GDP增速（%）	6.37	17.3	12.32	11.65	7.89	2.38	1.17	5.34	7.25	5.16
	人均GDP（美元）	2643	3757	4352	4366	4158	3918	3660	3669	4134	4339
	通胀率（%）	39	15	12.78	2.91	7.45	1.73	2.23	10.53	8.41	9.38
	商品贸易总额			106.27	109.00	84.66	82.56	105.38	128.87	137.4
	商品出口			42.69	57.74	46.69	49.16	62.01	70.12	76.20
	商品进口			63.58	51.31	37.97	33.40	43.37	58.75	61.27
	外汇储备	22.88	24.48	41.26	22.48	16.52	13.22	13.04	30.17	35.50	43.64
	蒙货币与美元汇率波动	1357	1265	1358	1524	1818	1970	2140	2439.8	2472.4	2663
财政情况	财政收入/GDP	32	33.92	29.82	31.22	28.42	25.85	24.37	28.55	31.43	32.63
	财政支出/GDP	31.58	37.93	36.07	32.15	32.14	30.83	39.66	32.33	28.46	31.71
	财政余额/GDP	0.43	-4.01	-6.24	-0.93	-3.73	-4.99	-15.29	-3.78	2.97	0.93

续表

指标类型	经济指标	2010	2011	2012	2013	2014	2015	2016	2017	2018	2019
外债情况	外债总额存量	59.28	96.29	156	191.81	212	219.40	245.97	279.50	296.84	314.4
	外债负债率（%）①	89.69	100.81	137	161.57	189	203.41	239.61	284.67	252.31	255.8
	偿债量/出口额（%）	6.97	5.38	26.4	31.01	22.1	35.29	25.89	53.84	97.92	133
	短期外债/外汇储备	15.97	23.83	21.9	69.54	144	184.13	198.52	104.84	87.29	67.83

资料来源：根据 IMF 发布的 World Economic Outlook Database 和 World Bank 发布的 World Development Indicators，整理而得。

蒙古国面临能源原材料产业占整体产业比重过大，且资源类产品深加工的技术能力有限的问题。根据统计数据，2019 年采矿业占工业产值比重高达 57.5%。②由此导致蒙古国经济增长高度依赖国际市场大宗商品价格，呈现出对资源价格波动极大的脆弱性和敏感性，经济周期性现象十分明显。2010 年以来，受国际大宗商品价格变动和进出口规模变动的影响，蒙古国经济和 GDP 增速呈现波动巨大的特征，反映出蒙古国宏观经济稳定性较差，抵御外部市场冲击能力较差，对外贸易依赖度较高。根据表 7-2 可知，2010—2013 年间，蒙古国国内经济受国际矿产品价格攀升的影响，GDP 增速连续 3 年超 10%，尤其是 2011 年 GDP 突破 100 亿美元关口，增速达到创纪录的 17.3%，成为全球经济增速最快的新兴经济体之一，人均 GDP 也达到近十年历史最高水平 4366.08 美元。然而，2014—2016 年间，受国际市场矿产品价格低迷等外部因素和国内投资政策不稳定等内部因素的影响，蒙古国经济形势十分严峻，GDP 和人均 GDP 均持续大幅下滑，增速显著放缓，其中 2016 年 GDP 增速降至近 10 年最低水平的 1.17%，贸易总额逐年下降并跌破 90 亿关口。随着 2016

---

① 外债负债率 = 外债余额与 GNI 之比，国际公认的 20% 安全线；财政赤字占 GDP 的比重一般不超过 3%。

② Нүүр хууудас，"National Statistics office of Mongolia"，Composition of Gross Industrial Output, by Divisions And Subdivisions，http：//www.1212.mn/tables.aspx? TBL_ID = DT_NSO_1100_002V2 (2020 – 06 – 12)。

年末国际市场煤炭等大宗商品价格向上攀升，贸易总额逐步回升，蒙古国经济相应开始回暖，蒙古国经济稳中有升。2019年GDP达到139.97亿美元，创近十年历史新高，同时保持5%以上的增速，人均GDP从3660美元左右增长至4339.84美元。2020年一季度，受全球新冠疫情影响，蒙古国主要出口产品煤炭和铜精粉价格下跌，导致国际收支经常项目的逆差扩大，外汇储备减少，蒙古国经济急转直下，随后国际评级机构穆迪5月8日宣布，将蒙古国主权信用评级展望由"稳定"调低至"负面"。

蒙古国宏观经济运行不稳还受通胀压力影响。蒙古国通货膨胀率波动幅度十分剧烈并且通胀率整体居高不下，资产面临严重贬值的风险。根据GDP平减指数计算结果，2010年蒙古国通货膨胀率达到39.18%，创10年内历史纪录，随后两年下降至15.12%和12.78%，2013年通胀率又大幅降低至2.91%后在2014年开始快速反弹至7.45%，2015—2016年间又迅速回落，通胀率分别低至1.73%和2.23%，2017年再次大幅上升至10.53%，随后两年通胀率虽小幅度下降但仍维持在中高位运行，分别为8.41%和9.38%[①]。通胀风险所带来的严重贬值极大削弱蒙古国民众对本国货币的信心，未来图格里克贬值或将持续存在，并影响经济社会稳定运行。

蒙古国存在较高的债务可持续性风险。究其原因：一方面，蒙古国经济结构不完善且单一，缺乏相关国内融资机制，必须依靠外债来发展本国经济，但不断扩大的外资存量规模会给其带来沉重的外债负担；另一方面，蒙古国作为资源导向型经济，外汇收入主要来自本国的矿产、煤炭等资源出口，当煤炭等主要出口产品价格骤然下跌和货币贬值相互叠加时，蒙古国的贸易收支将面临严重赤字，加重蒙古国外债负担，增大外债违约的信用风险。

根据表7-2衡量外债水平的4个经济指标，蒙古国对外负债十分严重，财政赤字严重，债务风险偏高。其一，蒙古国财政支出总体高于财政收入，财政长期赤字。其二，外债总额存量连创新高，自2010年起从59.28亿美元急剧扩大到2019年的314.45亿美元，年均增长率高达

---

① World Bank WDI 数据库，https://data.worldbank.org/indicator.

20.36%。蒙古国外债负债率（外债余额与 GNI 之比）也逐年上升，从 89.69% 攀升至 255.83%，2017 年更是达到历史最高峰 284.67%，远高于国际公认的 20% 安全线，这就意味着蒙古国的经济增长严重依赖外债。其三，从债务偿还能力看，一方面，从偿还债务量占货物和服务出口收入指标来看，自 2013 年起，指标数据连年上升，2017 年迅速攀升至 53.84% 之后再度加速上涨至 2019 年 133.09%，同样远超国际公认的 20% 安全线。另一方面，从短期外债/外汇储备来看，虽然 2010—2012 年从 15.97% 波浪式温和上涨至 21.87%，但 2013—2017 年该指标从 69.54% 迅速上升到 198.52% 的峰值水平，之后才逐年下降至 2019 年的 67.83%，在 2014—2017 年间曾连续 4 年高于国际公认的 100% 安全线要求。蒙古国经济长期依赖高债务运行必然引发债务偿还不可持续的问题。2017 年初蒙古国政府就曾面临偿付危机，在国内民众捐款和国际社会的诸多援助下，其主权债务风险才有所缓解。虽然外部援助短期内极大缓解了蒙古国的偿债压力，短期外债/外汇储备也连续两年下降至安全线以内，但蒙古国目前的外债总额存量已创历史新高，外债负债率和偿债总量也达近十年来的峰值，并大幅超过国际警戒线水平，因此债务可持续性面临严峻挑战，债务危机风险依然不容忽视。

3. 俄罗斯宏观经济脆弱性不可低估

俄罗斯同样面临能源原材料产业占整体产业比重过大，经济增长高度依赖国际市场大宗商品价格，呈现出对资源价格波动极大的脆弱性和敏感性的问题。如表 7-3 历年的统计资料显示。俄罗斯宏观经济运行指标中的 GDP、GDP 增速、人均 GDP、汇率波动情况、商品进出口贸易、通货膨胀率等均因同期经济受乌克兰危机后国际制裁影响而发生恶化，但近年来各项指标均略有好转，整体财政赤字保持可控范围，经济虽有好转迹象，但 GDP 增速仍十分乏力，2019 年 GDP 总量仅略高于 2010 年，远低于 2013 年的高峰。GDP 增速近年来也严重放缓，基本保持在 1%—2% 低位运行，表明其经济发展水平较低。2010—2013 年，人均 GDP 逐年攀升至 15974.64 美元，但因西方制裁后降至 2016 年的 8704.9 美元，随后又有好转，连续三年稳定保持在 11000 美元左右。总体而言，俄罗斯财政支出基本高于财政收入，但财政赤字占 GDP 比例近 10 年在 3% 的警戒线水平附近，同时 2018—2019 年连续两年出现财政盈余，财政状况好转。

表7-3　　　　　　2010—2019年俄罗斯主要经济指标　　　　（单位：亿美元）

指标类型	经济指标	2010年	2011年	2012年	2013年	2014年	2015年	2016年	2017年	2018年	2019年
宏观经济运行	GDP	15249	20459	22083	22925	20592	13635	12768	15742	16696	16998.8
	GDP增速（%）	4.5	4.3	4.02	1.76	0.74	-1.97	0.19	1.83	2.54	1.34
	人均GDP（美元）	10675	14311	15421	15975	14096	9313.	8704.9	10720	11370	11585
	通胀率（%）	14.19	24.46	8.91	5.32	7.49	7.25	2.84	5.35	11.10	3.78
	商品贸易总额	6259.8	8231	8409.6	8422	7845	5267	5092.2	6392	6917.21	6738.8
	商品出口	3970.68	5169.9	5247.6	5272.7	4978.	3439	3017.8	3792	4514.95	4267
	商品进口	2289.12	3060.9	3162	3150	2866.5	1828	2074.4	2599.7	2402.26	2471.6
	外汇储备	4792.22	4974.1	5378.	5097	3862.2	3680	3770.5	4327	4686.45	5552
	汇率波动	30.37	29.38	30.84	31.84	38.4	60.94	67.06	58.34	62.67	64.74
财政情况	财政收入/GDP	32.31	34.69	34.41	33.49	33.9	31.89	32.92	33.36	35.28	35.54
	财政支出/GDP	35.51	33.26	34.03	34.65	35	35.27	36.59	34.83	32.38	33.62
	财政收支余额/GDP	-3.19	1.43	0.38	-1.16	-1.07	-3.39	-3.67	-1.47	2.90	1.92
外债情况	外债总额	4178.	5443	5917.	6684.	5496	4677	5332	5181.91	4538	4907
	外债负债率（%）	27.41	27.41	27.65	30.21	27.60	35.28	42.96	33.82	27.88	29.80
	偿债量/出口额（%）	11.61	7.25	7.85	8.03	14.57	23.48	19.18	17.75	19.59	17.58
	短期外债/外汇储备	12.56	14.05	15.23	16.48	15.98	11.44	11.96	11.79	10.31	10.39

资料来源：根据IMF发布的World Economic Outlook Database和World Bank发布的World Development Indicators，整理而得。

俄罗斯宏观经济运行长期受通货膨胀不稳定波动的影响。根据GDP平减指数计算结果，2011年通货膨胀率达到24.46%，创10年内历史纪录，随后向下波动降至2016年的2.84%，但在2018年又冲高至11.10%，随后降至3.78%。虽然近期俄经济复苏势头良好，但仍面临着巨大通胀压力，通胀水平已超过俄罗斯银行的预期。俄央行表示，自

2021 年以来，通胀压力增大已成俄经济复苏的主要威胁。① 俄罗斯通胀率的不稳定波动会破坏经济发展，资产安全面临较严重贬值的风险，导致资本大量外流，不利于其经济的稳定。

综上所述，中蒙俄三国均在不同程度上受国际经济周期性影响，但蒙、俄两国宏观经济运行面临的周期性风险影响较为明显，存在宏观经济运行长期不稳的问题，尤以蒙古国最为突出。

（二）俄蒙基础设施因素的制约是影响合作的重要瓶颈

空间距离产生的时间成本和运输成本导致了区际贸易的交易成本，交易成本的出现必然对贸易与投资决策形成有效的制约，缩减贸易规模，比较优势也会消失。区位的特殊性之一就在于距离成本的重要性，空间位置需要考虑距离成本支出，空间距离会影响经济活动的发展②。空间距离的增加会导致产业集聚的扩散和辐射效应衰减，要素流动将减缓。空间距离造成的高运输成本是影响中蒙俄经济走廊合作机制建设的重要原因，而运输成本主要与基础设施有关。作为拉动经济增长的直接动力，基础设施是构建经济走廊的基础。在中蒙俄经济走廊中，尽管中国的基础设施建设较俄蒙良好，但由于俄蒙两国的基础设施建设比较落后，严重影响三国合作的开展。

蒙古国交通基础设施建设进展缓慢，已经成为经济发展和矿业开发的主要瓶颈。蒙古国只有一条铁路贯穿南北，铁路设备和技术老化严重，已有设备供应不足。根据蒙古国统计局数据，2015 年蒙古国铁路载货量只有 3582 万吨，远远不能满足大宗矿产品的对外运输的需求。蒙古国学者恩和玛尔勒的研究指出，蒙古国 2017—2020 年铁路运输供求关系仍将保持相当紧张的程度。蒙古国全国只有五分之一的公路为柏油路，其余基本上是土路和砂石路为主；蒙古国至今没有自己的输气、输油管道系统；蒙古国三大电网相互独立且设施陈旧，2015 年总装机容量为 6930 兆瓦，远远满足不了国内的需求；蒙方口岸设施陈旧且信息化程度低的情

---

① 中国经济网：《俄罗斯加息抑制通胀风险，经济稳步复苏》2021 年 3 月 25 日，http：//intl. ce. cn/specials/zxgjzh/202103/25/t20210325_36408113. shtml，2021 年 9 月 22 日。

② E. M. Hoover, *Introduction to Regional Economics*, New York：Alfred A. Knopf, Inc. , 1984, p. 11.

况同样堪忧①。蒙古国水资源非常短缺，水资源配套设施的不足也是未来制约能矿资源开发的重要硬件瓶颈。

俄方基础设施同样不容乐观，交通基础设施基本还是苏联时期建设的，俄罗斯独立以来基本在基础设施建设方面没有进展，而俄东部地区的基础设施情况则更为糟糕。根据公开的统计数据，远东地区是俄罗斯公路、铁路网络密度最稀疏的地区，公路方面每1万平方公里只有6.1公里，铁路每1万平方公里为13公里。俄罗斯在近年来的多次国情咨文中，将发展西伯利亚和远东定位为俄罗斯21世纪的发展方向和俄罗斯整个21世纪的优先目标②。可见，俄罗斯推进中蒙俄经济走廊建设，其主要战略意图是振兴东部地区经济社会发展。然而，更为严重的是俄罗斯东部地区的交通运输港口配套设施及物流信息管理系统陈旧且供给不足，已经事实上阻碍了中蒙俄交通经济带实质性合作的推进。中蒙俄经济走廊是以基础设施建设为基础的，两国的落后状态带来的高运输成本必然会阻碍中蒙俄经济走廊的建设。

（三）资金短缺及边境口岸带动效应问题一直未能解决③

俄罗斯与蒙古国是严重资本短缺的国家，资本短缺已经严重影响到两国诸多建设项目的实施。不仅如此，在中蒙俄经贸合作中，低端贸易、薄弱的再加工贸易、规模不大的项目投资以及双边贸易投资一体化程度不高等特点突出，特别是边境口岸带动效应问题一直未能解决。上述诸多问题极大地制约了民间企业经贸合作热情。

为了反映中蒙俄边境口岸与口岸城市发展的关系，本书借鉴国内外学者通常使用的相对集中指数 RCI 概念来度量二者的相关性。本书以内蒙古边境口岸与口岸城市为例，利用改进的 RCI 指数分析 2006—2020 年间内蒙古 16 个边境口岸与口岸城市之间发展的带动作用和支撑能力。

1. 内蒙古口岸与口岸城市发展概况

内蒙古地处东北、华北、西北地区，内联八省，外接俄蒙，具有独

---

① 米军、李娜：《中蒙俄经济走廊建设：基础、挑战及路径》，《亚太经济》2018年第5期。
② 米军、李娜：《中蒙俄经济走廊建设：基础、挑战及路径》，《亚太经济》2018年第5期。
③ 本部分在撰写中得到内蒙古社科院李娜助理研究员的协助。

特的区位优势，与蒙古国和俄罗斯的边境线长达 4221 公里，占全国陆地边境线的 19.2%，是向北开放的重要桥头堡，也是"中蒙俄经济走廊"建设的重要组成部分。目前内蒙古共有 16 个经国务院批准的对外开放口岸，其中航空口岸 3 个，铁路口岸 2 个，公路口岸 11 个；对俄罗斯口岸有 4 个，对蒙古国口岸有 9 个。内蒙古口岸所依托的载体城市（旗县、市）呈现东多西少的布局。除航空口岸外，东部口岸城市（旗县、市）包括二连浩特市、东乌珠穆沁旗、阿尔山市、新巴尔虎左旗、新巴尔虎右旗、满洲里市和额尔古纳市；西部口岸城市（旗县、市）（以下统称为口岸城市）包括达尔汗茂名安联合旗、乌拉特中旗和额济纳旗（见表 7-4）。内蒙古口岸城市自古就是草原丝绸之路的重要节点，东部口岸城市连接俄罗斯、蒙古国及欧洲腹地，是亚欧大通道的重要平台和组成部分；西部口岸城市与宁夏、青海和新疆相连，为沙漠丝绸之路即传统丝绸之路提供重要支撑和保障[①]。随着"一带一路"倡议的稳步推进，内蒙古口岸城市的经济发展和人民生活水平不断提高，各项功能正在逐步完善，对口岸的支撑作用逐渐增强。内蒙古边境口岸与口岸城市都呈现出良好的发展局面，但是，口岸与口岸城市的发展是否达到平衡状态，口岸与城市的相互依赖程度是否超出了现有的范围，这些问题仍需具体进行分析与评定。

表 7-4　　　　　　　　内蒙古陆运边境口岸统计表

口岸名称	口岸类型	口岸等级	口岸所在旗县市	接壤边境
满洲里	公路、铁路	一类	满洲里市	俄罗斯
二连浩特	公路、铁路	一类	二连浩特市	蒙古国
甘其毛都	公路	一类	乌拉特中旗	蒙古国
策克	公路	一类	额济纳旗	蒙古国
珠恩嘎达布其	公路	一类	东乌珠穆沁旗	蒙古国
黑山头	公路	一类	额尔古纳市	俄罗斯

---

① 马永真、梅园：《构建"草原丝绸之路经济带的若干思考"》，《内蒙古社会科学》（汉文版）2014 年第 11 期。

续表

口岸名称	口岸类型	口岸等级	口岸所在旗县市	接壤边境
室韦	公路	一类	额尔古纳市	俄罗斯
满都拉	公路	二类	包头达茂旗	蒙古国
额布都格	公路	二类	新巴尔虎左旗	蒙古国
阿日哈沙特	公路	一类	新巴尔虎右旗	蒙古国
阿尔山	公路	二类	阿尔山市	蒙古国

资料来源：根据内蒙古自治区电子口岸网站资料整理。

2. 内蒙古边境口岸与口岸城市的关系评价

本书引入相对集中指数 RCI（Relative Concentration Index）的概念对内蒙古边境口岸与口岸城市发展的关系进行评价。RCI 指数是由 Vallega 在 1979 年提出并用以分析地中海地区的港口和与之关联的居民点之间的组织关系[①]，之后逐渐被应用于港口与港口城市之间的关系研究。其公式如下：

$$RCI = \left(\frac{T_i}{\sum_{i=1}^{n} T_i}\right) \Big/ \left(\frac{P_i}{\sum_{i=1}^{n} P_i}\right)$$

其中，T_i 表示第 i 个港口的货物吞吐量，$\sum_{i=1}^{n} T_i$ 表示研究区域所有港口的货物吞吐量；P_i 表示第 i 个港口城市的总人口，$\sum_{i=1}^{n} P_i$ 表示研究区域所有港口的总人口。

近几年来，相对集中指数被广泛使用在研究口岸与口岸城市的相关关系中，本书在借鉴国内外学者相关研究的基础上，根据内蒙古边境口岸和口岸城市的发展现状，采用改进的 RCI 指标对内蒙古边境口岸及口岸城市发展进行定量评判。在口岸发展水平主要综合考虑口岸进出口货运量和出入境人员，口岸城市发展水平主要考虑通过城市经济、社会等

---

① 姜丽丽等：《港口与城市规模关系的评价与比较——以辽宁省港口城市为例》，《地理科学》2011 年第 12 期。

多个方面的指标来反映，具体指标见表7-5。

表7-5　　　　口岸与口岸城市发展关系评价指标体系

X_1：口岸发展水平	Y_2：口岸城市发展水平
T_{i1}：进出口货运量（万吨） T_{i2}：出入境人员（万人）	P_{i1}：年末总人口（万人） P_{i2}：GDP总量（万元） P_{i3}：全社会固定资产投资（万元） P_{i4}：社会消费品零售总额（元）

改进后的RCI指数公式如下：

$$X_1 = (T_{i1}/\sum T_1)W_{T1} + (T_{i2}/\sum T_2)W_{T2}$$

$$Y_2 = (P_{i1}/\sum P_1)W_{P1} + (P_{i2}/\sum P_2)W_{P2} + (P_{i3}/\sum P_3)W_{P3} + (P_{i4}/\sum P_4)W_{P4}$$

$$RCI' = X_1/Y_2$$

式中W_{ij}表示各项指标的权重系数。由于主观赋权法存在很大的随机性和不确定性，故本书采取客观赋权法中的熵值法计算上式各项指标的权重值。

本书的研究区域为内蒙古陆运边境口岸及其所在的旗县市。剔除外贸货运量为零的阿尔山口岸，合并公路、铁路并举的满洲里和二连浩特口岸数据。同样，由于黑山头和室韦口岸的载体城市均属于额尔古纳市，故在计算额尔古纳市的RCI'值时，也需将黑山头和室韦口岸的数据进行合并。因此，本书的研究范围调整至10个边境口岸和其所在的9个口岸城市。本书的数据主要来自2006—2020年《中国口岸统计年鉴》《内蒙古统计年鉴》，数据时间段为15年。

对内蒙古2006—2020年各边境口岸与口岸城市RCI的实证研究见表7-6。

表7-6 2006—2020年内蒙古各边境口岸与口岸城市RCI值指数

年份	满洲里	二连浩特	额尔古纳（室韦）	乌拉特中旗（甘其毛都）	额济纳旗（策克）	东乌珠穆沁旗	达茂旗（满都拉）	新巴尔虎左旗	新巴尔虎右旗
2006	1.34	6.39	0.06	0.30	1.99	0.04	0.03	0.07	0.13
2007	2.11	3.94	0.08	0.32	0.60	0.06	0.02	0.09	0.14
2008	1.94	4.30	0.12	0.40	0.97	0.10	0.02	0.06	0.11
2009	1.78	4.67	0.15	0.38	1.79	0.12	0.03	0.10	0.13
2010	1.66	4.18	0.40	0.80	2.62	0.07	0.03	0.03	0.11
2011	1.37	4.56	0.15	0.91	2.83	0.11	0.04	0.05	0.10
2012	1.44	4.43	0.18	0.95	2.08	0.14	0.07	0.05	0.12
2013	1.53	4.56	0.23	0.82	1.47	0.15	0.04	0.05	0.12
2014	1.44	4.30	0.25	0.98	1.60	0.17	0.03	0.14	0.13
2015	1.40	4.36	0.29	0.71	1.95	0.19	0.06	0.31	0.21
2016	1.26	3.91	0.11	1.07	2.15	0.17	0.08	0.31	0.23
2017	1.25	3.58	0.12	1.38	1.71	0.21	0.11	0.32	0.19
2018	1.11	3.24	0.03	1.38	0.93	0.18	0.21	0.22	0.28
2019	1.09	3.10	0.03	1.58	0.87	0.16	0.22	0.27	0.31
2020	0.99	2.55	0.01	1.94	1.56	0.10	0.11	0.27	0.07

资料来源：根据各年度《中国口岸统计年鉴》和《内蒙古统计年鉴》计算所得。

对于二连浩特，2017年RCI值为3.58，2020年降为2.55；对于满洲里，2017年RCI值为1.25，2020年为0.99；对于达茂旗，2017年和2020年RCI值为0.11；对于额尔古纳，2017年为0.12，2020年降为0.01。根据国内外相关学者研究结论，若RCI=1，则表示口岸与口岸城市发展的关系相对均衡；若RCI>1，则表示该口岸的口岸功能大于城市功能，RCI值越大，口岸对城市的拉动作用越强，同时也说明城市现有功能对城市发展的贡献越小，城市发展对口岸功能的依赖程度越大，需进一步完善城市功能；若RCI<1，则表示口岸的功能弱于城市的功能，且RCI值越小，口岸对城市的拉动作用越弱，城市其他功能对城市发展的贡

献越强，城市对口岸的依赖程度也越小[1]。按照这个标准，可初步得出，满洲里岸城关系相对均衡；二连浩特口岸功能非常突出，城市与口岸明显不均衡发展；进入2020年策克口岸和甘其毛都口岸功能也明显增强，其他大多数城市的口岸功能大大弱于城市功能。

按照Ducruet[2]、陈航等人利用RCI指数对港口城市类型的界定，本书基于改进的RCI模型对口岸城市划分为一般内陆城市、边境口岸城市、典型口岸城市、门户口岸城市和枢纽口岸城市5种类型（见表7-7）。需要说明的是，虽然本书运用改进的RCI指数评价口岸与口岸城市之间的关系，但其内涵和意义并没有改变，因此评价结果同样适用于RCI指数的基本原理和Ducruet所提出的界定方法。

表7-7　　　　　　　　基于RCI′的口岸城市类型

口岸类型	RCI′值范围	口岸城市特征
一般内陆城市	RCI′<0.33	城市功能明显高于口岸功能，岸城关系较弱，城市发展对口岸的依赖程度很低，发展模式与内陆城市相似。
边境口岸城市	0.33≤RCI′<0.75	城市功能大于口岸功能，城市自身功能比较完善，对口岸发展有一定的促进作用。
典型口岸城市	0.75≤RCI′≤1.25	岸城关系属于理想的均衡状态。口岸与城市发展互为依托、相互促进，具有明显的口岸城市特征。
门户口岸城市	1.25<RCI′≤3	口岸功能大于城市功能，口岸发展对城市的带动作用较强，城市发展对口岸有一定的依赖性。
枢纽口岸城市	RCI′>3	口岸功能显著高于城市功能，岸城关系松散，城市无法对口岸发展形成有效的支撑作用，对口岸的依赖性极强。

分别将2017年和2020年内蒙古边境口岸城市的RCI′指数表7-6与表7-7所示的判定标准进行对比，结果显示：2017年内蒙古边境口岸城市可划分为枢纽口岸城市（二连浩特）、门户口岸城市（乌拉特中旗、额

---

[1]　王亚丰、李富祥等：《基于RCI的中国东北沿边口岸与口岸城市关系研究》，《现代城市研究》2014年第7期。

[2]　Ducruet C., Lee Sungwoo, "Frontline Soldiers of Globalization: Port-City Evolution And Regional Completion", *GeoJournal*, 2006, 67 (2), pp. 107-122.

济纳旗)、典型口岸城市(满洲里),其余大多数为一般内陆城市(如额尔古纳、东乌珠穆沁旗、达茂旗、新巴尔虎左旗、新巴尔虎右旗)四种类型。2020年相比2017年,二连浩特已经由枢纽口岸城市降为门户口岸城市;满洲里依然是典型口岸城市,其他口岸城市的类型没有变化。

二连浩特市是对中国对蒙古国最大口岸城市,尽管近几年由唯一的枢纽口岸城市(2017年)降为门户口岸城市,从指标对比看,仍然说明口岸发展水平远超过城市发展水平,口岸与城市发展整体的协同度较低,城市经济的发展基本上是由口岸带动的,一旦口岸经济出现疲软,城市发展必定会受到重大影响。当前,二连浩特已成为中国对蒙古国开放最大的陆路口岸,从2011年开始,口岸进出口货运量已达千万吨以上,并以每年8%左右的速度递增。但从城市发展的角度来看,二连浩特市现有的城市发展水平无法为口岸发展提供足够的支撑作用,原因在于:一是城市基础设施建设与公共服务设施建设落后,与国家全面对外开放格局战略的要求不匹配;二是流动人口较少,难以形成发达的商贸流通格局和产业组织多样化的需求;三是产业结构稳定性较差,如2015年二连浩特市的产业结构为1.7∶25.7∶72.6,已达到发达地区的产业结构形态,但是城市实际发展水平并非如此。第三产业所占比例较高并不是由第一、第二产业的支撑下发展起来的,而是由于口岸发展的特殊地位所致,城市经济容易受到口岸发展的牵制[①]。

满洲里2015年为门户口岸城市,2016—2017年已经逐步转向典型口岸城市。满洲里是中国最大的对俄口岸,承担着中俄贸易65%以上的陆路运输任务,与俄罗斯远东工业中心之一的赤塔及蒙古国的乔巴山构成了"黄金三角",在中蒙俄经济走廊建设中实现跨境区域合作具有极为重要的战略地位。目前,经由满洲里口岸进口的货物流向全国29个省、自治区和直辖市。与其他口岸城市相比,满洲里市的RCI′指数值更加接近于城市与口岸协调发展的均衡状态。城市发展的各项指标在内蒙古边境城市中处于较高水平,对口岸的依赖程度与枢纽口岸城市相比有所降低,但还未达到口岸与城市发展相互促进的非常理想状态,因此,在今后的

---

① 张丽君等:《口岸发展对边境口岸城镇发展影响实证研究——以二连浩特为例》,《中央民族大学学报》(哲学社会科学版)2016年第1期。

城市建设中，应将重点放在完善城市功能和提高城市区域影响力方面。

从2017—2020年数据上来看，乌拉特中旗、额济纳旗为门户口岸城市。作为门户口岸城市，口岸的发展略快于口岸城市发展，对城市的带动作用较强。内蒙古其余口岸城市为一般内陆城市包括6个口岸，分别为珠恩嘎达布其、黑山头、室韦、满都拉、额布都格和阿日哈沙特。属于这一类型的口岸城市，城市的功能明显强于口岸的功能，城市发展基本不以口岸为依托，发展轨迹与内陆地区城市相似。

通常情况下 $1.25 \geqslant RCI \geqslant 0.75$，意味着口岸与城市发展互为依托、相互促进，岸城关系属于理想状态，其他情况大都表明岸城关系松散。根据这个标准，目前2020年只有满洲里的岸城关系越来越趋于和谐，在2019年满洲里和额济纳旗符合理想状态，其他绝大多数的内蒙古边境口岸与口岸城市发展的关系总体上处于不平衡状态。实证研究结果表明：第一，中蒙俄边境口岸的口岸地位过于突出，没有对城市经济发展起到明显的带动作用或带动作用很低，"过货化"现象较为明显；第二，口岸所在城市的产业基础比较薄弱，没有基于口岸区位条件来发展特色产业或产业集群；第三，属于内陆型城市的口岸没有真正发挥作用，对口岸城市发展的贡献较低。目前，尽管满洲里和二连浩特分别是中国最大的对俄和对蒙陆路口岸，然而这些边境口岸同样存在的问题是口岸功能突出，对当地辐射带动作用弱，同时口岸所在城市发展水平无法为口岸发展提供足够的支撑作用，从而没有形成口岸与城市经济发展相互促进且协同发展的状态。因此，如果不提升边境口岸——城市整体协同经济带建设，必将会影响中蒙俄经济走廊经贸合作的积极性和口岸服务质量的提升[①]。

三 高度警惕认同风险及社会治安方面的潜在威胁

蒙、俄两国社会治安问题和媒体频繁炒作"中国威胁论"等偏见报道是中蒙俄经济走廊社会风险的主要表现。首先重点分析话语认同风险。由于历史的演变和一些现实的原因，中蒙、中俄之间存在着认知和信任

---

① 米军、李娜：《中蒙俄经济走廊建设：基础、挑战及路径》，《亚太经济》2018年第5期。

程度不高的问题。三国人民彼此之间存在误解与偏见，而民众之间的理解程度决定了国家关系的深度和可靠度①。我们除了要高度警惕中国境内的部分群体离间中俄关系的偏见倾向外，还要重点关注蒙、俄两国存在的对华认同风险。随着中国经济实力和国家综合国力的不断增强，俄蒙社会一度对中国产生抵抗情绪。蒙俄国内存在严重的民族主义问题。诸如"经济资源民族主义"威胁、对中国的担忧除领土诉求担忧和人口扩张外，21世纪以来对粮食、能源和生态安全、金融等方面的问题更加关心。特别是部分媒体在涉华问题叙述上的偏见和负面报道，以及频繁炒作"中国威胁论"，降低当地民众对中国的认同感和友好度。长期以来正是政治和安全上的顾虑削弱了该地区对交通基础设施建设的投资。因此，需要警惕蒙古国和俄罗斯一些个人和组织利用环境问题、民族宗教隔阂问题以及历史等问题，把话语认同这种隐性风险转化成社会显性风险，即进行专门针对华人和中资企业的歧视性行为，甚至发动包括反华、排华运动。

（一）"中国威胁论"等负面话语短时间难以消解

1. "中国威胁论"等涉华负面认知在蒙古国和俄罗斯仍具有一定市场

根据对蒙古国民众的调查，超60%的受访者表示其收到的有关中国的消息大多是负面的，23%左右的受访者认为其收到的信息是中性的，而只有不到10%的人表示他们收到的消息大多是正面的。在这其中69%的受访者选择了脸书（Facebook）和其他社交媒体作为信息获取的主要来源，随后才是电视和网站②。但是，脸书上有关涉华信息的观点大部分具有民族主义色彩。例如拥有数十万粉丝的DMNN就定期发布中国公司在蒙古国的活动信息，特别是在矿业和建筑业，敦促蒙古国人民以保护环境、经济和主权的名义驱逐中国公司和公民。除网络社交媒体外，蒙其他部分媒体也曾借中国在蒙劳务人员因劳资纠纷问题围堵中国驻蒙使馆

---

① 西仁塔娜：《国际关系归因理论的发展与评析》，《理论界》2014年第7期。
② 安荷雅：《公众对中国在蒙古国投资的看法：探索性研究》，清华大学2018年版，第36页，https://www.researchgate.net/publication/327646936_Public_Perception_of_Chinese_Investment_in_Mongolia，2021年4月2日。

事件进行负面报道，损害中国在蒙中国人员形象；对少数中国企业在蒙从事矿业的过程中未按规定履行相关环保措施造成污染问题进行大肆报道，以点概面，对在蒙中资企业整体形象造成负面影响等。这种负面的报道，极易引发针对中国公司和公民的暴力事件。近年来，随着中企和中国公民赴蒙古国从事商务活动、旅游和学习的人员数量不断增加，针对中资企业和公民的暴力犯罪问题有所凸显，特别是诸如白色纳粹十字（Tsagaan Khas）和达亚尔（Dayar Mongol）等排华、反华组织，经常进行针对中国公民和中资企业的盗窃和抢劫活动。另外，俄学者拉琳娜对生活在太平洋彼岸的俄罗斯居民进行了调查，分析表明大约有15%的俄罗斯居民完全不信任中国，24%的受访者并不完全信任中国，同时有71%的调查者认为存在"中国威胁"，中国是对俄罗斯产生威胁的第二大国家[①]。由此可见，中俄之间民间信任程度并不高，对于相互理解和相互信任的加强还需要进一步地努力。总而言之，由"中国威胁论"衍生出来的诸多问题共同构成了中蒙俄经济走廊高质量发展的阻碍因素，不利于中国与蒙俄两国之间增强政治互信和经贸互利合作。

值得一提的是，蒙古国涉华的负面舆论在政治选举期尤为突出，不时流露出反华情节，意图通过推动反华情绪达到捞取政治资本的目的。蒙古国政客为了捞取政治资本，经常抹黑中国，到选举时将反华言行作为自己竞选的工具捞取选票，这些也在一定程度上破坏了中蒙两国之间友好合作的和谐氛围，造成对外政治生态的严重恶化。例如，2017年时任总统巴图勒嘎为了竞选的需要，大肆制造"中国威胁论"，不仅对蒙古国自身发展形成不利影响，也使得中蒙双边合作停滞，第四次中俄蒙领导人多边会晤中断，导致中蒙俄经济走廊规划难以顺利推进落实。[②] 例如，每逢重大政治选举或宗教活动，政治人物采用推高反华情绪赢得选民支持的手段屡见不鲜，中资企业的投资也很容易成为当地政治人物和政治团体解释国内失业率增高的借口进而蓄意挑起反华情绪。据《外交学人》（The Dipomat）报道，蒙古国2017年总统大选期间，巴特图勒嘎

[①] 拉琳娜·Л、邹秀婷：《公众舆论认知中的现代中国和俄罗斯——中俄关系：太平洋沿岸俄罗斯居民的观点》，《西伯利亚研究》2015年第42卷第1期。

[②] 孙壮志：《上合组织框架下的中俄蒙次区域合作》，《北方经济》2018年第1期。

（Khaltmaa Battulga）多次提到中国是来自东方的"威胁"，他还打出了民族牌，暗示其竞选对手是中蒙混血而非真正的蒙古国之子。此外，巴特图勒嘎在 2014 年的一次电视采访中还声称："40 到 50 年之后蒙古国的资源将消耗殆尽，届时蒙、中两国必然会引发冲突矛盾。"① 巴特图勒嘎通过煽动蒙古国公众的反华情绪来进行的民粹主义总统竞选活动，在短期内来看能够迅速达成政治目的，但长期来看这无异于饮鸩止渴，可能引发民粹主义绑架政治的后果，造成蒙古国国内政治稳定失衡，甚至有导致社会失序的可能性。

2. "中国威胁论"的基本动因

"中国威胁论"是西方对中国负面叙述主题中最受关注的一点，关于"中国威胁论"的各种版本在历史上层出不穷。例如，"黄祸论"出现在 19 世纪末 20 世纪初，"红色威胁"出现在中华人民共和国成立初期，还有随着近年来中国军事和经济实力的逐渐强大，"妖魔化"中国的宣传又沉渣泛起。西方国家极力渲染的"中国威胁论"配合东道国媒体和个人的虚假报道，不仅抹黑中国国际形象，增加国际社会对中国的怀疑和不认同感，恶化同周边国家的政治、经济、社会交流合作环境，而且增加中国同其他国家的经济摩擦，让中国不得不面临更加复杂多变的国际环境和承受更多的外部压力。

目前，蒙、俄国内部分群体炒作"中国威胁论"的根本原因主要在以下几方面。

（1）三国文化和历史观差异较大

各国的历史发展道路、文化背景、经济社会发展水平、民族习惯和生产生活方式等因素，必定会形成较大的文化差异和不同的历史观取向，这些差异性不利于统一价值观的形成，影响其国民的思维模式和行为方式。中蒙俄三国在民族、语言文化、信仰、政治制度和社会形态等方面存在较大的差异。在文化方面，中国崇尚儒释道合一，倡导自然与人性的统一，承认多元文化，包容性强，倡导和合、大一统的天下史观，强

---

① Gao C. After Anti-China Campaign Rhetoric, "Mongolia's President Congratulates China on National Day", The Diplomat, https：//thediplomat.com/2017/10/after-anti-china-campaign-rhetoric-mongolias-president-congratulates-china-on-national-day/（2017 – 10 – 03）.

调儒家仁义道德的伦理性文化。蒙古国以长生天与成吉思汗祖先为代表，信奉萨满教和藏传佛教，以民族文化为主体。近年来，中蒙两国在宗教问题上的矛盾严重影响了两国之间的友好往来。佛教是蒙古国文化的最重要组成部分，并在蒙古国宗教界居主导地位，无论在历史上还是今天的蒙古国内都发挥着重要的团结和稳定民众的作用。正因为如此，蒙古国传统宗教很容易与达赖喇嘛的关系联系起来，处理不妥当就容易恶化蒙古国政治文化生态环境，对中蒙两国关系产生较大的负面影响。中蒙民族文化认知差异导致两国民间关系并不像两国官方关系那样友好。从历史观因素上来看，中蒙民众对共有的历史存在很大争议，如两国民众中间存在的对成吉思汗的归属之争，中国人将成吉思汗视为民族英雄，这一看法无法得到蒙古国多数民众认可和理解。2006 年，中国驻蒙前大使高树茂出于淡化历史、搁置争议、共同发展的考虑，提出了"成吉思汗是你们的，也是我们的，既然我们都是成吉思汗的子孙，就要共同发展"的看法，结果在蒙古国媒体和民间掀起较大的反对抗议之声。还比如，中国史学界则一直强调元朝是中国历代封建王朝序列中的一个组成部分，但蒙古国并不认同其曾是中国的一部分的历史观点，甚至把中国认为是曾经的侵略者而加以批判，由此蒙古国社会上下对于与中国的历史渊源存在着并不成熟的历史观，使得蒙古国对中国仍有种种猜忌和担心；同时，在历史上，蒙古国长时间依附于苏联，受到苏联反华的宣传，形成的对华疑虑和敌意难以在短时间内消除。从苏联军队进驻中蒙边境以来，苏联一直打着保护蒙古国的幌子，不断向蒙古国灌输"中国威胁论"，致使蒙古国一直担心中国强大以后"收复失地"，这种偏颇、狭隘的思想一直都在影响着蒙古国的内政外交和与中国的双边关系。总之，中蒙双方在多方面的认知上存在巨大差异，如价值观（财富观、苦乐观）方面的差异，民族文化认同的差异，宗教信仰差异等，因此要警惕文化认同隐性风险转化为显性社会风险。另外，对俄罗斯来说，由于横跨欧亚大陆，东西方文化的相互交融构成了兼具东西方基因、矛盾又统一的二元性文化，[①] 俄罗斯信仰东正教，带有宗教性的东西方文化色彩，表明

---

① 佟景洋等：《"一带一路"视域下中蒙俄经贸发展》，社会科学文献出版社 2019 年版，第 203 页。

其与中国文化距离较远。

（2）蒙俄对来自中国方面安全的担忧是负面话语叙述扩散传播重要因素

其一，蒙古国内滋生的多数安全困境和压力都与其对中国的负面的想象有关。从现实角度上来看，蒙古国对于中国经济快速增长心态矛盾，既想搭车又怕受牵制。进入21世纪以来，随着中国综合国力的显著增强，蒙古国调整对华战略，于2011年将中蒙两国关系升级为战略伙伴关系，两国在多领域的合作不断深化，其中在经贸领域中国连续十几年成为蒙古国最大的贸易伙伴和最大的投资来源国，但这也同时引起了一些蒙古国民众对过度依赖中国是否会受制于中国的担心。在蒙古国报纸及网络评论中，经常可以看到很多蒙古人对中国存在比较偏激的看法，认为中国帮助蒙古国是有目的的，对中国国有矿业公司对蒙古国投资抱有十分强烈的怀疑。有学者指出，蒙古国对于中国的长久恐惧和不安，担心中国会试图再次占领蒙古国的心态，使得中蒙间关系充满忧虑。[1] 目前蒙古国的反华情绪往往是通过自然资源、矿产开采和生态等棱镜来解读的。[2] 由于中国对蒙古国直接投资大量集中在资源或能源类行业，在中国收购类似采矿权等时极易引发蒙古国对本国经济稳定、主权领土的担忧，这种担忧经过媒体话语的放大后，或多或少地令蒙古国政府和人民加深关于"中国威胁论"的"可信度"。其二，俄罗斯对华经贸合作立场一直具有两面性。存在既想借助中国力量发展振兴远东地区，又担心中国人力和资本大规模进入会损害其国家利益的矛盾。虽然中俄已成功通过和平协商谈判解决所有边界问题，但由于远东地区的历史就是"沙俄侵华史"与"中俄对峙史"的交织，领土合法性问题一直是远东俄罗斯人沉重的心理负担，因此担心有"失去远东"的危险和担心中国国力增强后会挤占俄罗斯的地缘政治生存空间。例如，2021年3月21日，俄远东哈巴罗夫斯克地区90%的当地投票者反对在该地建设由中国主导的甲

---

[1] Copeland H. Separation And Sinophobia, "Fear And Collaboration Between China And Mongolia", The Politic, https：//thepolitic.org/separation-and-sinophobia-fear-and-collaboration-between-china-and-mongolia/（2018－10－08）.

[2] Billé F. Sinophobia：*Anxiety*，*Violence*，*And The Making of Mongolian Identity*，Honolulu：University of Hawaii Press, 2014, p. 3.

醇项目，当地民众解释反对的原因是担心外国人，主要是中国人可能会占领其领土。①

（3）蒙俄民粹主义和民族主义相互交织带来的风险挑战不容忽视

蒙、俄一些政治团体基于政治、经济因素考虑，借环保问题经常掀起指向中国的"经济民族主义"风潮，这种民族主义思想不利于推动三国合作的开展，给中国的投资安全带来较大风险。进入21世纪以来，受全球化影响的蒙古国内甚至滋生出一定的极端民族主义思潮，反俄、反华的民族主义思想不断泛起涟漪。近十多年来，蒙古国民粹主义倾向凸显，政府在对外合作中，打着捍卫本国利益旗号，走迎合民众的带着很强民族主义倾向的民粹主义路线，这在矿产资源领域对外政策表现得尤为显著。上述表现都对中蒙俄经济走廊建设带来巨大挑战。

（二）蒙古国和俄罗斯国内社会治安风险较高

改革开放以来，中国不仅保持长期经济高速增长奇迹，而且也创造了长期社会稳定的奇迹。相比中国，蒙、俄两国社会治安水平都不尽如人意，安全事件频频发生。其一，蒙古国经济发展不均衡不稳定的问题和国民普遍崇尚饮酒的风气导致其犯罪率居高不下，社会治安状况恶劣，在蒙中国公民和企业的人身及财产安全难以保障，盗窃抢劫和人身攻击事件时有发生。一方面，虽然蒙古国近年来经济状况有所好转，但总体经济发展情况仍不乐观，社会财富分配不均，两极分化更加严重，青年人失业率较高，导致诸多社会问题和矛盾难以有效调和，直接影响到社会治安状况；另一方面，蒙古国民众普遍尚酒，人均酒精摄入量较高，因醉酒后引发的犯罪案件频发且难以杜绝，社会治安状况较差。近年来，随着在蒙从事商务活动、旅游和学习的外国人数量不断增加，针对外国人的盗窃、抢劫、诈骗活动的犯罪事件也随之攀升。据蒙古国警察部门统计，2019年蒙古国共发生各类刑事案件36220起，同比上升12.3%。②虽然新冠疫情暴发以来，蒙古国境内暂未发现特别针对华人和中资企业

---

① Коммерсантъ, "На Референдуме в Хабаровском Крае Не Поддержали Китайский Мегапроект По Производству Метанола", https://www.kommersant.ru/doc/4750177（2021 - 03 - 21）.

② 商务部：《对外投资合作国别（地区）指南，蒙古国（2020年版）》2020年12月，http://www.mofcom.gov.cn/dl/gbdqzn/upload/mengguguo.pdf，2021年5月10日。

大规模有组织的极端行为事件,但仍需警惕诸如"白色纳粹十字"(Tsagaan Khas)和"达亚尔"(Dayar Mongol)等排华、反华的激进组织煽动仇外思想和专门针对中资企业和中国公民的打砸抢盗等犯罪行为。其二,俄罗斯治安问题突出,难以完全保障包括中国在内的海外公司和外国人的人身及财产安全。首先,俄罗斯涉黑组织规模和数量庞大,同时呈现出向政治、经济领域渗透的趋势。据统计,俄罗斯黑社会在不同程度上控制了全国约 4 万家公司和银行。[1] 其次,由于民族宗教问题和极端主义思想的存在,俄罗斯的恐怖主义事件屡禁不止,给当地民众和海外投资者的安全构成了严重威胁。

四 走廊建设受自然环境风险与公共卫生突发事件影响

中蒙俄经济走廊易受自然环境风险与公共卫生突发事件的影响。一方面,经济走廊高质量发展受自然环境状况及有关国家标准的约束。蒙古国生态脆弱敏感,环境承载力有限,面临极端天气事件、生物多样性、土地荒漠化、水资源和空气污染等方面面临严峻挑战。俄罗斯则因环境规制严苛,使企业在投资经营过程中需要考虑环境保护、污染物处理、可持续发展等问题,否则将承受高昂的违法代价,导致企业面临的自然环境风险上升。另外,中蒙俄经济走廊沿线国家总体上存在着公共医疗服务不足问题,一旦出现公共卫生突发事件的蔓延,将对经济走廊的高质量发展带来较大的风险挑战。

(一)自然环境状况及相关规制标准的约束

经济走廊高质量发展受自然环境状况及有关国家标准的约束。中国与蒙、俄边境毗邻的省份生态环境系统脆弱,位于冻土和沙漠化影响区域。根据董锁成等[2]研究,内蒙古呼伦贝尔市南部以及黑龙江省为冻土高风险地区,内蒙古呼伦贝尔中部—黑龙江省的西北部为冻土中风险地带,意味着该区域极易受突发性地质灾害影响。由于上述冻土影响区域与俄

---

[1] 中国网:《一带一路投资政治风险研究之俄罗斯》2015 年 5 月 13 日,http://www.china.com.cn/opinion/think/2015-05/13/content_35556030.htm,2021 年 5 月 10 日。

[2] 董锁成、李懿珈、李富佳等:《中蒙俄经济走廊交通及管线建设的生态风险区划及对策研究》,《中国科学院院刊》2021 年第 2 期。

罗斯接壤，因而对中俄跨境铁路、公路和油气管道施工项目的安全也构成潜在威胁。就沙漠化而言，虽然二连浩特东部和南部地区为中风险地区，但是，经过中国政府和人民生态修复工程，内蒙古呼和浩特、乌兰察布和锡林郭勒等重点治理地区植被面积恢复显著，生态环境趋于良好，沙漠化风险降低，表明中国生态修复工程取得了显著成效。

然而，蒙古国已是世界上最容易发生灾害的国家之一，其面临的环境风险十分严峻，不容忽视。基于世界经济论坛《2020年全球风险报告》的环境风险框架，① 蒙古国在极端天气事件，生物多样性，土地荒漠化、水资源和空气污染等方面面临严峻挑战。第一，蒙古国独特的地理位置、恶劣的气候以及该国农村人口对畜牧业的依赖，使其易受气候变化的影响，尤其是近年来蒙古国极端天气事件频发。有学者指出，蒙古国的畜牧业极易受到气候变化的影响，极端气候严冬是导致牲畜大量死亡的首要因素。② 蒙古国游牧民也普遍认为近年来严冬发生的频率越来越高，而且似乎越来越严重。③ 根据蒙古国统计局的数据，2018年蒙古国的严冬灾害已致70多万头牲畜死亡，是2011年以来死亡数最多的一年。④ 2020年1月2日，据蒙古国国家气象和环境监测局2020年卫星数据，该国50%以上的地区面临严冬的风险，25%的地区处于中度风险。⑤ 第二，蒙古国的非法狩猎和野生动物贸易在一定程度上对保持生物多样性构成了威胁，破坏了生态平衡的稳定性。伦敦动物协会于2005年和2018年发布的报告均显示蒙古国非法捕杀野生动物的现象并未改善。⑥ 第三，

---

① World Economic Forum, "The Global Risks Report 2020", http：//www3. weforum. org/docs/WEF_Global_Risk_Report_2020. pdf（2020 – 01 – 15）.

② Rao M. P., et al. Dzuds, "Droughts, and Livestock Mortality in Mongolia", *Environmental Research Letters*, 2015, No. 4, p. 10.

③ Michelle Z. D., "The Dangers of Dzud, Mongolia's Lethal Winters", National Geographic, https：//www. nationalgeographic. com/photography/proof/2018/04/extreme-winter-mongolia-dzud-environment-science/（2018 – 04 – 27）.

④ Davaasharav M., "Mongolian Winter 'Dzud' Kills 700000 Head of Livestock", Reuters, https：//www. reuters. com/article/us-mongolia-agriculture/mongolian-winter-dzud-kills-700000-head-of-livestock-idUSKCN1GQ12L（2018 – 03 – 14）.

⑤ Relief Web, "Mongolia: Dzud-Jan 2020", https：//reliefweb. int/disaster/cw-2020-000004-mng.

⑥ Wingard J., et al., Silent Steppe, "Mongolia's Wildlife Trade Crisis, Ten Years Later, Zoological Society of London", Legal Atlas, IRIM, http：//juliahanjanicki. com/portfolio/SilentSteppeII. pdf.

极端天气事件迫使大量农村游牧家庭移居城市,而落后有限的市政基础设施却无法承载如此庞大的城市新移民群体,这加剧了城市的空气污染和水污染问题,产生新的公共健康危机。世界卫生组织的报告指出,涌入城市后居住在"蒙古包"地区的大量农村移民家庭在冬季长时间使用煤炭取暖是造成乌兰巴托空气污染问题加剧的最主要原因,[1]这导致乌兰巴托 PM2.5 曾达到世界卫生组织最高建议水平的 133 倍,[2] 并对当地儿童的健康和国家福祉构成长期巨大的威胁。[3] 此外,因缺乏安全可靠的排水基础设施管网,城市人口增加所带来的大量家庭废水污染外围河流,影响下游居民取水安全,[4] 大幅增加公共卫生风险。最后,数量庞大的山羊导致的过度放牧和气候变化引发的湖泊河流干涸都加剧了蒙古国生态环境的脆弱性,造成荒漠化现象。截至 2020 年年底,蒙古国山羊数量已连续 7 年突破 2000 万头,年末总数高达 2772 万。[5] 相关环境组织调查发现,受过度放牧和气候变化的影响,蒙古国 65% 的草原已经退化。[6] 2021 年 3 月中旬出现在中国北方地区的高强度沙尘暴就源于蒙古国境内,此事件一定程度上反映了环境状况对中蒙高质量建设经济走廊的制约。

俄罗斯环境规制严苛,自然环境风险高。环境规制是指一国和地区在环境保护方面制定的各类法律法规和政策措施等。学者们在评估目标

---

[1] WHO, "Air Pollution in Mongolia", https://www.who.int/bulletin/volumes/97/2/19-020219/en/.

[2] Gardiner B., "Kids Suffer Most in One of Earth's Most Polluted Cities", National Geographic, https://www.nationalgeographic.com/environment/2019/03/mongolia-air-pollution/ (2019-03-26).

[3] Gardiner B., "Kids Suffer Most in One of Earth's Most Polluted Cities", National Geographic, https://www.nationalgeographic.com/environment/2019/03/mongolia-air-pollution/ (2019-03-26).

[4] Theunissen T., "Water Scarcity a Threat to Mongolia's Sustainable Development. The Asia Foundation", https://asiafoundation.org/2014/09/17/water-scarcity-a-threat-to-mongolias-sustainable-development/ (2014-09-17).

[5] National Statistics office of Mongolia, "Number of Livestock, by Type, by Region, Bag, Soum, Aimag and the Capital", https://www.1212.mn/tables.aspx?tbl_id=DT_NSO_1001_021V1&BAG_select_all=0&BAGSingleSelect=_0&TYPE_of_LIVESTOCK_select_all=0&TYPE_of_LIVESTOCKSingleSelect=_0104&YearY_select_all=1&YearYSingleSelect=&viewtype=table (2021-03-01).

[6] Schmitz R., "How Your Cashmere Sweater Is Decimating Mongolia's Grasslands", npr, https://www.npr.org/sections/parallels/2016/12/09/504118819/how-your-cashmere-sweater-is-decimating-mongolias-grasslands (2016-09-09).

国家或地区的环境规制水平时普遍把环境绩效指标或污染治理成本作为其代理变量。① 换句话说，环境绩效水平越高，意味着环境规制越严苛，企业在投资经营过程中所面临的自然环境风险就越高。本书借助耶鲁大学和哥伦比亚大学联合编制的环境绩效指数（Environmental Performance Index，EPI）评估俄罗斯环境规制水平，进而反映俄罗斯的自然风险程度。根据2020年EPI报告，俄罗斯在全球180个对象国家中排名第58位，在12个苏联国家中排名第3位，在农业可持续、空气质量、污染物排放方面排名更加靠前，分别位列全球第26、47、50位，在12个苏联国家中排名第3、1、2位。另外，俄罗斯EPI十年间得分变化呈正向趋势发展，在27个新兴市场国家中排名第14位，高于平均水平。② 总体而言，以上数据表明俄罗斯在环境规制方面的要求较大多数国家而言偏高且正在不断提升，意味着其逐渐重视环境保护问题，环境保护问题也因而成为外商对俄合作面临的重要挑战。

（二）公共医疗服务供给不足

中蒙俄经济走廊沿线国家总体上存在着公共医疗服务不足问题，一旦出现公共卫生突发事件，将对经济走廊的高质量发展带来较大的风险挑战。特别是蒙古国存在着卫生基础设施投入不足、医疗用品主要依赖外国进口、医疗技术水平和设施有待提高和完善、卫生治理体系相对落后、专业医护人员数量不足、公共卫生应急能力脆弱等严重问题。俄罗斯经过改革，公共医疗服务情况有所改善，但还存在着一些亟待解决的问题。首先是医疗资源供应不足问题依然突出，尤其是新医改施行以后，传染病专科医生和病床数量也都显著减少，这不可避免地削弱了俄罗斯医疗系统对大规模流行性疾病患者的收治能力。其次，俄罗斯医疗机构还面临着关键治疗设备老旧失修、无法使用等问题。最后，医护人员和设备等医疗资源分配不均及低效问题突出，许多关键治疗设备集中分布在莫斯科、圣彼得堡等大型城市，其他地区则很少。席卷全球的新冠疫

---

① 杨丽华、薛莹、董晨晨：《"一带一路"背景下中国ODI的行为特征及环境风险表征》，《长沙理工大学学报》（社会科学版）2019年第4期。

② Wendling Z. A., Emerson J W, de Sherbinin A, et al., "2020 Environmental Performance Index", https://epi.yale.edu/downloads/epi2020report20210112.pdf.

情，让我们看到了公共卫生突发事件对中蒙俄经济走廊建设的巨大负面冲击。医疗救治能力的不足、人员隔离及边境的关闭所带来的影响是巨大的。一些合作项目或企业运营因人员流动和跨境商品流动受阻以及供应链断裂而无法正常运行，沿线国家正常经济秩序受到打击，对外投资缩减并出现债务纠纷，由疫情所带来的国际负面舆论破坏中蒙俄经济走廊建设形象。①

五 中资企业在走廊建设中的合规管理风险更为凸显

中蒙俄经济走廊建设进程中，合规风险主要表现在两个方面：一方面，一些中资在部分项目上没有遵循国际通行规则或东道国非国际通行规则，导致项目开工后因 NGO 环保组织或项目所在地民众的抗议和反对而不得不停工或者采取一些临时性的补救措施，这不仅使中资企业经济上遭受巨大损失，而且也使中国海外名声受到一定程度的影响。另一方面，已有的合作规制机制约束力不强，主要停留在会晤或者说是软法约束机制的层面，导致缺乏执行力强的仲裁机构和合理有效的协商规制安排。

（一）中资企业合规意识差②

中资企业在海外投资经营面临的合规风险通常包括商业腐败问题、缺乏环境保护意识、履行社会责任问题、企业资质及财税方面的虚假陈述问题、项目招投标中的舞弊问题等。在中蒙俄经济走廊项目建设进程中，中资企业违反国际通行规则和东道国非国际通行规则的现象时有发

---

① 林跃勤、郑雪平、米军：《重大公共卫生突发事件对"一带一路"的影响与应对》，《南京社会科学》2020 年第 7 期。

② 当然，来自俄罗斯方面的合规风险也不容忽视，如俄罗斯政府及各州的法律、法规易变，给外来投资者和商人带来潜在风险，尤其是俄罗斯的税收政策变化过于频繁，时常会给外国企业带来额外损失。这些都是影响中俄双边经贸合作的重要因素。随着近年来俄罗斯加大打击走私的力度及海关工作效率的提升，双方贸易日益进入规范化的轨道。蒙古国的议会称为国家大呼拉尔，是国家最高权力机关，行使立法权，实行一院制。蒙古国的一院制使这一政策更加不稳定。只要政府发生变化，新政府就必须重新审视上届政府没有执行的法案，这给投资者带来了更大的风险。不仅如此，中国从蒙古国进口矿产品，蒙古国不断提高对中国产品的过境费用，过境费用透明度不高、随意性大，直接为我方企业带来很大的经济风险。这里重点谈中资企业的合规问题。

生，存在跨国交易不合规、企业运营不透明等问题，一些中资企业把不良习惯、不合规思维融入跨国业务，在国际上产生负面影响，出现各种法律纠纷。如近年来中资中小企业对蒙古国煤炭项目的无序开发和环保意识低而引发污染问题时有发生，中国在俄罗斯承租土地引发的违规用地问题，中资企业投资贷款的条件条款不够公开透明，部分资质不足的企业或个体在合作过程中出现了产品质量等问题而引发东道国政府和消费者的不安，这些均属于由于缺少合规意识造成的，不仅产生诸多纠纷，而且对中资企业公共形象和舆论传播都产生了不利影响。此外，中资企业还在履行社会责任方面面临巨大挑战，这主要由两方面原因造成。一是企业社会责任意识淡薄。一些海外中资企业把经济责任完全等同于或基本等同于社会责任，只重视承担提升所在国家的经济发展水平的责任，而忽视了社会责任还包括帮助当地在诸多减贫、卫生、教育、就业等社会公益事业方面的责任。二是履行企业社会责任存在路径依赖。许多中资企业对国内低风险的环境习以为常，习惯性地按国内思维履行社会责任，使用国内的标准或是做法来衡量是否合规。对国际上比较领先的企业责任理念与做法不熟悉，对自身的海外责任、角色缺乏正确分析和界定。这两方面的原因导致了中资企业在履行社会责任方面将面临巨大风险挑战。

（二）合规风险传导性较强

值得警惕的是，在蒙俄两国社会治安环境本身就相当脆弱的情况下，当地某些华人和企业不适宜的举措进一步招致了蒙俄社会的抗议与排斥。例如，企业未能遵守国际通行标准或东道国法律规定进行合规经营，一些突出问题如项目舞弊、商业腐败、缺乏环境保护意识和欠缺履行社会责任等加大了合规风险，推升社会与话语认同风险发生的可能性。这引发蒙古国和俄罗斯一些个人和组织经常利用环境问题、民族宗教隔阂问题以及历史问题，专门进行针对华人和中资企业的歧视性行为，甚至发动反华、排华运动，加剧蒙、俄当地社会风险。鉴于此，中资企业在走廊建设中应高度重视合规管理风险的传导性，警惕因环境破坏、劳资矛盾、未履行社会责任、民族宗教差异等引发的风险挑战问题，因为这些内嵌社会结构中的风险很容易借助"民意"的幌子发挥作用,[①] 这不仅会削弱东道国政府和民众对中资企业的信任基础,而且会损害中国海外形象,从而导致高质量发展难以为继。

第二节 中蒙俄经济走廊安全风险测度与评价

本章通过选取公开可及的数据来构建政治风险、经济风险、社会风险以及自然环境风险 4 个维度的评价指标体系,采用 CRITIC 客观赋权法,对中蒙俄经济走廊辐射的 20 个国家的风险暴露程度进行测度和横向比较评估,重点关注中蒙俄三国整体风险和各风险内部突出问题。

一 安全风险的测度

(一)指标体系与数据来源

在指标体系的构建中,本书采纳公开可及的数据库和相关报告对各风险进行测度,例如,世界银行世界发展指标(WDI)数据库、世界银行全球治理指标(WGI)数据库、国际货币基金组织世界经济展望(WEO)报告、世界经济自由指数(EFW)、环境绩效指数(EPI)数据库。在选取研究对象方面,由于中蒙俄经济走廊可向东通过俄罗斯符拉迪沃斯托克出海口连接日本、韩国,向西沿中欧班列抵达欧洲腹地,形成一条贯通亚欧的北方大通道,因此本书从广义的中蒙俄经济走廊连通国家着手,侧重地缘因素选取具有可得性的重点国家。这些国家包括中国、俄罗斯、蒙古国、韩国、日本、哈萨克斯坦、吉尔吉斯斯坦、白俄罗斯、波兰、斯洛伐克、捷克、塞尔维亚、保加利亚、罗马尼亚、匈牙利、乌克兰、西班牙、希腊、德国、法国,涉及中蒙俄、东北亚、中亚、欧洲 4 个区域(见表 7 - 8)。通过分析以上国家的数据,最终对中蒙俄经济走廊联通国家风险暴露的程度进行测度和横向比较评估,重点关注中蒙俄三国整体风险和各风险内部突出问题。

[①] 杨玲丽、汪伟民:《社会风险对企业海外投资意愿的影响探析——基于"一带一路"沿线国家研究》,《亚太经济》2020 年第 5 期。

表 7-8　　　　　　　　中蒙俄经济走廊主要联通国家

区域	国家	数量
中蒙俄	中国、蒙古国、俄罗斯	3
东北亚	日本、韩国	2
中亚	哈萨克斯坦、吉尔吉斯斯坦	2
欧洲	乌克兰、白俄罗斯、西班牙、波兰、罗马尼亚、捷克、德国、斯洛伐克、匈牙利、保加利亚、希腊、法国、塞尔维亚	13

资料来源：笔者自制。

1. 政治风险

孟凡臣和蒋帆[①]采用世界银行 WGI 中的法治、防治腐败、监管质量三个维度来构建国别政治风险评价指标。张明等[②]在构建政治风险时也吸收了 WGI 的政府效能和法制水平两个指标。周伟等[③]把政治稳定性、政治民主度、政府效能、法制完善度和腐败控制 5 个 WGI 指标纳入分析东道国政治风险中。沈国兵和刘颖洁[④]同样选取世界银行全球治理指标（WGI），从 6 个维度衡量东道国制度质量。本书遵循前人研究思路，参考世界银行全球治理指标 6 个维度构建政治风险。

2. 经济金融风险

张明等[⑤]把 GDP 增速列为评估一国经济基础的指标，外债/GDP、经常账户余额/GDP 和财政余额/GDP 视为反映一国偿债能力的指标。尹美

---

① 孟凡臣、蒋帆：《中国对外直接投资政治风险量化评价研究》，《国际商务研究》2014 年第 5 期。
② 张明、王碧珺：《中国海外投资国家风险评级》（2018），中国社会科学出版社 2018 年版，第 14 页。
③ 周伟、陈昭、吴先明：《中国在"一带一路"OFDI 的国家风险研究：基于 39 个沿线东道国的量化评价》，《世界经济研究》2017 年第 8 期。
④ 沈国兵、刘颖洁：《"一带一路"倡议与东道国制度质量对中国海外直接投资的影响》，上海市社会科学界联合会《中国特色社会主义：实践探索与理论创新——纪念改革开放四十周年》（上海市社会科学界第十六届学术年会文集-2018 年度），上海市社会科学界联合会：上海市社会科学界联合会 2018 年版，第 294 页。
⑤ 张明、王碧珺：《中国海外投资国家风险评级报告》（2018），中国社会科学出版社 2018 年版，第 11 页。

群等[①]和周伟等[②]把汇率波动视为反映金融风险水平的指标。胡俊超和王丹丹[③]把通货膨胀率纳入反映经济风险的重要指标。本书借鉴以上指标构建方案，选取 GDP 增速、汇率波动、通货膨胀率、外债/GDP、经常账户余额/GDP、财政余额/GDP 六大指标，从经济发展水平、经济稳定水平、金融风险水平、外债偿还能力 4 个维度来反映一国总体经济金融风险。其中 GDP 增速衡量经济发展水平；财政余额/GDP、经常账户余额/GDP 和外债/GDP 衡量主权信用水平，即偿债能力；汇率波动衡量金融风险水平；通货膨胀率衡量经济稳定水平。

3. 社会风险

张明等[④]选取社会安全和教育水平作为社会弹性指标，反映影响中国企业海外投资的社会风险因素。刘海猛等[⑤]把失业率纳入反映社会风险的指标。本书在借鉴前人做法的基础上，选取教育水平、社会安全、失业率指标，并增加法制完善度作为构建衡量东道国社会风险的指标。其中教育水平反映社会发展水平，社会安全和失业率衡量社会稳定水平，法制完善度反映法律风险。

4. 自然环境风险

自然环境风险指标借鉴杨丽华等[⑥]的思路，选取环境绩效指数（Environmental Performance Index，EPI）中的卫生及饮用水安全、空气污染、生物多样性和气候变化作为衡量一国自然生态状况的代理变量，进而反映自然环境风险。

综合上面的分析，度量中蒙俄经济走廊安全风险的详细指标见表 7 -

---

① 尹美群、张敏、盛磊等：《"一带一路"背景下海外投资风险》，经济管理出版社 2018 年版，第 62 页。

② 周伟、陈昭、吴先明：《中国在"一带一路"ofDI 的国家风险研究：基于 39 个沿线东道国的量化评价》，《世界经济研究》2017 年第 8 期。

③ 胡俊超、王丹丹：《"一带一路"沿线国家国别风险研究》，《经济问题》2016 年第 5 期。

④ 张明、王碧珺：《中国海外投资国家风险评级报告》（2018），中国社会科学出版社 2018 年版，第 13 页。

⑤ 刘海猛等：《"一带一路"沿线国家政治—经济—社会风险综合评估及防控》，《地理研究》2019 年第 12 期。

⑥ 杨丽华、薛莹、董晨晨：《"一带一路"背景下中国 ODI 的行为特征及环境风险表征》，《长沙理工大学学报》（社会科学版）2019 年第 34 卷第 4 期。

9 关于中蒙俄经济走廊安全风险的主要风险指标说明。

表7-9　　中蒙俄经济走廊安全风险的主要风险指标说明

风险类型	一级指标	指标说明	数据来源	指标类型
政治	政治稳定性	考察一国政府稳定性，-2.5—2.5分，分数越高，政府越稳定	WGI	极大型
	政府效能	衡量一国政府相关服务质量及公信力，-2.5—2.5分，分数越高，政府效能越高	WGI	极大型
	腐败控制	公权力被私人利益行使的程度，-2.5—2.5分，分数越高，政府对腐败的管制力度越大	WGI	极大型
	法制水平	考察一国公民信任并遵守法律法规的程度，-2.5—2.5分，分数越高，法制水平越高	WGI	极大型
	话语权与问责制	衡量一国公民民主政治参与水平，-2.5—2.5分，分数越高，民主问责程度越高	WGI	极大型
	规则质量	衡量一国政府政策制定、执行、监督水平的能力，-2.5—2.5分，分数越高，质量越高	WGI	极大型
经济金融	GDP增速	反映一国经济发展速度	WDI	极大型
	通货膨胀率	反映整个经济体的价格变动率或CPI	WDI	区间型[2%—3%]
	外债/GDP	衡量一国经济发展对债务的依赖水平，国际公认安全线20%	WDI CEIC	极小型
	汇率波动	反映一国汇率年度变动率	WDI	区间型[-2%—2%]
	经常账户余额/GDP	衡量一国经济对出口的依存度	WDI	区间型[0—3%]
	财政余额/GDP	衡量一国财政实力，财政赤字占GDP比例的警戒线为4%	WEO	极大型

续表

风险类型	一级指标	指标说明	数据来源	指标类型
社会	教育水平	考察一国高中入学率	WDI	极大型
	社会安全	用谋杀犯罪率（/10 万人）衡量	UNODC	极小型
	法制完善度	反映法律体系的完整性，0—10 分，分数越高，法律体系越完整	EFW	极大型
	失业率	失业人口/劳动人口	WDI	极小型
自然环境	卫生及饮用水安全	考察卫生和饮用水状况	EPI	极大型
	空气污染	考察一国 PM2.5 暴露程度、家庭固体燃料和臭氧暴露程度	EPI	极大型
	生物多样性	考察一国陆地和海洋群落保护区面积，物种栖息地生物多样性和保护程度	EPI	极大型
	气候变化	考察一国二氧化碳、甲烷等气体的排放增速	EPI	极大型

资料来源：根据 WGI、WDI、CEIC、WEO、UNODC、EFW、EPI 数据库整理所得。

（二）测算方法和标准化处理

为保证所有指标具有可比性，本书先对指标进行标准化处理，根据 CRITIC 法计算出政治、经济金融、社会、自然环境 4 个维度各风险指标权重，合成各国安全风险指数。

1. 指标的预处理

本书使用如下公式对各指标数据进行无量纲化及一致化处理：[①]

极大型指标处理公式如下：

$$x_{ij}^* = \frac{x_{ij} - \min_{i}\{x_{ij}\}}{\max_{i}\{x_{ij}\} - \min_{i}\{x_{ij}\}} \quad (1)$$

[①] 易平涛、李伟伟、郭亚军：《综合评价理论与方法》（第二版），经济管理出版社 2019 年版，第 12—15 页。

极小型指标处理公式如下：

$$x_{ij}^* = \frac{\max_i\{x_{ij}\} - x_{ij}}{\max_i\{x_{ij}\} - \min_i\{x_{ij}\}} (i = 1,2,\cdots,n; j = 1,2,\cdots,m) \quad (2)$$

其中 x_{ij}^* 为第 i 个国家第 j 个指标的标准化数值，$x_{ij}^* \in [0,1]$；$\max_i\{x_{ij}\}$ 为第 j 个指标的最大值，$\min_i\{x_{ij}\}$ 为其最小值。

区间型指标处理公式如下：

$$x_{ij}^* = \begin{cases} 1 - \dfrac{q_1 - x_{ij}}{\max\{q_1 - m_j, M_j - q_2\}}, & if\ x_{ij} < q_1 \\ 1, & if\ x_{ij} \in [q_1, q_2] \\ 1 - \dfrac{x_{ij} - q_2}{\max\{q_1 - m_j, M_j - q_2\}}, & if\ x_{ij} > q_2 \end{cases} \quad (3)$$

式中，$[q_1, q_2]$ 为指标 x_{ij} 的最优区间，$M_j = \max_i\{x_{ij}\}$；$m_j = \min_i\{x_{ij}\}$。

2. 权重的确定

本书采用 Diakoulaki[①] 提出的 CRITIC 客观赋权方法[②]确定各指标权重，该方法公式如下：

$$C_j = \sigma_j \sum_{k=1}^{m}(1 - r_{kj}) \quad (4)$$

其中，C_j 为第 j 个指标包含的 CRITIC 信息量，σ_j 为第 j 个评价指标的标准差，r_{kj} 为第 j 个指标与其他指标间的相关系数。

$$w_j = \frac{C_j}{\sum_{j=1}^{n} C_j} \quad (5)$$

w_j 即为第 j 个指标的权重。

3. 国家安全风险指数的测算

将各评价对象无量纲化及一致化后的指标数值与其对应权重相乘求和即可得出各国安全风险指数，一国安全风险指数越高，表明该国安全

[①] Diakoulaki D., Mavrotas G., Papayannakis L., "Determining Objective Weights in Multiple Criteria Problems: The Critic Metho", *Computers & Operations Research*, 1995, 22 (7), pp. 763 – 770.

[②] CRITIC 客观赋权方法原理是根据指标变异大小及指标间的冲突性确定权重，当指标变异程度越大、指标间冲突程度越高，指标所包含的信息越多，其权重也会更高。相比熵权法、标准离差法等客观赋权方法，CRITIC 法不仅考虑指标变异的大小，也同时兼顾各指标间的冲突性，更能综合确定出指标权重。

风险越低。公式如下：

$$NSI_i = \sum_{j=1}^{n} w_j x_{ij}^* \quad (6)$$

考虑到不同年间各个国家不同指标数据的变化会导致各指标权重发生波动，本书参考宋维佳、梁金跃，① 大公主权信用评级对原始数据的处理方法，运用如下公式对各指标近五年数据②进行加权平均，公式如下：

$$x_{ij} = \frac{\sum_{k=1}^{5} k\{x_{ij}(t_k)\}}{\sum_{k=1}^{5} k} \quad (7)$$

其中 $x_{ij}(t_k)$ 为第 i 个评价国家第 j 个指标在 t_k 时间的原始数值，t_1—t_5 分别代表近 5 年时间。

运用式（7）对各指标原始数据进行处理，结果如表 7 – 10、表 7 – 11 所示。

表 7 – 10　　　　　　　原始数据处理结果

国家	政治稳定性	政府效能	腐败控制	法制水平	话语权与问责制	监管质量	GDP增速	通货膨胀率	外债占GDP	汇率波动
白俄罗斯	0.21	-0.3	-0.18	-0.8	-1.37	-0.69	1.16	9.33	68.21	0.09
保加利亚	0.38	0.29	-0.16	-0.02	0.37	0.59	3.53	4.11	64.97	0.02
中国	-0.31	0.46	-0.29	-0.27	-1.54	-0.22	6.61	2.49	13.93	0.02
捷克	0.99	0.95	0.52	1.07	0.96	1.21	3.36	2.45	79.58	0
法国	0.16	1.41	1.31	1.42	1.16	1.24	1.66	0.91	217.91	0.02
德国	0.61	1.65	1.89	1.63	1.38	1.76	1.44	1.75	146.83	0.02
希腊	0.1	0.34	-0.07	0.16	0.81	0.38	1.39	0.08	238.33	0.02
匈牙利	0.74	0.49	0.05	0.5	0.32	0.62	4.37	4.05	102.25	0.03

---

① 宋维佳、梁金跃：《"一带一路"沿线国家风险评价——基于面板数据及突变级数法的分析》，《财经问题研究》2018 年第 10 期。

② EPI 报告两年发布一次，自然环境风险各指标采用 2014、2016、2018、2020 年 EPI 报告数据进行加权平均。

续表

国家	政治稳定性	政府效能	腐败控制	法制水平	话语权与问责制	监管质量	GDP增速	通货膨胀率	外债占GDP	汇率波动
日本	1.05	1.66	1.48	1.53	0.99	1.35	0.89	0.3	78.7	-0.01
哈萨克斯坦	-0.03	0.03	-0.57	-0.43	-1.2	0.1	3.64	9.18	92.49	0.13
韩国	0.42	1.2	0.6	1.18	0.75	1.09	2.67	0.74	26.57	0.02
吉尔吉斯斯坦	-0.52	-0.71	-1	-0.92	-0.42	-0.36	4.29	2.94	103.65	0.03
蒙古国	0.75	-0.22	-0.45	-0.28	0.31	-0.05	5.03	7.89	225.96	0.07
波兰	0.54	0.65	0.66	0.5	0.76	0.94	4.61	1.85	64.98	0.02
罗马尼亚	0.25	-0.22	-0.09	0.34	0.49	0.48	4.87	5.43	50.61	0.03
俄罗斯	-0.65	-0.02	-0.85	-0.77	-1.09	-0.47	1.38	6.15	31.31	0.06
塞尔维亚	0.03	0.09	-0.38	-0.15	0.08	0.09	3.6	2.27	71.72	0.01
斯洛伐克	0.8	0.75	0.29	0.56	0.92	0.89	2.99	1.54	107.2	0.02
西班牙	0.31	1.03	0.59	0.98	1.06	0.98	2.55	1.12	168.33	0.02
乌克兰	-1.76	-0.41	-0.8	-0.72	0.01	-0.33	2.13	16.14	98.4	0.08

资料来源：笔者自制。

表7-11　　　　　　　　　　原始数据处理结果

国家	经常账户余额	财政余额/GDP	教育水平	社会安全	法制完善度	失业率	卫生及饮用水	空气污染	生物多样性	气候变化
白俄罗斯	-1.67	0.2	115.82	2.83	5.04	4.86	69.64	49.75	63.74	63.11
保加利亚	3.9	-0.1	114.76	1.38	5.7	4.81	75.24	43.87	82.31	65.79
中国	1.12	-4.79	78.8	0.58	4.93	4.36	59.43	19.58	50.19	59.4
捷克	0.58	0.69	108.76	0.69	7.68	2.25	77.51	52.22	90.31	69.8
法国	-0.62	-2.91	107.21	1.3	7.8	8.76	95.64	74.72	86.93	76.53
德国	7.6	1.49	98.74	0.98	7.88	3.27	95.55	67.2	91.37	68.44
希腊	-1.86	0.52	106.63	0.87	7.21	18.05	95.87	67.94	79.46	61.41
匈牙利	1.19	-2.12	106.77	1.48	6.56	3.7	71.14	42.14	80.73	70.26
日本	3.73	-3.14	93.02	0.36	7.94	2.45	94.3	71.22	80.01	62.1
哈萨克斯坦	-2.84	-1.37	112.53	3.34	5.45	4.69	64.94	48.08	38.9	55.28
韩国	4.69	1.5	100.01	0.88	7.8	4.15	87.6	54.46	58.55	56.41

续表

国家	经常账户余额	财政余额/GDP	教育水平	社会安全	法制完善度	失业率	卫生及饮用水	空气污染	生物多样性	气候变化
吉尔吉斯斯坦	-10.83	-1.89	81.88	3.76	5.87	6.49	51.26	54.26	55.42	42.87
蒙古国	-12.41	-2.03	87.57	6.34	6.38	6.17	51.34	38.24	71.33	37.82
波兰	-0.23	-1.09	115.59	0.74	6.48	3.77	71.49	42.49	90.08	67.75
罗马尼亚	-3.46	-3.25	88.91	1.42	5.56	4.26	59.7	47.33	84.65	76.67
俄罗斯	4.12	0.41	110.09	9.65	4.85	4.73	63.27	59.94	62.67	63.47
塞尔维亚	-5.26	0.11	90.53	1.22	5.85	12.98	71.61	40.14	62.69	68.68
斯洛伐克	-2.37	-1.41	86.28	1.17	6.66	6.22	76.1	49.7	88.14	74.76
西班牙	2.27	-3.14	128.25	0.86	7.89	14.72	97.57	72.04	86.04	75.5
乌克兰	-2.72	-2.07	89.74	3.86	5.6	9	63.99	48.74	48.68	58.9

资料来源：笔者自制。

根据式（1）—(3) 将以上处理结果进行无量纲化及一致化，结果如表 7-12：

表 7-12   数据无量纲化及一致化结果

国家	政治稳定性	政府效能	腐败控制	法制水平	话语权与问责制	监管质量	GDP增速	通货膨胀率	外债占GDP	汇率波动	经常账户余额	财政余额/GDP	教育水平	社会安全	法制完善度	失业率	卫生及饮用水安全	空气污染	生物多样性	气候变化
白俄罗斯	0.70	0.17	0.28	0.05	0.06	0.00	0.05	0.52	0.76	0.39	0.87	0.79	0.75	0.73	0.06	0.83	0.40	0.55	0.47	0.65
保加利亚	0.76	0.42	0.29	0.35	0.66	0.52	0.46	0.92	0.77	1.00	0.93	0.75	0.73	0.89	0.28	0.84	0.52	0.44	0.83	0.72
中国	0.52	0.49	0.25	0.26	0.00	0.20	1.00	1.00	1.00	0.98	1.00	0.00	0.00	0.98	0.03	0.87	0.18	0.00	0.22	0.56
捷克	0.98	0.70	0.53	0.78	0.86	0.78	0.43	1.00	0.71	1.00	1.00	0.87	0.61	0.96	0.92	1.00	0.57	0.59	0.98	0.82
法国	0.68	0.89	0.80	0.92	0.92	0.79	0.13	0.92	0.00	0.95	0.30	0.57	0.90	0.96	1.00	0.96	1.00	0.92	1.00
德国	0.84	1.00	1.00	1.00	1.00	0.10	0.98	0.41	0.00	0.63	1.00	0.40	0.93	0.98	0.94	0.96	0.86	1.00	0.79
希腊	0.66	0.44	0.32	0.42	0.81	0.44	0.09	0.85	0.00	0.85	0.84	0.56	0.94	0.76	0.00	0.96	0.88	0.77	0.61

续表

国家	政治稳定性	政府效能	腐败控制	法制水平	话语权与问责制	监管质量	GDP增速	通货膨胀率	外债占GDP	汇率波动	经常账户余额	财政余额/GDP	教育水平	社会安全	法制完善度	失业率	卫生及饮用水安全	空气污染	生物多样性	气候变化
匈牙利	0.89	0.51	0.37	0.56	0.64	0.53	0.61	0.92	0.61	0.91	1.00	0.42	0.57	0.88	0.55	0.91	0.43	0.41	0.80	0.84
日本	1.00	1.00	0.86	0.96	0.87	0.83	0.00	0.87	0.71	1.00	0.94	0.26	0.29	1.00	1.00	0.99	0.93	0.94	0.78	0.63
哈萨克斯坦	0.61	0.31	0.15	0.19	0.12	0.32	0.48	0.53	0.65	0.00	0.77	0.54	0.68	0.68	0.20	0.85	0.30	0.52	0.00	0.45
韩国	0.77	0.80	0.55	0.82	0.78	0.73	0.31	0.90	0.94	1.00	0.86	1.00	0.43	0.94	0.95	0.88	0.78	0.63	0.37	0.48
吉尔吉斯斯坦	0.44	0.00	0.00	0.00	0.38	0.14	0.59	1.00	0.60	0.94	0.13	0.46	0.06	0.63	0.33	0.73	0.00	0.63	0.31	0.13
蒙古国	0.89	0.21	0.19	0.25	0.63	0.26	0.72	0.66	0.51	0.00	0.44	0.18	0.36	0.50	0.75	0.00	0.34	0.62	0.00	
波兰	0.82	0.58	0.58	0.56	0.79	0.67	0.65	0.99	0.77	1.00	0.98	0.59	0.74	0.96	0.53	0.90	0.44	0.42	0.98	0.77
罗马尼亚	0.71	0.21	0.32	0.50	0.70	0.48	0.70	0.81	0.84	0.71	0.72	0.25	0.20	0.89	0.23	0.87	0.18	0.50	0.87	1.00
俄罗斯	0.40	0.29	0.05	0.06	0.16	0.09	0.09	0.76	0.92	0.66	0.91	0.83	0.63	0.00	0.00	0.84	0.26	0.73	0.45	0.66
塞尔维亚	0.63	0.34	0.21	0.30	0.55	0.32	0.47	1.00	0.74	0.00	0.58	0.78	0.24	0.91	0.33	0.32	0.44	0.37	0.45	0.79
斯洛伐克	0.91	0.62	0.45	0.58	0.84	0.64	0.37	0.96	0.58	1.00	0.81	0.54	0.15	0.91	0.59	0.75	0.54	0.55	0.94	0.95
西班牙	0.74	0.74	0.55	0.74	0.89	0.68	0.29	0.93	0.31	1.00	1.00	0.26	1.00	0.95	0.98	0.21	1.00	0.95	0.90	0.97
乌克兰	0.00	0.13	0.07	0.08	0.53	0.15	0.00	0.00	0.62	0.49	0.78	0.43	0.22	0.62	0.24	0.57	0.27	0.53	0.19	0.54

资料来源：笔者自制。

根据式（4）、式（5），得出各指标综合权重，如表7-13所示。

表7-13　　　　　　　　各指标权重

指标	权重	指标	权重
政治稳定性	0.037	经常账户余额	0.051
政府效能	0.038	财政余额占GDP	0.066
腐败控制	0.036	教育水平	0.058
法制水平	0.04	社会安全	0.04

续表

指标	权重	指标	权重
话语权与问责制	0.046	法制完善度	0.051
监管质量	0.035	失业率	0.066
GDP 增速	0.083	卫生及饮用水安全	0.048
通货膨胀率	0.042	空气污染	0.048
外债占 GDP	0.08	生物多样性	0.045
汇率波动	0.046	气候变化	0.045

资料来源：笔者自制。

由式（6），计算出各国安全指数如表 7－14。

表 7－14　　　　　　　　　各国安全指数

国家	安全评价值	国家	安全评价值
白俄罗斯	0.475	韩国	0.744
保加利亚	0.661	吉尔吉斯斯坦	0.402
中国	0.505	蒙古国	0.383
捷克	0.791	波兰	0.734
法国	0.702	罗马尼亚	0.6
德国	0.791	俄罗斯	0.474
希腊	0.57	塞尔维亚	0.543
匈牙利	0.663	斯洛伐克	0.659
日本	0.743	西班牙	0.709
哈萨克斯坦	0.446	乌克兰	0.359

资料来源：笔者自制。

二　风险等级划分及测度结果分析

（一）风险等级划分

根据上节测算出的各国安全风险指数，本书参考尹美群等[1]对风险等

---

[1] 尹美群、张敏、盛磊等：《"一带一路"背景下海外投资风险》，经济管理出版社 2018 年版，第 27 页。

级划分做法（见表 7-15）。

表 7-15　　　　　　　　　风险等级划分

风险评级	风险指数	风险等级
AAA	大于或等于 0.9	低风险
AA	大于或等于 0.8	
A	大于或等于 0.7	中等风险
BBB	大于或等于 0.6	
BB	大于或等于 0.5	
B	大于或等于 0.4	高风险
CCC	大于或等于 0.3	
CC	大于或等于 0.2	
C	大于或等于 0.1	
D	小于 0.1	

资料来源：笔者自制。

根据表 7-15 的风险等级划分，进一步对各国安全风险进行排序和划分（见表 7-16），并重点分析中蒙俄三国面临的四类安全风险的情况。

表 7-16　　　　　　　　　各国风险等级

国家	风险评级	国家	风险评级
德国	A	罗马尼亚	BBB
捷克	A	希腊	BB
韩国	A	塞尔维亚	BB
日本	A	中国	BB
波兰	A	白俄罗斯	B
西班牙	A	俄罗斯	B
法国	A	哈萨克斯坦	B
匈牙利	BBB	吉尔吉斯斯坦	B
保加利亚	BBB	蒙古国	CCC
斯洛伐克	BBB	乌克兰	CCC

资料来源：笔者自制。

第七章 中蒙俄经济走廊安全风险评估与应对机制 / 177

由表 7-16 可知，德国、捷克、韩国、日本、波兰、西班牙、法国 7 国的风险评级为 A；匈牙利、保加利亚、斯洛伐克、罗马尼亚 4 国的风险评级为 BBB；希腊、塞尔维亚、中国 3 国的风险评级为 BB，以上 14 国综合风险均处于中等风险区域。白俄罗斯、俄罗斯、哈萨克斯坦、吉尔吉斯斯坦 4 国风险评级为 B，处于高风险区域。蒙古国和乌克兰风险评级最低，为 CCC，同样处于高风险区域。可见，国家安全风险较小的国家包括欧盟成员国以及日本、韩国，中国、蒙古国、俄罗斯 3 国综合风险呈阶梯排列分布，中国安全风险相对蒙、俄两国最小，俄罗斯安全风险相较蒙古国要低。

（二）测度结果评估

1. 政治风险评估

由政治稳定性、政府效能、腐败控制、法制水平、话语权与问责制、规则质量 6 个指标所刻画反映的东道国自身政治风险（见图 7-1）的测算结果可得，中国、俄罗斯、蒙古国政治风险偏高，德国、日本、法国政治风险最低。

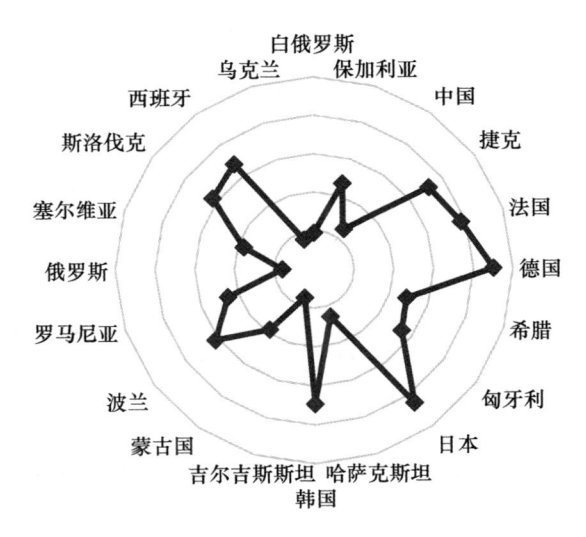

图 7-1 政治风险评估结果

腐败控制方面：从图 7-2 可知，腐败是导致中蒙俄政治风险上升的主要因素。在腐败控制方面，该指标结果显示三国表现均为负值，表明三国在该方面的风险程度偏高。从横向比较而言，中国面临的风险最低，蒙古国次之，而俄罗斯的指标结果最差，意味着俄罗斯在控制腐败方面的表现不如中国和蒙古国。从自身纵向比较而言，三国腐败控制情况均逐年好转，尤其是 2012 年党的十八大召开之后，中国的腐败控制情况得到了极大好转，表明中国反腐成效显著。

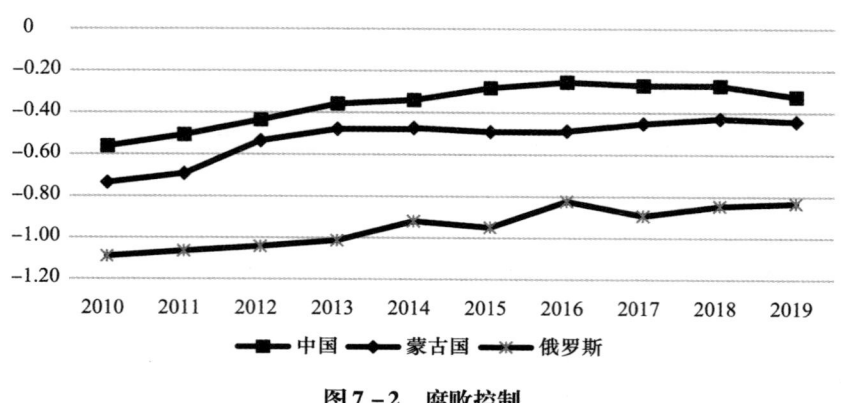

图 7-2　腐败控制

法制水平方面：从图 7-3 可知，过低的法制水平是导致中蒙俄政治风险上升的主要因素。该指标显示三国表现均为负值，表明中蒙俄法制水平较差，面临风险较高。从横向比较而言，近几年来中蒙在法制水平方面面临的风险水平大致相当，相反，俄罗斯的法制水平总体保持低位

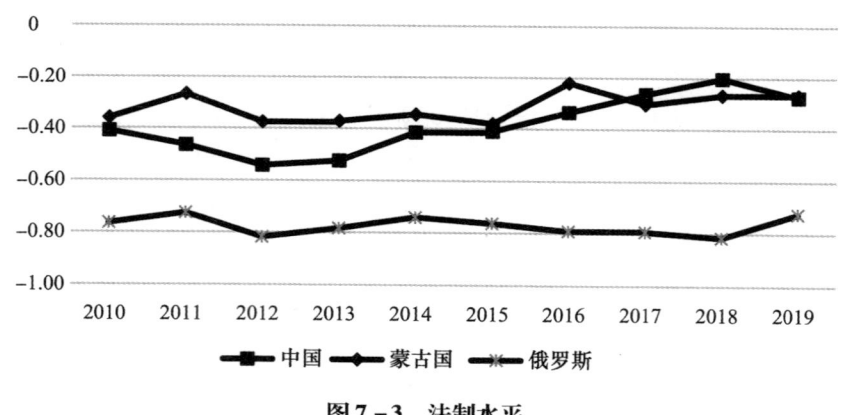

图 7-3　法制水平

徘徊，面临的风险较中蒙高。从自身纵向变化上来看，中国自党的十八大以来，法制完善度逐年上升，表现出积极的态势，面临风险相应减小。蒙古国和俄罗斯的法制水平没有表现出较大改善，基本维持不变。

政府效能方面：从图7-4可知，蒙俄政府效能低也是其政治风险高的因素之一。该指标显示中国在10年间均处于正值范围且呈上升态势，表明中国在政府效能方面较蒙俄两国表现最佳，面临风险较小。同时，该指标表明俄罗斯在整体表现上差于中国，蒙古国在整体上差于中俄的情况。虽然蒙俄两国均面临较高政府效能风险，但两国也在逐步提高其效能水平，整体水平略有上升，尤其是俄罗斯在2019年由负转正，政府效能水平有所改善。

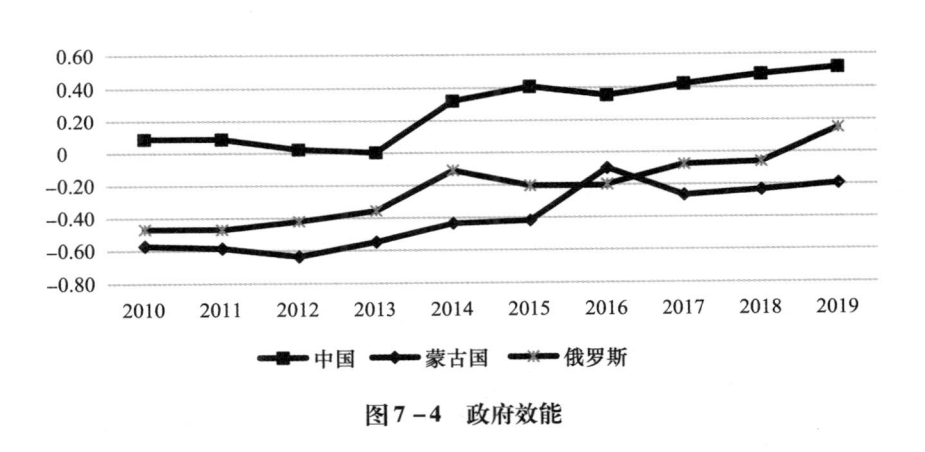

图7-4 政府效能

2. 经济金融风险评估

由GDP增速、汇率波动、通货膨胀率、外债/GDP、经常账户余额/GDP、财政余额/GDP 6个指标所刻画反映的东道国自身经济金融风险（见图7-5）的测算结果可得，中国的宏观经济和金融运行情况远远好于俄罗斯和蒙古国，面临的经济金融风险最低，经济发展水平、经济稳定性、金融风险度、外债偿还能力均表现优异。俄罗斯相比蒙古国而言所面临的经济金融风险较低。

GDP增速方面：从图7-6可知，中国的GDP增速保持中高速稳定发展，而蒙古国则波动剧烈，既有2011年17.29%的高速增长，也有2016年1.17%的低速增长，俄罗斯GDP增速则总体保持中低速增长，该

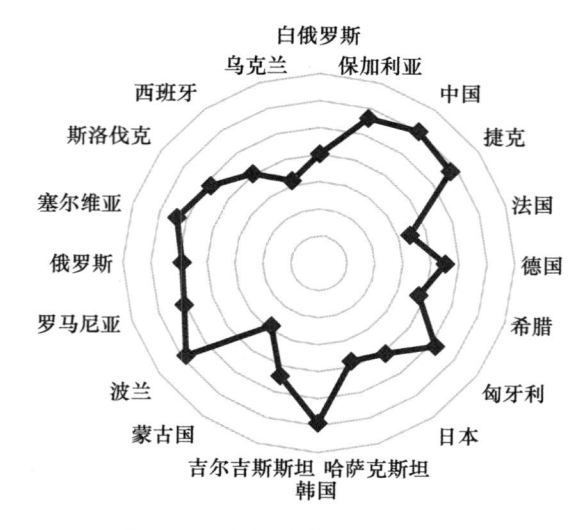

图 7-5　经济金融风险评估结果

指标反映出中国的经济发展水平较蒙俄更为健康和可持续，所面临的风险更低。

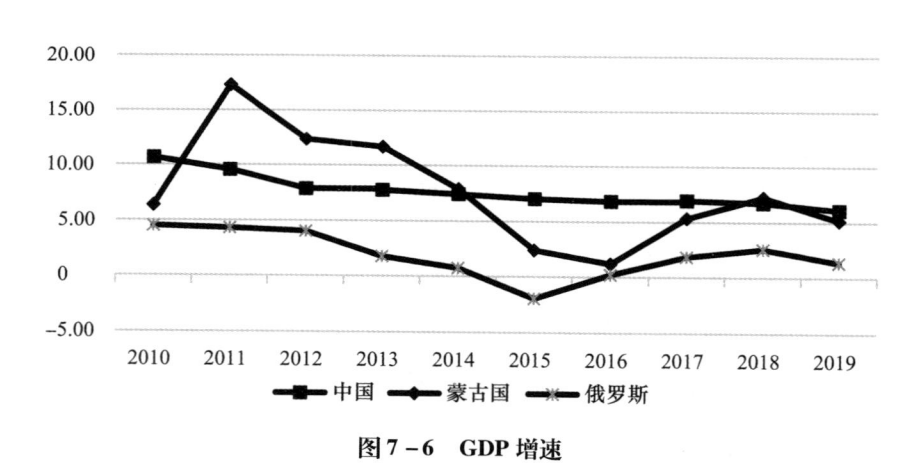

图 7-6　GDP 增速

通货膨胀率方面：从图 7-7 可知，中国在控制通货膨胀率水平方面的表现远高于蒙俄，总体保持低位平稳态势，经济稳定性较好。相比之下，蒙俄两国通货膨胀率均高于中国且波动剧烈，表明其国家经济稳定性差。

外债负债率方面：从图 7-8 可知，中俄外债负债率低，基本保持平

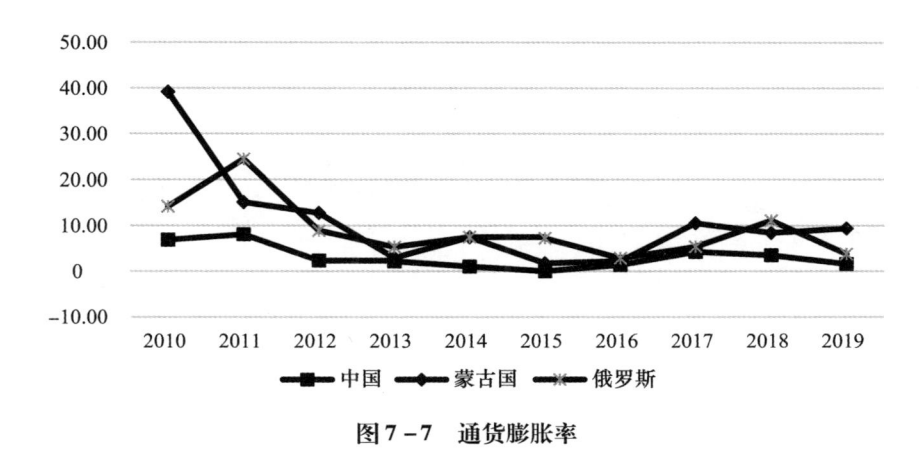

第七章　中蒙俄经济走廊安全风险评估与应对机制 / 181

图 7-7　通货膨胀率

稳态势,有较强的偿债能力,而蒙古国负债率极高,外债偿还能力差,面临极高对外债务偿还风险。

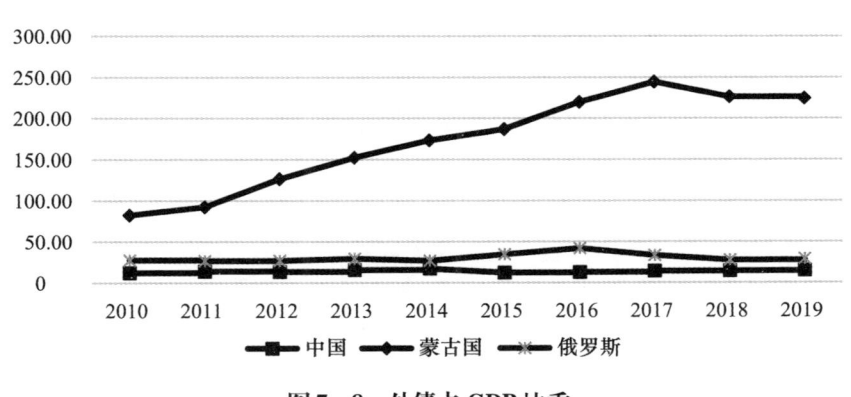

图 7-8　外债占 GDP 比重

汇率波动方面:从图 7-9 可知,中国汇率波动较蒙、俄小且总体表现平稳,表明中国金融风险水平低,而蒙、俄汇率波动相对偏高。俄罗斯汇率波动较中、蒙大,总体呈现不稳定状态,尤其是在 2013—2018 年间汇率波动极大,蒙古国汇率波动幅度处于中、俄之间。

3. 社会风险评估

由教育水平、社会安全、法制完善度、失业率 4 个指标所刻画反映的一国自身社会风险(见图 7-10)的测算结果可得,中蒙俄面临的社会风险大致水平相同。

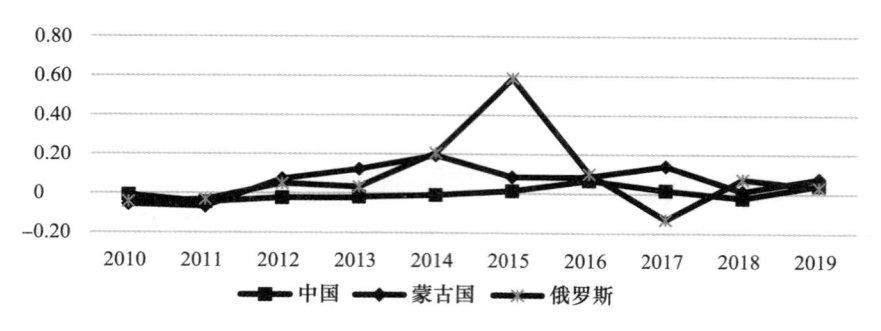

图 7-9　汇率波动

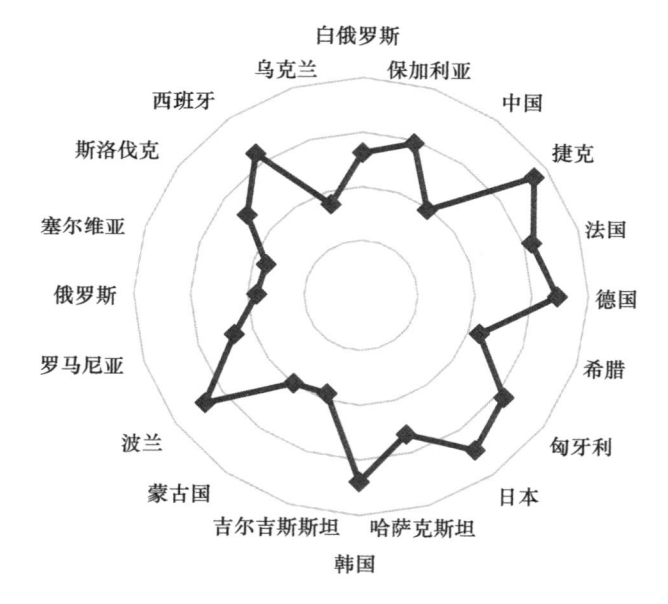

图 7-10　社会风险评估结果

社会安全（图 7-11）指标显示蒙古国和俄罗斯的风险均高于中国。从横向比较来说，俄罗斯每 10 万人谋杀犯罪率最高，蒙古国次之，中国表现远好于蒙古国和俄罗斯，社会安全性极好。从各国纵向比较来说，中国谋杀犯罪率不仅总体偏低且持续下降，表明社会治安不断提高。而俄罗斯虽然近年来谋杀率较往年持续下降，社会治安水平有所提高，但总体社会安全度仍十分堪忧，谋杀率仍高位运行，社会风险高。蒙古国谋杀率则在保持中高位水平的同时略有下降，社会治安有一定改善，但仍存在不小的社会风险。

图 7-11 社会安全

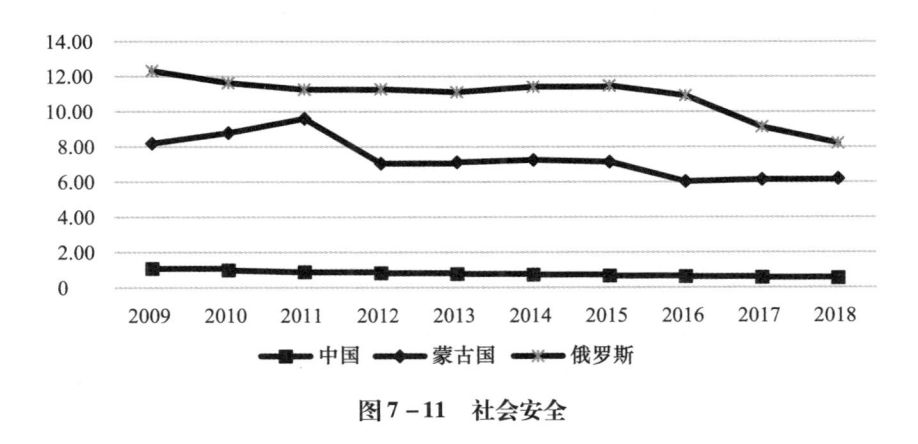

从横向比较各国失业率（图 7-12）可以看出，中国失业率总体水平低于蒙古国和俄罗斯，表明中国社会较为稳定。而蒙古国的失业率波动幅度较大，虽然 2009—2014 年间失业率低于俄罗斯，但之后开始迅速攀升并在超过俄罗斯后长期保持高失业率水平。从各国纵向比较来说，中国失业率总体保持平稳态势，俄罗斯失业率呈下降趋势，从 2009 年 7.37% 逐步降至 2018 年 4.59%，蒙古国失业率水平变动较大，且近年来数值维持 6% 左右的高位运行，社会风险较大。

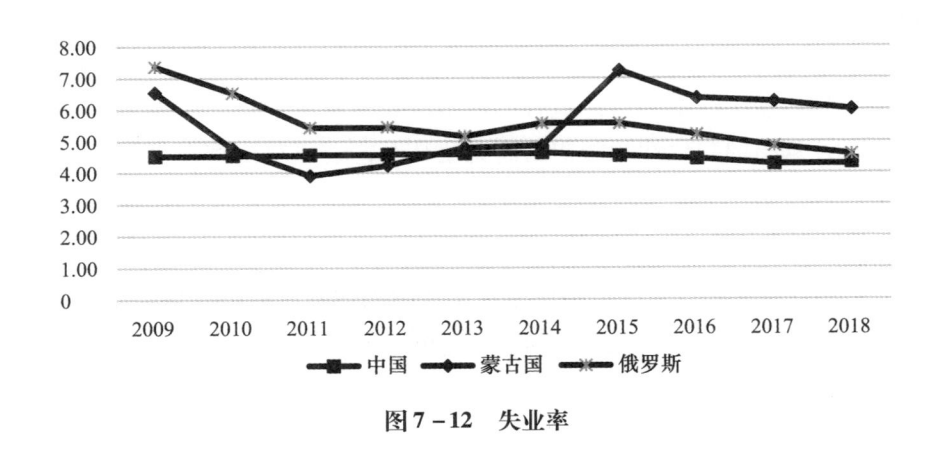

图 7-12 失业率

4. 自然环境风险评估

由卫生及饮用水安全、空气污染、生物多样性、气候变化 4 个指标所刻画反映的一国自身自然环境风险（见图 7-13）的测算结果可得，

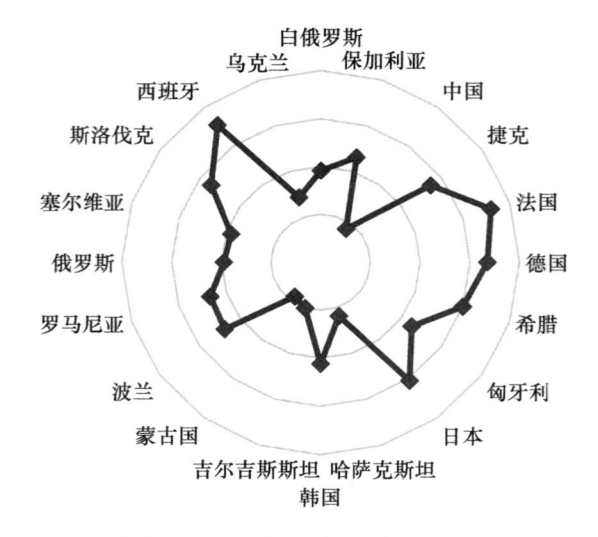

图 7-13　自然环境风险评估结果

其中自然环境较小的前五名国家除日本外均为欧洲国家，分别为法国、西班牙、德国、日本、希腊；部分欧洲国家如斯洛伐克、捷克、波兰、罗马尼亚、保加利亚、匈牙利的自然环境风险处于中低水平；韩国、俄罗斯、白俄罗斯、塞尔维亚的自然环境风险处于中高水平；而自然环境风险较高的国家主要集中在东欧的乌克兰，哈萨克斯坦、吉尔吉斯斯坦的中亚国家，以及东北亚的蒙古国及中国。需要说明的是，由于 EPI 报告在不同年份中的细分指标包含的内容有所变化和出入，指标内部不具有时间序列上的一致性比较，因而无法从纵向逐年的时间角度对各国自然环境风险的指标变化情况进行量化处理和比较。

第三节　中蒙俄经济走廊高质量发展安全风险的防范路径

在中蒙俄三国共同携手努力抗疫下，走廊建设渡过难关，成功逆市上扬。虽然 2022 年初爆发的俄乌冲突已然使世界格局发生了重大变化，但是俄乌冲突对中蒙俄经济走廊国家的合作总体上是机遇远大于挑战，客观上提升了俄罗斯向东转政策的推动力度，也是俄罗斯进一步务实推进经济走廊建设的催化剂，如最近相继达成了有关能源、粮食等诸多合作项目就是明证。俄乌冲突影响下的国际国内形势变化更加凸显出走廊高质量发展具有重要价值。三方应共同合作提供本地区所需的区域性公共产品，为中蒙俄经济走廊高质量筑牢安全发展根基。

一 继续加强国家互信及认同感等默契理念性产品的供给

加强中蒙俄经济走廊相关国家和区域大国间的政治沟通、协商、谅解与合作，营造良好的政治互信及认同感是合作应对区域安全风险的首要关键。为此，需要加强政府间多方沟通协调机制的顶层设计工作，推动围绕规制理念、标准、实施来加强规制沟通，开展更加积极主动的互动关系。此外，还应密切关注蒙古国"第三邻国"外交政策与美国、日本、韩国、欧盟等域外国家的发展走向和合作层次，防止上述国家趁机介入破坏、挑拨中蒙政治互信和认同感等。同时，密切关注以美国为首的北约国家挑唆俄乌冲突给中蒙俄关系带来的消极影响。俄乌冲突背景之下，进一步巩固中蒙俄命运共同体的发展意识和强化政治互信意志，这种共同体意识与政治互信意志是助力走廊发展行稳致远和高质量发展的重要保障、必要条件和坚强后盾。例如，2020年在中国防控疫情的特殊时刻，中蒙携手抗疫，蒙古国总统巴特图勒嘎访华并赠送3万只羊，中国多次援助蒙古国防疫物资，表明了中蒙继续巩固政治互信，加强共建"一带一路"合作，共同推动构建命运共同体的意识和政治意志。2020年中俄两国元首就防疫问题多次互通电话并书面往来，两国外长也多次通话并当面沟通，疫情下继续坚定不移致力于推动俄中全面战略协作伙伴关系高水平发展。2022年俄乌冲突背景下，中蒙俄签署了西伯利亚中线天然气管道协议，正在启动中哈俄国际多式联运工程项目。2022年9月栗战书委员长同俄罗斯国家杜马主席沃洛金举行会谈时强调，无论美西方如何制裁，中俄全面合作潜力巨大，不受外部干涉影响，双方将继续加强各领域合作。中蒙、中俄元首间的高水平交流彰显了新时代中俄全面战略协作伙伴关系和中蒙全面战略伙伴关系的高水平和特殊性。

二　多层次多主体推进公共卫生跨境合作机制建设

中蒙俄经济走廊是"一带一路"首个多边经济走廊，但此次疫情凸显了中蒙俄三国公共卫生领域合作建设的不足及进一步加强合作的必要性。公共卫生建设是高质量发展的应有之义。疫情发生后，习近平主席指出帮助全球尽早战胜疫情成为高质量共建"一带一路"的重要任务。首先，在国家层面上，联合蒙俄打造公共卫生数据库信息交换机制，建立防疫物资储备中心，构建中蒙俄生物安全跨国防护网络。其次，三国地方政府应在卫生合作伙伴关系、对口医院援建、公共卫生专家交流互访机制等方面开展和加深合作。再次，中资企业应联合蒙俄相关企业合作开发和生产医药、医疗、卫生防疫以及中药材等产品。最后，中国红十字基金会和民间公益基金会等组织作为政府和企业的有益补充，向走廊国家提供相关援助。通过多层次多主体的综合推进，提高中蒙俄经济走廊共同应对各类自然灾害和传染病应急管理能力，推进中蒙俄经济走廊的公共卫生建设。

三　深入强化第三方市场合作机制建设

中国政府多次强调"一带一路"是包容开放的经济合作平台，向所有希望发展的国家敞开大门。然而，一些非共建国和国际机构对"一带一路"倡议或中蒙俄经济走廊存在地缘政治疑虑，甚至走廊共建国也存在一些质疑的声音，担忧中国经济投射力增强可能使其对中国经济产生依附关系进而丧失经济主权。因此，深入开展中蒙俄经济走廊第三方市场合作机制，一方面有利于向存在芥蒂和担忧的国家和国际组织释疑，另一方面，也有利于将发达国家的先进技术和管理经验或其他经济主体的多元资本引入到中蒙俄经济走廊建设中，提升项目整体质量，降低项目财政金融风险。比如，中国相关经济主体与外方企业或金融机构共同对经济走廊相关区域国家市场开展投资，形成风险共担和利益共享发展格局。具体在合作方式上，欢迎国际金融机构和环保组织加入，与域外国家采取资源开发与深加工相结合、贸易合作与产能合作相结合、工程承包与投资开发相结合的多种方式，强化与第三方市场合作机制，推动中蒙俄的经贸合作由三边向多边拓展，切实防范各类重大风险。

四 依托清洁能源产业和绿色融资加强经济走廊绿色发展

中蒙俄边境地带环境状况直接影响到中蒙俄三国边境地区的生态安全和政治经济稳定。因此，未来中蒙俄经济走廊必须内嵌更为严格的环境保护理念，才能更好地推动高质量发展。一方面，中国有条件及能力推动清洁能源项目的发展。自 2012 年在新能源领域投资超过美国以来，中国一直是可再生能源领域（不包括大型水电）的主要投资国。[1] 中国的高水平投资和生产也降低了可再生能源基础设施的成本。另一方面，中国可以通过支持绿色金融体系来引导海外基础设施投资的绿色化，特别是制定绿色融资政策来引导更多金融资源投向低碳、可再生能源产业，如开发太阳能和风能等项目，逐步替代高碳排放及破坏生态的发展路径。这将很大程度扭转传统基础设施高碳排放路径，还能帮助蒙古国转变能源结构，从依靠化石能源发展为可再生能源，同时也能够避免中国企业把投资锁定在风险高且争议性大的化石燃料项目上，从而推动绿色经济走廊建设高质量发展。

五 构建富有弹性和韧性的产业链和供应链安全体系

依托中欧班列和数字经济建设，构建富有弹性和韧性的产业链和供应链安全体系，不仅能够提升中蒙俄经济走廊经贸合作水平，还能克服蒙、俄产业结构单一带来的经济风险，而且也是深入推进中西部沿边地区与蒙俄经济联通和欧亚大陆市场一体化进程的重要路径。依托中欧班列，全面推动"中国境内产业园＋中欧班列＋境外合作园区"的全产业链供应链对接发展模式，提升中国与蒙、俄产业链条升级。中欧班列整体丰富了中国贸易运输渠道，其中部通道和东部通道分别连接蒙古国和俄罗斯，为中国开辟了一条崭新的国际贸易通道。一方面有利于中国产业向中西部地区转移和聚集，实现西部地区产业升级，为中国传统优势制造业的升级提供新的机遇；另一方面有利于挖掘中蒙俄三国新的贸易增长点。此外，中国应与蒙、俄继续推进数字走廊建设，合作开发数字

---

[1] McCrone A., et al., Global Trends in Renewable Energy Investment 2020, Frankfurt School, https://wedocs.unep.org/bitstream/handle/20.500.11822/32700/GTR20.pdf?sequence=1&isAllowed=y.

经济产业，提升走廊沿线数字经济产业聚集发展水平。走廊国家应携手建立完善大数据中心、跨境光缆、5G等数字化基础设施网络服务体系，提升新型基础设施互联互通水平；发展跨境电子商务产业，推动数字信息技术和制造业产业深入融合，打造数字经济产业试点示范聚集区，带动制造业产业的高质量发展；推动走廊国家高科技企业交流合作，构建高科技产业生态链，推动数字经济科技发展；开展适应未来数字经济产业发展的人才培养项目等。

六 加强经济走廊发展规划和规制标准的对接联通

经济走廊对接联通不仅要继续加强与蒙、俄政府的发展规划对接，更重要的是加强规制标准的联通，包括国际通行规则和东道国非国际通行的规则。具体而言，一是在投融资和招投标方面遵守国际通行惯例和标准。例如，联合国全球契约组织的"十项原则"，世界银行发布的廉政合规指南，国际标准化组织出台的合规管理体系指南，经济合作与发展组织（OECD）出台的《跨国公司行为准则》，美国出台的《反海外腐败法》等。二是遵守俄罗斯蒙古国的法律法规、风俗习惯和宗教禁忌。三是企业法人兑现合规承诺，保证企业内部规章制度落到实处，并履行承诺的社会义务。如承担一些大型、长期、可持续的社会公益项目，在诸如减贫、教育、卫生、就业等方面践行社会公共责任。一方面能够树立起中国企业正面和良好的信誉形象，提升契约签订的可能性，降低契约执行中的不确定，减少和化解企业在当地的环境与社会冲突；另一方面还可以给国家带来好口碑、好名声，扩大群众好感度，让中蒙俄经济走廊民心相通走实走深。当然，随着经济全球化进一步深入发展，特别是随着中蒙俄经济走廊高质量发展的推进，必然引起现行规则的完善和新规则的制定，在这一过程中，有了遵循国际通行规则和东道国规则经验的中国政府部门以及中国企业可以参与规则的完善、新规则的制定，不断提高企业的合规意识和竞争力。

第 八 章

中蒙俄经济走廊贸易便利化水平及其深化发展的思考

本章选择贸易便利化作为重点领域展开专题研究，研究了中蒙俄经济走廊贸易便利化方面的建设进展；测算了中蒙俄经济走廊贸易便利化水平，在此基础上提出深化贸易便利化发展的机制化建设的有关思考。

第一节 中蒙俄经济走廊推进贸易便利化进展

中蒙俄经济走廊经贸合作规模的提升与区域内不断深化的贸易便利化密切相关。考察中蒙俄经济走廊贸易便利化方面的建设进展，可以大致分为两个阶段：第一个阶段，"一带一路"倡议提出之前；第二阶段，"一带一路"倡议提出及中蒙俄经济走廊规划纲要签署至今。

一 "一带一路"倡议提出前进展缓慢

该阶段中蒙俄经济走廊贸易便利化建设进程非常缓慢，推进贸易便利化的举措呈现出以单一项目或双边便利化推进为主要特征。中蒙俄三国主要在基础设施、海关领域、电子商务、金融领域取得了一些阶段性的成果。

（一）基础设施领域建设进展总体缓慢

无论在蒙古国还是俄罗斯，国内通过了不少交通基础设施建设规划，或者签署了不少双边交通设施的建设协议，但实质性推进较为缓慢。在蒙古国，早在2008年的《蒙古国基于千年发展目标的国家全面发展战略》中国家就提出建设连通中俄的新铁路运输通道计划，但直到2011年蒙古国议会大呼拉通过国家铁路政策文件，之后蒙古国内对于新铁路的修建是采用标准轨还是宽轨争论不休，这直接导致新铁路的修建计划不断延迟。值得一提的是，蒙古国在公路建设方面取得了一些成果，这就是2013年二连浩特至乌兰巴托公路全线贯通，它将提供中蒙之间跨境公路货物运输量，提高中蒙货物运输效率，将降低双方贸易对铁路运输的依赖性，为中蒙之间的跨境货物运输提供便利。

俄罗斯基础设施的新建和维修改造较蒙古国成效明显。在公路方面，2008年俄罗斯政府投资430亿卢布进行公路维修，2010年远东地区赤塔—哈巴罗夫斯克的公路竣工，实现了远东地区和国家公路网的连接。在铁路方面，2008年俄罗斯相关部门投资5391亿卢布，加上民间的私有资本701亿卢布，对铁路老旧机车进行了整体性的更换。在航空及港口方面，2011年俄罗斯政府投入410亿卢布完成对空港的建设改造，并在偏远地区建立小型国有机场，以便有效降低航空成本；2012年投资70亿卢布用于修建和改善已有的港口。石油天然气运输管道建设方面的进展较为显著：在远东地区，2010年10月科沃罗基诺至大庆石油运输管道全线竣工，并于2011年初通过该管道向中国输送石油；2011年9月从萨哈林到符拉迪沃斯托克的天然气管道竣工，俄罗斯可以通过这条天然气管道向中国、日本等亚太国家提供天然气；2012年12月，雅库茨克州的泰舍特至太平洋港口科济米诺湾的石油管道开通，开辟了俄罗斯向西太平洋地区国家供油的新通道[①]。与此同时，面向欧洲的新的油气管道也相继开通，如2011年俄罗斯"北溪1号"天然气管道建成输气，开辟了绕开乌克兰直接向欧输气的新途径。进入2013年俄罗斯不断新增扩大基础设施投资，其中莫斯科州中央环线公路、阿穆尔——贝加尔和跨西伯利亚大铁路提升、亚马尔液化天然气、"埃列格斯克孜勒——库拉吉诺"铁路等数十个项目获得国家储备基金和国家福利基金的支持。同时普京总统专门批准了170亿美元的投资计划用于对西伯利亚大铁路进行改扩建，期望

---

① 卢昌鸿：《俄罗斯战略东进：任重而道远》，《延边大学学报》2014年第1期。

在 2018 年前将该铁路的运力再提升 46%[①]。总体上看，俄罗斯基础设施投入总体不足，设施改造远远满足不了经济发展的需求。

（二）海关金融方面有一些进展

在海关方面，中国在提升通关便利化方面力度和成效最为显著。早在 2001 年 10 月中国政府就开始实行"大通关"制度，到 2006 年大通关建设协作机制形成，到 2009 年海关正式推出了分类通关改革政策，实施差别化作业的通关管理模式，极大地提升了企业的通关效率；2012 年国家海关积极推动与其他国家 AEO 互认，并开启通关无纸化试点工作，这对于提高通关便利化和降低企业成本产生了重大作用。俄罗斯国内的通关便利化提升进展不大，但在与白俄罗斯和哈萨克斯坦等部分国家的多边通关制度建设方面取得成果。2010 年俄白哈关税同盟正式成立，三国取消边境海关检查，颁布统一海关法典，实施统一的清关程序和检疫及技术法规等[②]。

值得关注的是，中国与俄、蒙在双边海关便利化合作方面有一定进展。其一，中俄海关合作方面：2009 年中俄两国签署《关于规范通关监管秩序的合作备忘录》正式启动海关合作，并将开展双边贸易中进出关境货物信息的预先交换，互换报关企业目录并通报变动情况，定期对等交换价格信息以共同打击海关估价领域内违反海关法规的行为，加强中俄海关执法合作，开展知识产权海关保护合作，加大中俄海关贸易统计合作力度[③]。2013 年 10 月，中俄两国海关签署《关于开展特定商品海关监管结果互认的议定书》，进一步推进了海关的双边合作进程。其二，中蒙海关合作方面：2009 年 12 月中蒙海关联合监管第一阶段试点工作启动，中蒙二连浩特—扎门乌德口岸启用联合监管统一载货清单，载货清单的启用将进一步简化通关手续，同时为监管互任打下基础。

在金融合作领域，继续推进双边本币互换，本币结算取得一定进展。

[①] 中国机械管理网：《俄将投资 170 亿美元大举扩建西伯利亚铁路》2013 年 8 月 9 日，http://www.chinajx.com.cn/html/report/436944-1.htm，2022 年 8 月 18 日。

[②] 李永生：《俄、白、哈海关同盟生效技术法规和检疫措施将统一》，《中国检验检疫》2010 年第 10 期。

[③] 中俄法律网：《中俄海关合作正式启动》2009 年 10 月 14 日，http://www.chinaruslaw.com/CN/InvestRu/CIQSys/20091014204242_309307.htm，2022 年 8 月 18 日。

2011年，中蒙两国中央银行签署了金额为50亿元人民币/1万亿图格里特的双边本币互换协议，以推动中蒙双边贸易的发展，之后双方在不同年份又续签了双边货币互换协议①。2011年6月中俄两国央行签署了双边本币结算协定，双边本币结算的使用范围从边境贸易扩大到一般贸易②，协议的签订为两国贸易经贸活动中的跨境支付结算提供便利。

通过上面的分析可以看出，中蒙俄三国之间的贸易便利化推进速度比较缓慢，主要是签署一些合作协议，实际成果相对较少，主要集中在一些单一项目上。

二 "一带一路"提出及规划纲要签订后便利化进程加快

伴随着2013年中国"一带一路"倡议提出以及三国元首为推进中蒙俄经济走廊多次会晤，特别是2016年三国签署《中蒙俄经济走廊规划纲要》，以及2018年中国与欧亚经济联盟经贸合作协定的签署，中蒙俄经济走廊贸易便利化建设进入第二发展阶段。在该阶段，三国推动贸易便利化的速度加快，推进方式由之前的单一项目合作转变为多项目综合提升与机制化引领多重推进的新阶段，中蒙俄之间的双多边合作机制在推动中蒙俄经济走廊贸易便利化发展上越来越发挥重要作用。

（一）基础设施建设领域进展加快

首先，2016年中蒙俄经济走廊规划纲要签订以来，中蒙俄有关促进交通基础设施领域联通的合作机制逐步趋于完善。目前中蒙俄有关交通基础设施领域的合作机制，主要是中俄总理定期会晤委员会运输合作分委会，中欧班列相关国家铁路定期协商工作机制，中蒙俄铁路代表会议暨国境铁路联合委员会，上合组织框架下的多边运输合作机制。其中，2017—2018年两次中俄总理定期会晤委员会运输合作分委会为提升和规范两国跨境运输便利化具有重要的意义。如2017年中俄总理定期会晤委员会运输合作分委会，双方在边境公铁路、边境口岸（如东宁—波尔塔

---

① 中国人民银行：《2020年人民币国际化报告》2020年8月14日，http://www.pbc.gov.cn/goutongjiaoliu/113456/113469/4071737/2020081416503717495.pdf。
② 中国人民银行：《中俄签署双边本币结算协定》2011年6月23日，http://www.pbc.gov.cn/goutongjiaoliu/113456/113469/2852782/index.html，2022年8月7日。

夫卡公路桥）等方面达成共识；2018 年该分委会就两国《国际道路运输协定》、TIR 运输、开通运输线路等进行协商，就铁路电子运单、同江—下列宁斯阔耶铁路口岸和黑河—卡尼库尔干公路口岸的建设以及陆水联运协定等达成一致意见。在铁路方面，2016 年中蒙俄铁路代表会议暨国境铁路联合委员会就三方铁路部门就跨境货物和旅客运输、车辆技术交接等问题进行磋商，这对于促进中蒙俄三方铁路合作、推动口岸铁路建设发挥了重要作用。在公路方面，2016 年 8 月，中蒙俄第一条国际公路货物运输南北向新通道天津—乌兰巴托—乌兰乌德试运行成功，由此进一步推动年底中蒙俄过境运输政府间协定的签署和实施。该项目使得中蒙俄之间的国际道路货物运输由"转关运输"变成"跨境运输"，大大缩短国际道路货物运输时间，提高货物运输效率，这对于提升三国跨境公路过境运输的便利化水平、完善相关标准体系发挥了重要作用。中欧班列跨国机制进一步引领提升贸易便利化。自 2011 年开通中欧班列，到 2017 年中国与白俄罗斯、德国、哈萨克斯坦、蒙古国、波兰、俄罗斯的国家铁路公司签署了《关于深化中欧班列合作协议》，正式建立了中欧班列相关国家铁路定期协商工作机制，机制的建立不仅推动中欧班列的发展，提升欧亚铁路跨境货物运输量，而且对推动中欧班列沿线国家间的经贸合作发挥了重要作用。此外，中蒙俄三国在上合组织下通过多边合作积极推动跨境公路通道建设，如推动中国新疆—蒙古国阿尔泰—俄罗斯阿尔泰的跨界公路交通运输走廊。

其次，中蒙俄在交通基础设施领域建设取得一系列务实的成果。其一，蒙古国内公路建设方面相继开工。2014 年 10 月，蒙古国大呼拉尔决定采用标准轨对温陶勒盖—嘎顺苏海图和霍特—毕其格图两条新铁路进行修建。2015 年 5 月，蒙古国"扎门乌德—乌兰巴托—阿勒塔布拉格"高速公路开工建设，建成后将实现与中俄之间的公路连通；2016 年 5 月，乌兰巴托—中央省贺喜格的新机场高速公路开工建设，建成后将有利于中蒙俄经济走廊空中运输线路的连通。同时，2017 年蒙古国依托中国提供的优惠出口买方信贷，推动国内巴彦洪格尔省和扎布汗省等多条省际公路、雅玛格立交桥等多座市政立交桥、乌兰巴托—曼德勒戈壁输变电项目的开工建设。

其二，蒙古国与中、俄在交通基础设施领域合作取得了一些成果。

如 2016 年 5 月，连通中蒙的策克—西伯库伦口岸跨境标准轨铁路开工建设，建成后通过与现有的铁路网相连通，形成南联北开、东西贯通的强大的能源运输网络和交通运输网络，成为中蒙俄经济走廊的西翼和第四条欧亚大陆桥。同时，中蒙东北陆海新通道目前也成为中蒙俄经济走廊基础设施建设的重要工程，该项目"新通道"的主通道之一是从中、蒙边境的珠恩嘎达布其口岸，向南建设赤峰—朝阳市—锦州出海的铁路通道；新通道之二的出海通道是乔巴山—松贝尔—阿尔山—乌兰浩特—长春—延吉—珲春—扎鲁比诺，这就是所谓的横穿长吉图开发开放先导区的"中蒙大通道"，是中蒙利用中国的铁路线和俄的港口实现出海的重要通道，目前中蒙两国合作建设阿尔山—松贝尔口岸—乔巴山的"两山铁路"。此外，蒙俄两国就改造蒙古国铁路，提升蒙古国铁路运输能力方面，达成多项合作共识。2017 年 11 月，俄罗斯与中蒙两国就简化外贸运输时转交货运车厢手续达成共识，这有助于提高外贸运输总量和运输效率。

其三，中俄公路铁路以及陆港综合联运方面的合作继续推进。2015 年中俄两国邮政公司启动跨境铁路邮政运输服务，同年中俄两国合作完成对国际运输通道绥芬河界线交界处的铁轨更换，以保证跨境运输通道的畅通；2016 年中俄两国政府决定珲春—扎鲁比诺港的铁路采用中国的标准铁路轨道达成协议。2017 年中俄之间滨州—赤峰—西伯利亚的铁路实现连通；2019 年中俄之间第一座铁路桥梁下列宁斯克阔耶—同江铁路桥彻底完工通车，大桥建成后实现了中国东北铁路网与俄罗斯西伯利亚铁路网的连通。公路运输领域进展明显。在 2016 年 7 月，哈尔滨—满洲里—后贝加尔斯克—叶卡捷琳堡—莫斯科的公路物流运输通道开通；2016 年 12 月，中俄首座跨黑河—布拉戈维申斯克黑龙江（阿穆尔河）公路大桥开工建设，2019 年公路大桥顺利合龙。为了实现中国东北地区与俄罗斯远东地区陆港海洋综合联运体系便利化建设，中俄联合推动"滨海 1 号"和"滨海 2 号"国际交通走廊的建设。在石油天然气管道的互联互通方面，2017 年 11 月中俄原油管道二线工程建成，2018 年投入商业运营，通过该管道俄输往中国的原油从每年 1500 万吨提升到每年 3000 万吨，将极大缓解中国东北地区的石油短缺问题。

（二）海关领域合作的进展

首先，伴随着中蒙俄经济走廊规划纲要的签署，海关领域的合作机制开始逐步完善。目前，不仅有双边的中蒙海关联合监管、中蒙边境地海关联络官会晤、中俄边境海关联席工作会议，而且多边框架的中蒙俄海关协调联络机制、中蒙俄口岸合作中心等合作机制也逐步健全。如2017年，为促进三国跨境大通关，推进"信息互换、监管互认、执法互助"，搭建中俄蒙海关协调联络机制，目前多数商品无须二次检验，直接通关放行，大大提升了通关便利水平。

其次，各国对国内海关便利化改革进展较为明显。第一，俄罗斯通关便利化改革。目前，俄罗斯通过多次海关监管法修订，不断简化通关规则，使企业和个人可以自主选择海关机构办理通关手续，为跨境贸易活动提供通关便利。第二，中国积极推动边境口岸通关便利化改革。2015年中蒙最大陆路口岸二连浩特口岸关检启动"三互"通关模式，形成"一机一台一屏、合作检查、分别处置"的关检合作查验新模式，进一步提高查验效率，缩短通关时间，提高口岸通关便利化水平。

最后，中蒙俄双多边海关领域的合作继续加强。其一，在多边领域有一定进展。2015年7月中蒙俄三国元首会晤期间签署《中蒙俄海关关于创造贸易便利化条件促进贸易发展的备忘录》；2016年6月，中蒙俄三国签署了《中蒙俄海关关于特定商品海关监管结果互认的协定》，2017年中蒙俄三国建立海关协调联络机制，进一步推动三国海关提升"信息互换、监管互认、执法互助"的便利化水平。

其二，双边领域的进展突出。一方面，中俄海关合作提升双边贸易便利化进展。2015年中俄海关签署《关于集装箱运输商品供应链安全和贸易便利的议定书》，通过交换两国海关在物流监管过程中获取的信息，提高集装箱运输商品的海关通关效率。2016年中俄两国简化过境哈萨克斯坦货物运输通关程序，提高通关效率。在中俄边境海关联席工作会议机制的推动下，2016年中俄两国海关积极完善海关行政管理、拓宽监管范围、推动中俄"绿色通关"和"特殊商品监管结果互认"等项目得以实施，双方海关在促进贸易便利化、打通陆海联运通道、共同推动国际邮件等领域达成多项共识；2017年双方决定在推动中俄跨境通道建设、提升中欧班列运行效率等方面加强合作，并提出推动海关监管结果互认试点和国际邮件的联合监管。2017年6月满洲里公路口岸—后贝加尔斯克公路口岸开启监管结果互任，随后黑河—布拉戈维申斯克口岸，同江—下列宁斯阔耶口岸开启监管结果互任试点。另一方面，中蒙海关合作方面取得一定进展。2016年中蒙两国海关在乌兰巴托签署《关于促进贸易便利化的合作安排》，以支持"丝绸之路经济带"建设与"草原之路"发展战略对接。同年中蒙海关联合监管统一载货清单在满都拉—杭吉口岸试点，两国海关可以实现申报信息共享，对进出口货物联合监管，对于推动贸易便利化，防范风险等方面发挥重要作用。同时，中蒙两国海关积极推动统一载货清单电子化传输，2018年中蒙海关在二连浩特—扎门乌德口岸试点电子化传输载货清单，2019年中蒙两国口岸将正式实施电子化传输载货清单。在2017年中蒙边境地海关联络官会晤机制推动下，双方还同意建立中蒙边境地海关打击走私国际执法机制。积极推动贸易数据交换，如2017年5月中蒙边境地海关在二连浩特—扎门乌德开展贸易统计数据交换试点。启动快速通关"绿色通道"，如2018年9月中蒙两国海关签署"绿色通关"工作合作协议，双方海关可优先办理农产品货物海关查验及放行手续。俄乌冲突爆发后，中俄海关合作双边贸易便利化进程加速。2022年2月，中俄在元首会晤期间双方海关签署了《中华人民共和国海关总署和俄罗斯联邦海关署关于"经认证的经营者"互认的安排》（"经认证的经营者"简称"AEO企业"），这意味着经认证的经营者的货物将在通关中享受优先办理通关手续、优先查验、适用较低的单证审核率和查验率等便利措施，大大降低企业仓储、物流等贸易成本，为两国巩固能源合作基础、持续扩大贸易和投资规模营造更加安全便利的环境①。

（三）积极推进电子商务金融领域的合作

2014年中蒙跨境电子商务平台在二连浩特开通运营，为蒙古国居民购买中国商品提供便利，对于中蒙双边贸易会产生积极的推动作用。2015年中俄跨境电商通关服务平台在绥芬河正式开通，该平台的开通将

---

① 中国海关总署：《助力中俄贸易高质量发展 海关准备好了》2022年2月14日，http：//www.customs.gov.cn//customs/ztzl86/302414/302415/gmfc40/2813466/4192825/index.html，2022年8月16日。

实现海关总署电子口岸系统与俄罗斯电商平台、电商企业、物流运输企业的系统对接，通过"清单核放，汇总申报"的方式办理通关手续，提升中俄跨境贸易的便利化水平。与此同时，中国电商企业深入蒙俄境内建立电商服务平台，如2015年内蒙古塔宁电子商务有限公司在蒙古国开通了首个中蒙俄电子商务平台，在平台上国外居民可以方便地购买到中国商品。在电子商务机制建设方面，主要是中俄合作进展显著。2018年6月中俄签署《关于电子商务合作的谅解备忘录》，双方将建立电子商务合作机制，共同推进"丝路电商"合作，通过加强政策法规的沟通与协调，提升中俄电商贸易便利化水平。

继续推进本币互换和本币支付结算试点和建设工作。在本币互换方面，2014年10月，中俄两国央行签署了规模为1500亿元人民币/8150亿卢布的双边本币互换协议。在本币支付结算机制建设方面，2014年中俄两国开通跨境电商支付结算平台和成立中俄跨境金融服务中心。在本币结算方面，2014年中俄总理定期会晤委员会金融合作分委会会晤后，两国央行采取了简化本币结算手续、提高本币结算能力的一系列举措，为中俄贸易本币结算提供便利；2015年在绥芬河市启动卢布现钞试点使用，这些举措将进一步推动中俄双边本币结算和投融资结算的服务进程。启动俄罗斯人民币跨境清算行服务。2017年中国工商银行在莫斯科启动俄罗斯人民币跨境清算行服务，这将为人民币在中俄跨境贸易投资中的使用提供便利。同时，中国人民银行为人民币和卢布建立了PVP（对等支付）系统。此外，积极推动中蒙金融合作，如成立中蒙金融联盟，如2017年中蒙两国33家金融机构共同参与的中蒙金融合作联盟，推动中蒙金融合作的发展，为中蒙两国经贸合作提供便利。中国农业银行成立对蒙古国跨境人民币业务中心，为中蒙两国跨境资金结算提供支持。

第二节 中蒙俄经济走廊贸易便利化水平测算分析

贸易便利化是影响贸易成本的重要因素，贸易便利化不仅可以降低成本，还可以提升进出口产品多样化水平，也是关系到中蒙俄经济走廊区域内贸易潜力发挥的重要因素。Beverelli et al.[①] 研究发现：一出口国的贸易便利化水平与其出口的产品种类以及出口国家贸易伙伴数量呈现正相关关系。汪戎和李波特持同样观点，认为贸易便利化不仅可以降低成本，还可以提升进出口产品多样化水平[②]。自从 2014 年 9 月中俄蒙提出建设中蒙俄经济走廊以来，三国为推进贸易便利化，从多个方面做出了相关规划和建设，这在一定程度上提升了中蒙俄经济走廊贸易便利化水平。目前贸易便利化的评价指标体系并没有完全统一。世界银行研究员 Wilson et al.[③] 在研究亚太经合组织地区的贸易便利化水平时，构建了以港口效率、海关环境、国内规制环境、电子商务四个指标为一体的评价指标体系，之后该评价方法被国内外诸多学者采用。例如 Iwanow et al.[④] 在 Wilson 这个测评体系的基础上，把进出口非常规支付、国内规制环境以及基础设施作为衡量贸易便利化水平的重要指标。段景辉和黄炳志[⑤]对发达国家、发展中国家和最不发达国家在政策环境、海关与边境管理环境、物流与基础设施环境、政府和金融环境等 4 个领域的贸易便利化水平程度进行了国际比较，中国学者李豫新和郭颖慧[⑥]、张亚斌[⑦]同样借鉴了 Wilson 构建的贸易便利化评价指标体系展开研究。本书在测算中蒙俄经济走廊贸易便利化水平时借鉴了世界银行所采用的贸易便利化测评体系构建思想，因而吸收了港口效率、海关环境、国内规制环境、电子商务四个指标；同时结合中蒙俄经济走廊实际状况，考虑到中俄蒙金

---

① Beverelli C., Neumuellers, Teh R., "A New Look at The Extensive Trade Margin Effects of Trade Facilitation", World Trade Organization Economic Research And Statistics Division, WTO Staff Working Paper ERSD-2014-16, 2014.

② 汪戎、李波：《贸易便利化与出口多样化：微观机理与跨国证据》，《国际贸易问题》2015 年第 3 期。

③ Wilson J. S., Mann C. L., Otsuki T., "Assessing The Benefits of Trade Facilitation: a Global Perspective", World Economy, 2010, 28 (6).

④ Iwanow T., Kirkpatrick C., "Trade Facilitation, Regulatory Quality And Export Performance", Journal of International Development, 2010, 19 (6), pp. 735–753.

⑤ 段景辉、黄炳志：《贸易便利化水平指标体系研究》，《科学发展》2011 年第 7 期。

⑥ 李豫新、郭颖慧：《边境贸易便利化水平对中国新疆维吾尔自治区边境贸易流量的影响》，《国际贸易问题》2013 年第 10 期。

⑦ 张亚斌、刘俊、李城霖：《丝绸之路经济带贸易便利化测度及中国贸易潜力》，《财经科学》2016 年第 5 期。

融领域的合作将是未来较长时期内经济走廊合作的基础，因而将金融服务指标纳入其中，这样就构建了包括口岸效率、海关环境、国内规制环境、电子商务以及金融服务五个一级指标的贸易便利化测评体系。通过对经济走廊的贸易便利化进行准确判断和度量，有助于明晰经济走廊的贸易便利化水平及相应等级，为制定中蒙俄经济走廊跨国区域经济合作发展战略及相应促进政策提供重要依据，这必将深化中蒙俄经济走廊发展特别是激发区域内贸易潜力的有效发挥。

一 中蒙俄经济走廊贸易便利化主要指标状况

根据本书已经确定的评价指标，利用世界经济论坛《全球竞争力报告》的 2010 年、2013 年、2016 年、2019 年的数据来大致反映中蒙俄经济走廊 2010—2019 年在口岸效率、海关环境、国内规制环境、电子商务和金融服务 5 个方面的表现。由于时间跨越 10 年且时点分布均匀，可以反映中蒙俄经济走廊贸易便利化的基本状况。

（一）口岸效率

根据世界经济论坛发布的《全球竞争力报告》，口岸效率主要体现在基础设施建设上，包括口岸设施和公路、铁路、航空等相关基础设施的质量评价。基础设施质量越好说明效率越高。根据表 8-1 显示，在港口效率方面，中国总体情况要优于俄罗斯和蒙古国。其中，中国基础设施总情况、口岸基础设施以及公路、铁路、航空、电力的设施这 6 个方面的世界排名都总体上升且均在 80 名以内，铁路设施质量排名最靠前，始终居于世界 20 名上下；航空运输设施质量进步较大，从第 74 名跃升至第 45 名，但在服务效率方面，仅排在全球第 66 名；电力供应设施质量的排名在 2010—2016 年期间呈明显的下滑趋势，2019 年该排名迅速升至世界第 18 位。俄罗斯的口岸效率总体有一定改善，其中铁路设施质量 10 年来排名一直保持最高，2019 年为世界第 17 名，电力供应设施质量在 10 年期间呈现总体上升趋势，并在 2016 年上升至 59 名，赶超了中国，其明显的弱势是公路质量的排名 10 年来基本处于百名之外。蒙古国的口岸效率在近 10 年来总体情况表现较差，其弱势很明显，除了铁路设施质量相对较好以外，绝大多数指标的世界排名都位于 100 之后，尤其是口岸基础设施质量的排名明显下滑。

表8-1　　　　　　　　　三国口岸效率指标的世界排名

	2010年 中	2010年 俄	2010年 蒙	2013年 中	2013年 俄	2013年 蒙	2016年 中	2016年 俄	2016年 蒙	2019年① 中	2019年① 俄	2019年① 蒙
基础设施总情况	69	100	136	64	74	119	47	74	105	36	50	101
口岸基础设施质量	56	97	127	53	81	143	49	66	136	52	47	137
公路质量	54	130	139	49	124	130	42	114	102	45	99	112
铁路设施质量	21	29	66	17	26	69	17	23	69	24	17	55
航空运输设施质量	72	105	129	58	79	125	45	59	116	66	52	117
电力供应设施质量	49	84	108	56	73	100	65	59	95	18	61	73

资料来源：世界经济论坛《全球竞争力报告》。

（二）海关环境

根据世界经济论坛发布的《全球竞争力报告》，海关环境主要由贸易壁垒、通关手续等指标来衡量。另外，清廉指数亦能反映一国海关环境好坏。② 贸易壁垒指标衡量的是一个国家贸易壁垒的盛行度，对进口进行一定限制以保护国内产业。贸易壁垒越少，排名越靠前。通关手续指标衡量了一个国家的贸易货物通过国境时所需办理手续的烦琐程度。通关手续越简单，排名越靠前。政府清廉指数反映一国腐败的总体程度。根据表8-2显示，在海关环境方面，中国的总体情况明显好于俄罗斯和蒙古国。中国的三项指标在近10年内一直都保持在世界前80名内，尤其是在近5年内改善较为明显，说明通关手续日趋简化、贿赂情况有所缓解、贸易壁垒减少。俄罗斯和蒙古国在这三个指标上都有各自的优势和劣势。

---

① 2019年《全球竞争力报告》中，铁路、航空、口岸基础设施质量指标变为铁路、航空、口岸基础设施服务效率指标，本书依此相近指标进行替代。

② 孔庆峰、董虹蔚：《"一带一路"国家的贸易便利化水平测算与贸易潜力研究》，《国际贸易问题》2015年第121期。

俄罗斯的总体海关环境较差，在贸易壁垒上近10年的优化上虽有一定成效，从2010年的第134名上升至2019年的103名，但贸易壁垒情况总体还是比较严重的，说明对进口商品的限制一直较多。通关手续在考察的前期都处于弱势，排名都在世界百名后，但是近三年来世界排名急剧上升，在2019年上升至第99名。政府廉洁程度上，排名始终在百名之后。

蒙古国的总体海关环境较差，与中国差距较大。蒙古国在这三个指标上没有明显的优势，其贸易壁垒比较严重，贿赂情况较多，通关手续烦琐。如2019年，蒙古国贸易壁垒、通关手续、政府廉洁指数排名分别为第114、120、111位。

表8-2　　　　　　　　三国海关环境指标的世界排名

	2010年			2013年			2016年			2019年		
	中	俄	蒙	中	俄	蒙	中	俄	蒙	中	俄	蒙
贸易壁垒	63	134	92	54	111	76	58	112	100	60	103	114
通关手续	56	137	122	55	95	115	44	76	108	31	99	120
政府清廉指数	78	154	116	80	127	83	79	131	87	79	131	111

资料来源：世界经济论坛《全球竞争力报告》、透明国际《全球清廉指数》。

（三）国内规制环境

根据世界经济论坛发布的《全球竞争力报告》，国内规制环境主要反映的是一个国家的宏观环境是否有利于进行国际贸易。通常用知识产权保护、政府管制负担、政府有效性等6个指标来衡量。一般来说，政府管制负担越小，世界排名就越靠前，说明一个国家政府对贸易活动相应的管制较少且简单，国内贸易活动开展更加便利；另外知识产权保护程度越高、司法体系在争端解决方面的有效性越强、政府有效性越高、反垄断政策的有效性越强以及组织犯罪情况越少，世界排名就越靠前。根据表8-3，在国内规制环境方面，中国的总体表现要好于俄罗斯和蒙古国，各项指标绝大多数在70名以内，且各项指标之间的总体差距不大，说明中国进行了相应的改善。进一步分析发现，中国的政府管制负担指标的世界排名最靠前，居于世界前20名以内，说明中国对国内贸易活动的管制简单,国内贸易活动开展越来越便利;组织犯罪指标的世界排名是最后的(2019年世界排名第71名),说明中国国内还是存在一定的组织犯罪,对国内贸易活动的开展不利。

表8-3　　　　　　　三国国内规制环境指标的世界排名

	2010年			2013年			2016年			2019年		
	中	俄	蒙	中	俄	蒙	中	俄	蒙	中	俄	蒙
知识产权保护	47	126	136	53	107	125	49	93	122	53	90	131
政府管制负担	21	132	114	19	111	114	18	79	88	19	90	117
司法体系争端解决的有效性	42	123	106	49	110	109	45	70	95	52	83	114
组织犯罪	88	119	78	70	101	72	79	86	47	71	73	52
司法独立性	63	123	122	60	109	108	46	90	110	47	91	120
政府有效性	88	127	137	96	119	139	70	116	105	60	88	121

资料来源:世界经济论坛《全球竞争力报告》、世界银行全球治理指数。

俄罗斯与蒙古国相比中国,各项指标的排名都相对靠后而且之间的总体差距较大。俄罗斯的国内规制环境总体差于中国,但略优于蒙古国。观察这10年的变化,可以发现俄罗斯国内规制环境的各项指标均有较大幅度的上升,如司法体系争端解决的排名由第123名上升至第83名,知识产权保护、政府管制负担、政府有效性等指标也均由120名开外上升至前90名。说明俄罗斯在这10年在司法体系的改善、知识产权保护、政策有效性等方面均做出了较大的努力。蒙古国在国内规制环境各项指标的世界排名大多逊色于中俄两国,其中知识产权保护稳定在第120名左右,司法体系争端解决的有效性排名近10年呈现下降趋势。但是,相比较中俄两国,蒙古国在组织犯罪这个指标上表现出一定的优势,排名均比中俄该指标靠前,并且从2013年的第78名上升到2019年的第52名。

（四）电子商务

电子商务主要是反映了一个国家利用互联网等信息网络技术从事贸易相关活动的情况。根据世界经济论坛发布的《全球竞争力报告》，通常用信息技术的应用和每百人使用因特网人数这两个指标来衡量。最新技术应用主要表现为信息技术的应用，其应用程度越高，世界排名就越靠前；每百人使用互联网人数越多，世界排名就越靠前，说明国内从事贸易活动相关者可以更加方便地使用信息网络技术来从事贸易活动。根据表8-4，总体来说，三国电子商务水平都不是很高。其中，中俄之间的差距在逐渐缩小，而蒙古国相较于中俄两国，总体表现差，各项指标的世界排名都靠后。中国在最新技术应用方面的世界排名2016年在81位，并没有较大的优势，说明最新信息技术应用仍有很大的改善空间；相对较好的就是每百人使用互联网的人数情况，排名逐年上升至第32名（2019年）。与中国类似，俄罗斯在电子商务的优势主要体现在每百人使用互联网指标上，在最新技术应用的排名中总体上升，但与中国保持着一定的差距。蒙古国在电子商务方面没有优势，与中俄两国一样，其中排名相对靠前的就是每百人使用互联网指标（2019年排名第76名）；在最新信息技术应用排名在百名左右，说明最新技术的应用程度在蒙古国并不高，导致国内信息技术的落后，说明其还有很大的进步空间。

表8-4　　　　　　　三国电子商务指标的世界排名

	2010年			2013年			2016年			2019年		
	中	俄	蒙	中	俄	蒙	中	俄	蒙	中	俄	蒙
最新技术应用	100	121	120	97	108	76	81	84	96	N/A	N/A	N/A
每百人使用互联网人数	55	47	88	51	43	80	42	44	79	32	47	76

资料来源：世界经济论坛《全球竞争力报告》。

（五）金融服务

金融服务主要是反映了一个国家内部金融机构通过开展业务活动为

客户提供包括融资投资、储蓄、信贷、结算等多方面的服务。本书通过金融机构发展水平、金融市场发展水平、信贷环境、银行体系的健全性等指标来衡量一国金融服务水平。金融机构/金融市场发展水平包括金融机构/金融市场发展的深度、准入、效率三个方面，衡量一国提供金融服务的能力，发展水平越高，世界排名越靠前；信贷环境越好，银行的健全性越高，那么世界排名也越靠前。根据表8-5，在金融服务方面，中国要优于其他两个国家。而蒙古国表现最差，排名情况不容乐观。

表8-5　　　　　　　三国金融服务四个指标的世界排名

	2010年			2013年			2016年			2019年		
	中	俄	蒙	中	俄	蒙	中	俄	蒙	中	俄	蒙
金融机构发展水平	70	58	65	57	48	49	46	43	42	40	43	35
金融市场发展水平	24	35	106	20	40	90	18	40	81	21	48	84
获得信贷	65	89	72	73	109	55	62	44	62	92	25	25
银行的健全性	64	129	134	63	118	99	82	121	126	95	115	120

资料来源：世界经济论坛《全球竞争力报告》、世界银行《全球营商环境报告》、国际货币基金组织金融发展指数数据库。

在近10年间，中国在金融发展水平方面有了明显进步，世界排名在不断上升，其中金融机构发展水平由世界第70名上升至前40名，金融市场发展水平稳居世界20名上下。这说明中国提供金融服务的能力强，且可以被大部分的顾客所承担，但在银行的健全性方面相较其他指标表现最差。相对于中国，俄罗斯在金融市场发展水平方面呈现了名次下降的趋势，其在银行的健全性方面表现也一直较差，差不多在第120名左右的位置。蒙古国的金融机构及金融市场发展水平排名稳步上升，说明蒙古国正加强金融服务水平，扩大金融服务的受众面，让缺乏一定经济基础的客户可以享受到金融服务。在这四个方面中，蒙古国在银行健全性上表现最差，近 10 年排名基本在百名之外。

二　贸易便利化指标权重确定

根据已经确定的中蒙俄经济走廊贸易便利化的 5 个一级指标和 20 个二级指标的测评体系，本书将对第一部分的数据做进一步研究，重点关注 2015—2019 年中俄蒙三国所有二级指标的具体数值来对中俄蒙三国的贸易便利化水平进行测算。

为了便于将贸易便利化所有二级指标的数值进行直观比较，需要对数据进行规范化处理来消除量纲的影响。因为所有二级指标都是正指标，所以可以采用公式（1）来进行处理。其中，X_i 为某二级指标的实际数据，X_{imax} 为该二级指标可以取到的最大值，那么通过公式计算得到的 Y_i 为经过规范化处理后的二级指标的取值，最终得到三个国家 5 年期间的所有二级指标的规范值。

$$Y_i = X_i / X_{imax} \quad (1)$$

当变量很多时，通常利用主成分分析法，通过降维选出几个较少的变量即主成分来解释大部分的数据。该方法可以快速且较准确地利用主成分的系数确定各个变量的权重分配，能够克服对指标权重赋值的主观臆断，减少数据的共线性，被国内外许多学者所采纳。例如 Hausman[1] 在测算全球物流指标和供应链绩效指标时采用了主成分分析法来对各级指标进行权重分配，李豫新和郭颖慧[2]、孔庆峰[3]等对贸易便利化水平测算时也采用了类似的方法。本书利用上述方法确定每一个二级指标在衡量国家贸易便利化时的权重，最后一级指标的权重为各自包含二级指标权重之和。具体计算得到的权重指标如表 8-6 所示。

---

[1] Hausman W. H., Lee H. L., Subramanian U., "Global Logistics Indicators, Supply Chain Metrics, And Bilateral Trade Patterns", *The World Bank*, 2005.

[2] 李豫新、郭颖慧：《边境贸易便利化水平对中国新疆维吾尔自治区边境贸易流量的影响》，《国际贸易问题》2013 年第 10 期。

[3] 孔庆峰、董虹蔚：《"一带一路"国家的贸易便利化水平测算与贸易潜力研究》，《国际贸易问题》2015 年第 12 期。

表 8-6　　贸易便利化测评体系各级指标及权重

一级指标（%）	二级指标（%）
口岸效率（20.16）	口岸基础设施质量 P1（3.58）
	公路质量 P2（6.61）
	铁路设施质量 P3（3.12）
	航空运输设施质量 P4（3.66）
	电力供应设施质量 P5（3.19）
海关环境（18.14）	贸易壁垒 C1（6.31）
	通关手续 C2（6.92）
	政府清廉指数 C3（4.91）
国内规制环境（34.29）	知识产权保护 R1（6.83）
	政府管制负担 R2（6.95）
	司法体系争端解决的有效性 R3（6.27）
	组织犯罪 R4（0.96）
	司法独立性 R5（6.72）
	政府有效性 R6（6.56）
电子商务（10.82）	最新技术应用 E1（6.03）
	每百人使用互联网人数 E2（4.79）
金融服务（16.59）	金融机构发展水平 F1（3.89）
	金融市场发展水平 F2（5.51）
	获得信贷 F3（1.58）
	银行的健全性 F4（5.61）

三　贸易便利化测算结果

在得到所有的二级指标和一级指标权重后，就能算出每一个一级指标的便利化指数和总便利化指数。每一个一级指标的便利化指数等于每一个二级指标的规范化数据乘以各自在相对应的一级指标内部的权重，然后结果相加取和。总便利化指数等于每一个一级指标的便利化指数乘以相应的一级指标权重，然后结果相加取和。

根据具体权重和规范值可以测算出中俄蒙三国 2015—2019 年的口岸效率、海关环境、国内规制环境、金融服务和电子商务等五个指标的便利化指数和三国贸易便利化水平总指数。具体结果显示在表 8-7。

表 8-7　　三国贸易便利化总指数和一级指标指数

	2015 年	2016 年	2017 年	2018 年	2019 年	5 年均值
中国						
口岸效率	0.689	0.699	0.678	0.661	0.664	0.678
海关环境	0.549	0.574	0.598	0.603	0.614	0.587
国内规制环境	0.570	0.588	0.615	0.620	0.623	0.603
电子商务	0.403	0.440	0.460	0.485	0.500	0.458
金融服务	0.639	0.643	0.633	0.663	0.663	0.648
总指数	0.584	0.601	0.611	0.618	0.623	0.607
俄罗斯						
口岸效率	0.535	0.557	0.576	0.620	0.634	0.585
海关环境	0.482	0.488	0.499	0.485	0.495	0.490
国内规制环境	0.412	0.444	0.482	0.486	0.488	0.462
电子商务	0.412	0.434	0.437	0.453	0.465	0.440
金融服务	0.519	0.538	0.511	0.519	0.538	0.525
总指数	0.467	0.489	0.504	0.515	0.525	0.500
蒙古国						
口岸效率	0.389	0.400	0.416	0.440	0.445	0.418
海关环境	0.538	0.514	0.498	0.501	0.495	0.509
国内规制环境	0.425	0.453	0.426	0.411	0.402	0.423
电子商务	0.380	0.374	0.376	0.384	0.385	0.380
金融服务	0.422	0.410	0.398	0.419	0.433	0.416
总指数	0.433	0.438	0.427	0.432	0.431	0.432

表 8-7 的实证研究结果显示：

第一，中蒙俄经济走廊的贸易便利化水平整体还处于不便利等级。根据现有文献，通常将贸易便利化水平综合分值分为四个等级[1]：得分大于 0.8 分为非常便利，得分处于 0.7—0.8 分为比较便利，0.6—0.7 分为一般便利，而 0.6 分以下为不便利，本书借鉴了这种划分方法。根据划分

---

[1] 孔庆峰、董虹蔚：《"一带一路"国家的贸易便利化水平测算与贸易潜力研究》，《国际贸易问题》2015 年第 12 期；曾铮、周茜：《贸易便利化测评体系及对中国出口的影响》，《国际经贸探索》2008 年第 10 期。

等级标准，中国在2015—2019年5年的平均贸易便利化指数为0.607，远远高于俄罗斯（0.50）和蒙古国（0.432）。但是，中国近5年的平均贸易便利化整体处于一般便利的水平，而俄罗斯和蒙古国近5年的平均贸易便利化指数都在0.6以下，分别属于贸易不便利和非常不便利等级。中蒙俄三国组成了中蒙俄经济走廊的核心区，三国的贸易便利化程度关系到经济走廊总的便利化水平。如果将这5年中国、俄罗斯、蒙古国的贸易便利化水平进行简单算术平均数处理，得到的结果是中蒙俄经济走廊的贸易便利化水平整体还处于不便利等级。因此，就需要通过一系列相关改善措施来促进中蒙俄经济走廊的贸易便利化，从而进一步带动三国经济贸易的发展。

第二，中俄蒙三国在口岸效率、海关环境、国内规制环境、金融服务和电子商务等方面呈现出一定的相似性和差异性。中国和俄罗斯有很大的相似性，两国在口岸效率方面表现均优于其他四个方面。蒙古国不仅口岸效率表现最差，而且同中俄一样，在电子商务方面指数几乎都不超过0.5，在各项一级指标中表现不尽如人意（该指标在中俄蒙均表现最差）。这说明在信息化技术普及度和互联网使用方面三国还有待进一步提高。中国的口岸效率比俄罗斯和蒙古国的水平高，但口岸效率近5年的均值只有0.678，处于一般便利水平，其他两个国家口岸效率近几年还是有所改善，但仍处于不便利等级。在海关环境方面，蒙俄指数均在0.6以下、中国近两年则略高于0.6，总体还处于不便利等级。但中国在2015年以后在优化海关环境上有所加强，俄罗斯也在不断地改善海关环境，促进贸易便利化水平的提升。2017年到2019年，中国国内规制环境的指数一直稳定在0.6以上，国内规制环境处于一般便利的水平，也在一定程度上影响了贸易便利化水平的提升。但相较于俄蒙两国，中国的国内规制环境还是具有一定优势的。2015年到2019年，中国在金融服务方面的水平一直保持着领先优势，并且指数保持在0.6—0.7，总体呈现出波浪上升的趋势。这主要得益于国内市场融资变得更加容易与方便，而这也会对中国贸易便利化水平的提高起到促进作用。俄罗斯和蒙古国主要集中在0.40—0.55，与中国相差较大。

第三节 推进中蒙俄经济走廊贸易便利化的思考[*]

中蒙俄经济走廊紧密联系着中俄蒙三国，提升中蒙俄经济走廊贸易便利化符合三国间的共同利益。实证研究表明，中蒙俄经济走廊的贸易便利化水平不高，三国不仅与发达国家之间有很大的差距，而且三国的便利化水平差异也较大。因此需要在推进中蒙俄经济走廊贸易便利化方面采取更加有效的措施。我们认为，深化发展中蒙俄经济走廊贸易便利化水平，不能就事论事，而应该从中蒙俄经济走廊内涵审视的高度来看待这个问题。中蒙俄经济走廊既是促进相关区域经济发展与合作的基础设施和交通运输一体化网络，又在交通走廊中得到发展，以沿线城市区域的产业互动发展为重要内容，在特定地理区域内将生产、贸易和基础设施联合在一起的机制，而且它也是一项涉及生态、经贸、意识形态认知、价值观认同、地区认同等一系列问题的认知解决的建构过程。本书基于上述认识，提出应重点加强以下几个方面的建设。

一 公共产品供给是突破贸易便利化发展瓶颈的有效方式

根据前面的测算结果，当前中蒙俄经济走廊贸易便利化水平整体还处于不便利阶段。如在口岸效率方面，中国的口岸效率只是处于一般便利水平，而俄蒙处于不便利水平，三国都应加快促进边境口岸的转型升级；在海关环境方面，中俄蒙三国的海关环境的便利化程度都处于不便利水平，指数几乎都在 0.6 分以下，三国必须要在海关环境方面采取相应的促进措施；同时，中俄蒙三国的电子商务水平明显还很低，金融服务滞后。中俄蒙三国提高口岸效率和改善海关环境以及电子商务和金融服务的发展，其核心是软硬件基础设施建设问题。解决上述问题，需要中国与经济走廊沿线的蒙古国、俄罗斯加强多方面协调的机制化，以联合起来共同生产、提供本地区所需的跨国社会基础设施、制度、机制等区

---

[*] 米军、史双美：《中俄蒙经济走廊贸易便利化水平及其深化发展的思考》，《北京工商大学学报》（社会科学版）2018 年第 4 期。

域性公共产品,通过提升贸易便利化合作机制有效实施,将极大降低这些国家贸易成本,激发发展贸易的潜能,实现共同发展。

探索区域多层次公共产品供给新形式,既是突破发展瓶颈的有效方式,又是成为中蒙俄经济走廊建设的基本内生动力。快速发展的中国应在经济走廊地区合作中发挥提供区域公共产品的主动性,不仅要加强交通基础设施合作机制供应,而且也要解决促进贸易投资金融类合作的机制供应不足问题。其一,基础设施互联互通是中蒙俄经济走廊建设的优先领域,也是提高贸易便利化水平、乃至未来建设高标准自由贸易网络的重要依托。通过基础设施连通机制建设,对接基础设施建设规划和技术标准体系,共同推进中蒙俄经济走廊国际骨干通道建设;三国通过加强交通重点工程和项目的合作,迫切需要优先畅通瓶颈路段,提升道路通达水平;三国推进建立统一的全程运输协调机制,解决国际通关、换装、多式联运有机衔接问题,逐步形成兼容规范的运输规则,实现国际运输便利化;共同推进跨境光缆等通信干线网络建设,提高国际通信互联互通水平,推动电子信息化技术的发展和推广,改善电子商务运营的基础设施环境,才能从根本上提升电子商务便利化水平。建立中俄蒙地区间电子商务平台。在中俄非毗邻地区,优先推动长江流域地区与俄罗斯发达地区州、区相关部门合作,签订合作协议;在毗邻地区,优先推动中国东北地区与俄罗斯相关地区间的合作。主要由政府联合组建一个以经贸合作为主,辐射亚欧各国的中俄蒙电子商务交易平台,提升贸易便利化水平,扩大中俄蒙电子商务贸易总额。其二,通过三国加强区域贸易协定谈判,推动各方降低贸易壁垒,特别是构建全天候通关一体化制度,跨境监管程序的统一化,在信息认证、监管、检验检疫、物流等多方面进行三方合作,营造便利化的海关制度环境,才能真正解决当前中俄蒙边境海关普遍存在的通关拥堵问题。

其三,特别值得强调的是,中俄蒙三国加强金融合作,打造公共金融服务产品,是未来较长时期内经济走廊合作的基础。当前,中蒙俄经济走廊建设的区域资金供给不足问题突出,这已经严重影响到贸易便利化水平的提升。在中蒙俄经济走廊的核心区,中国金融服务指标超过0.63,达到便利化水平,而俄罗斯和蒙古国该指标分别处于不便利和非常不便利水平。在这种情况下,具有超强的政治影响力和经济实力、外汇储备充足和人民币国际化前景可期的中国，应该在金融合作中扮演公共产品的提供者和领头人的角色。由于俄罗斯、蒙古国等国家货币稳定性，只有人民币可以承担合作重任，化解区域合作的资金瓶颈，实现发展为导向的区域合作。在中国的人民币跨境支付系统建成并投入使用之前，要充分利用好央行间的货币互换协议，同时要加强人民币跨境交易支付系统建设。2015年人民币跨境支付系统上线，当前加快中蒙俄经济走廊地区布局人民币跨境交易支付系统，将为人民币成为区域计价、结算及投融资货币提供保障。2017年11月中俄总理定期会晤首次突出了支付系统和支付服务领域合作，凸显了加强人民币跨境交易支付系统建设的重要意义。另外，金融合作重要的方面，就是加强构建均衡的投融资合作机制，消除道德风险，这将决定中蒙俄经济走廊建设的可持续发展。利用好国际开发性金融机构不仅有助于降低投资风险、增加区域性投资，而且也带动中国政策性银行、商业银行加大对经济走廊人民币境外项目贷款的投放力度。

深化经济走廊公共产品供给，最后还是要落实到组织机构建设及合作机制的实体化上来。为此，我们认为，应继续完善现有的三国首脑会晤机制、副外长级磋商机制、海关与交通运输部门、旅游等机构的部长级合作机制等的常态化运行，同时进一步加强中俄蒙合作的机制建设，使三国发展战略对接落实到具体合作领域和项目中。特别是有必要在国家层面推动建立领导地区合作的常设机构，并建立更高级的地方领导人单独定期对话与会晤机制，为中蒙俄经济走廊加强务实合作并实现地方合作总体统筹规划及具体领域合作提供系统性、战略性指导。当前，只有通过更高层次的地方合作机制建设，才可能建立推动经济走廊合作开发的公共产品供应机制，即跨区域互联互通机制、信息共享机制、奖励机制、风险管理机制。当然，地区合作中重大的决策和国家间的合作机制重大项目等，由两国中央政府协商确定，但中央政府起的作用只是间接的，为地方政府的参与谈判和实施优惠提供一个强大的后台保障，直接参与的是地方政府，这样才能调动地方政府的积极性，实现国际标准的采用和落实。

二 产能合作是深化贸易便利化的经济技术基础

加强产能合作,较之单纯的贸易合作是更为高级和深化的合作方式,有助于充分发挥彼此优势,创造新一轮的产业合作增长红利,奠定三国贸易便利化提升的经济技术基础。产能合作机制框架,应该是在中蒙俄经济走廊打造重点工程和项目及交通线布局产业园区,重构共同发展的产业链分工体系。中蒙俄经济走廊软硬件通达的基础设施改善,离不开三国彼此不断加强的产能合作予以推进落实;中蒙俄经济走廊贸易潜能的挖掘,离不开三国加工制造业产能的深度嵌入与整合,而贸易潜能的提升反过来必然倒逼贸易便利化水平的改善。对俄罗斯蒙古国来说,多数处于大规模的技术吸收阶段,因此中国的产能是可以利用的。为此,中国积极推动基础设施与制造业产能、装备、技术和资本向俄罗斯和蒙古国输出,构筑中国与俄罗斯、蒙古国以及沿线相关国家之间的利益共同体和命运共同体,必然会推进经济走廊的口岸基础设施、海关环境、国内规制环境、金融服务、电子商务等多方面的贸易便利化水平的提升。在实际操作中,需要综合分析经济走廊核心国家中俄蒙及其相关国家(如日韩等)的国别优势寻找最佳的产业合作点,采取分产业、分阶段、分地区逐步推进的方式。在全球价值链视角下,对多方都有利的互补性产业优先合作;对于竞争性产业合作,逐步细化产业合作共生性增长点,有助于延长合作价值链条,互相深度嵌入,实现技术进步和合作的可持续发展。为了优化中俄蒙合作产业链布局,特别是需要中、俄牵头与经济走廊相关国家构建国家科技园。该园区依托两国高科技企业,建立科技成果转化合作基地,生产影响未来全球价值链的高科技产品,有助于提升对经济走廊整体经贸合作的带动作用。

三 中欧班列是提升经济走廊贸易便利化的重要抓手

目前,正在常态化运营的中欧班列对提升中蒙俄经济走廊沿线国家贸易便利化(通关、基础物流设施建设及改善)和沿线国家对中国的贸易潜力方面发挥巨大作用。它不仅将西伯利亚大通道与新亚欧大陆桥连接起来,而且已经形成的西、中、东三条运输通道辐射影响力日益扩大。西北、西南、中原等地多经过阿拉山口通道出境,经哈萨克斯坦与俄罗斯西伯利亚铁路相连，运行较为成熟，被称为西线通道（第三条欧亚大陆桥）。中线和东线主要经蒙古国与俄罗斯西伯利亚铁路相连，走二连浩特和满洲里口岸出境，通常称为俄罗斯班列。总体上中欧班列运输比较成熟，运价接近市场，客户基本接受，补贴较低（有些班列已经没有补贴，运行状况较好）。但也存在不少问题：通道境外宽轨段运价差别较大，满洲里通道运价较低，二连浩特次之，阿拉山口运价偏高；境外段换装车辆供不应求，口岸接运车不及时，货物等车滞留时间长，目前二连浩特较为严重，满洲里次之，阿拉山口状况较好；境外办理转关时间长，俄罗斯铁路口岸海关领导更换频繁，政策连续性差，抽箱查验频率较高，影响客户发货；回程货源单一，货值较低，特别是木材境外回程班列缺少平台间的协调合作分工，各自为政，引发新一轮俄罗斯回程班列的价格竞争；回程班列大部分使用自备箱和俄铁箱，箱源不足，租箱价升高，加大了成本和政府补贴力度；相对去程满负荷运转，回程有些负荷不足，甚至个别线路出现过空仓回程现象。为了提升班列的运行效率问题，需要采取提升便利化的有效措施：其一，加大中俄蒙集装箱互换使用数量，利用就地换箱措施，大大降低运行成本，方便客户。其二，解决境外货源整合和议价能力，如通过加强回程班列的平台合作联盟，组成境外联合体密切合作，联合谈判，有序分工，分别发运；通过借助现代的信息手段完善中欧班列，建立统一的信息管理平台，为企业提供更优质的服务，是中欧班列快速提升其竞争力的有效手段，如建立统一的物流运输申请与查询网站，全程无纸化以及在线的货物信息跟踪与记录，这些措施不仅可以方便企业，同时更利于信息的收集，让决策者能够更好地安排铁路运输班次、回程时间和货源等信息。其三，加强中俄蒙海关信息联通，互认单证，提高通关效率，缩短运输时间。其四，加强经济走廊沿线大型园区建设，实现"班列+园区+集散+深加工"的发展模式，通过建设产业园区、科技园区将对沿途俄蒙等国经济产生溢出或辐射效应，带动当地就业、税收、收入的提升。客观上，这对东道国经济提供了"造血"功能；对中国企业来说，以经济走廊为载体有助于快速形成规模效应，降低投资风险，也有利于有效解决班列的运行效率。

四 口岸经济与口岸城市协同发展提升边境口岸的综合带动作用

口岸城市作为口岸经济发展的载体，是"中蒙俄经济走廊"建设中内联外接的重要枢纽，其独特的区位优势和功能优势决定了口岸城市在丝绸之路经济带和"中蒙俄经济走廊"建设中占据着举足轻重的核心地位。提升中蒙俄经济走廊的贸易便利化水平，需要做好"两个推动"，即一方面，通过加速推进口岸重点领域综合改革，推动陆路口岸进一步开放，提升口岸服务水平；另一方面，要从口岸经济与口岸城市协同发展的视角，推动口岸经济带建设。实践证明，那些口岸服务水平高的地区，往往得到口岸所在城市经济带的强力支撑。

在中蒙俄经贸合作中，边境口岸带动效应问题一直未能解决。为了反映中蒙俄边境口岸与口岸城市发展的关系，前文借鉴国内外学者通常使用的相对集中指数 RCI 概念来度量二者的相关性。在口岸发展中综合考虑口岸进出口货运量和出入境人员，口岸城市发展水平通过人口、GDP、全社会固定资产投资、社会消费品零售总额等指标反映。通过对内蒙古 2006—2020 年各边境口岸与口岸城市 RCI 的实证研究，可以发现，中国对蒙古国、俄罗斯的边境口岸的口岸地位过于突出，没有对城市经济发展起到明显的带动作用或带动作用很低，"过货化"现象较为明显；口岸所在城市的产业基础比较薄弱，没有基于口岸区位条件来发展特色产业或产业集群。

为此，解决中蒙俄经济走廊口岸经济发展带动问题，增强走廊经贸合作的积极性和口岸服务质量的提升，除了加强口岸软、硬实力的建设，逐渐提高边境口岸对俄蒙两国的辐射力和影响力外，还要重点创新口岸城市基础设施与加工制造业产能合作机制，通过重点工程和项目以及围绕交通运输线，建设"口岸—腹地—境外"联动式产业园区，实现口岸经济与口岸城市的协调发展，才能从根本上解决边境口岸带动效应问题。其一，加强基础设施改造。成立省一级基础设施互联互通委员会，争取在国家层面持续注入更多政策支持，落实好中蒙俄跨境基础设施合作项目的建设和运营管理；各边疆省区完善本省公路、铁路、航空等交通网建设，争取各方资金，加大交通建设投资力度，特别是完善口岸及口岸城市的交通基础设施建设。其二，加强二连浩特、满洲里、绥芬河等重点口岸城市产业发展。夯实口岸城市产业基础,通过扶植和发展与口岸经济发展的相关产业来提高口岸城市的整体效益。对口岸进出口货物深加工,发展进出口加工业、现代物流业、边境旅游业等支撑口岸开发开放的特色产业。例如,为了促进中蒙、中俄农畜产品的贸易,二连浩特、满洲里作为对蒙古国和俄罗斯最大的口岸,物流产业发展是必然选择。可以以二连浩特口岸物流为主渠道,其他中蒙边境口岸物流作为连接点,并能整合现有的国内仓库、物流园区、配送中心、中转站及海外仓等多方资源,构建铁路、公路、航空有机衔接的中蒙跨境物流网络。由于物流产业的发展涉及基础设施、物流技术设备、政策、服务与运输标准等多个方面,这必然对口岸城市的发展产生多方面的带动作用。二连浩特的物流产业以放眼国内外的格局来发展,不仅能实现对口岸发展的支撑,而且也有助于扩大口岸城市对内陆城市的辐射范围,促进与内陆地区的互动发展。同样,加强建立以满洲里口岸物流为主渠道的对俄跨境物流网络。当然,主要重点口岸不仅要发展物流产业,同时要加强发展进出口加工业、边境旅游业,才能形成口岸城市对口岸的支撑作用,进而实现提升边境口岸带动作用。像内蒙古西部的满都拉、策克口岸,因毗邻蒙古国能矿资源富集区,其口岸地位显著提升。但这些昔日的季节性小口岸迫切需要解决发展严重滞后的基础设施问题,通过提升铁路公路等级,将其功能定位为物流集散地和能矿资源深加工产品(如煤制气、煤制电)的出口转运地(这些资源型口岸因依托的乡镇具有发展工业的先天不足,需要将其深加工业务依托于市属"飞地"投资项目,以此扶植与口岸经济发展相关的产业)。

五 国家互信及认同是贸易便利化各项工作顺利对接的前提

加强中蒙俄经济走廊贸易便利化建设,各相关国家(特别是区域大国)间的政治协商、谅解、合作与信任是推动区域经济合作的第一要素,任何损害了中俄蒙关系政治基础做法,都会迟滞中蒙俄经济走廊口岸基础设施、海关环境、金融服务、电子商务等各项工作的顺利对接。如2016年11月蒙方允许达赖窜访,导致中蒙政府间会议和产能合作会议搁置,甚至影响到2017年中俄蒙首脑的会晤。俄方高层的战略思路明确,但各部门和地方及官员认知和心理准备尚不充分,"中国威胁论"在蒙俄学者中有一定市场，除了领土诉求担忧和人口扩张外，非传统安全成为更关心的问题。事实上，俄罗斯蒙古国看到了对接中国"一带一路"倡议的重要性，但是由于认同感不足，存在蒙俄对外来投资者进入的排斥；由于互信问题，导致区域间缺乏信息发布平台，中国与俄蒙政府、企业间的信息交流不流畅问题较为严重。为此，一方面，需要加强相关部委与俄蒙全面沟通协调，做好"政策通"这项既是基础又是保障的重要工作；加强对俄蒙的司法交流；加强政府间的规制交流，围绕规制理念、方法、标准展开更为积极的互动，为中俄蒙贸易便利化改善提供具有国际先进水平的国内规制环境。另一方面，加强人文交流，营造更有利于中蒙俄经济走廊地区合作的人文舆论民心相通的发展环境。目前，影响中俄蒙经贸合作的重要因素是缺少社会和人文基础。这两个国家的民众对中国文化缺乏了解，而由于中国文化传播能力不足，近年来媒体学界民众中都有对"中国威胁论"和"中国新殖民主义"的质疑。中蒙俄人文合作要解决的重点领域就是要实现文化融合对接，既要与沿线国家文化相互交流融合创新，又要主动提出新的文化理念，占据文化制高点，人类命运共同体就是彼此文化融合对接的很好载体。同时，打好中国传统文化这张牌，建立跨境文化交流平台，输出中国特色文化品牌，在俄蒙两国民众中，尤其是青少年当中培养一大批"中国文化迷"和"中国文化通"[①]。

总之，现阶段，中蒙俄三国政治互信水平进一步深化，为经济走廊的建设提供了良好的政治环境。中蒙俄三国元首通过多次会晤，推动了中蒙俄经济走廊的建设。中蒙俄经济走廊规划纲要签署后，中蒙俄经济走廊贸易便利化建设进入到机制引领的新阶段，通过构建合作机制，为三国的合作提供了良好的制度基础。但是现阶段仍然存在的一些不利因素阻碍了中蒙俄经济走廊贸易便利化的进展。在基础设施方面，蒙俄国内交通基础设施落后，国内现有的铁路大多是苏联时期修建的，铁路线路老化，运输能力低下，难以满足货物的运输需求；中国和蒙俄的铁路轨距标准不同，跨境铁路货物运输需要换装，严重影响了货物运输效率；

---

① 米军：《中俄蒙经济走廊区域合作研究的学术史梳理》，《中国社会科学报》2018年3月15日第4版。

蒙俄两国公路质量差，公路运输能力和效率低下，难以满足货物运输需求。在海关方面，蒙俄两国海关通关手续烦琐，口岸软硬件基础设施落后，信息化水平低，通关时间长，通关效率低下。同时，中蒙俄三国多数口岸非24小时通关口岸，导致通关排队等待时间较长，通关效率低下。规制环境方面，蒙古国内政策的连续性和稳定性差，政府人员频繁变动，办事效率低下，腐败问题严重；俄罗斯国内腐败问题比较严重，政府执法的可靠性较差。在地缘政治方面，蒙古国在外交政策上实施"第三邻国政策"，制衡中国和俄罗斯，以期在中蒙俄经济走廊的建设中获得更多的利益。同时，蒙俄两国国内学者和民众对于中国的误解，在一定程度上阻碍了中蒙俄经济走廊贸易便利化的进展。为此，在贸易便利化方面，中蒙俄三国需要加强多方面功能性领域合作的机制化建设，以功能性领域制度创新为引领，为中蒙俄经济走廊建设创造良好的贸易畅通环境。

第九章

中蒙俄经济走廊金融合作发展及金融合作机制建设

中蒙俄经济走廊于2014年9月由习近平主席出席中俄蒙三国元首会晤时提出，并得到蒙俄双方元首的积极响应。作为六大经济走廊之一，中蒙俄经济走廊以促进基础设施互联互通、深化经贸合作为重点领域。经过整整七年的发展，中蒙俄在"五通"方面均已取得系列进展。北京大学五通指数研究课题组曾建立五通指数指标体系，对63个沿线国家五通指数进行测算，结果显示俄罗斯排名第一，属于顺畅型国家，蒙古国排名第七，属于良好型国家[1]。在中蒙俄政治互信不断增强、经贸合作关系逐渐紧密的条件下，三方有条件并有能力建设好中蒙俄经济走廊。

金融是现代经济体系的核心，对深化中蒙俄经济走廊金融合作有着极大必要性。蒙俄两国基础设施落后，是制约中蒙俄经济走廊建设的重要瓶颈[2]。蒙俄两国正极力改善基础设施状况，但两国财政实力较弱，诸多项目的建设难凭一己之力完成。金融具有资金的快速聚集，扩大资金规模的作用，是提供基础设施建设所需资金的主力军。中国与蒙俄两国经贸关系的日益紧密也将进一步催生货币合作需求。随着人民币影响力的增加及人民币国际化基础设施的不断完善，三方对跨境人民币支付结算的需求也会增大。但无论是何种因素所催生出的金融合作，都需关注

---

[1] 北京大学"一带一路"五通指数研究课题组：《"一带一路"沿线国家五通指数报告》，经济日报出版社2016年版。

[2] 米军、李娜：《中蒙俄经济走廊建设：基础、挑战及路径》，《亚太经济》2018年第5期。

金融风险问题。只有在保证金融安全的条件下，深化中蒙俄经济走廊金融合作，才能使金融更好地服务于走廊建设。

第一节 中蒙俄经济走廊金融合作发展进程

中国与蒙俄两国在金融合作机制建设、本币互换、跨境贸易结算、金融机构合作、金融监管合作等方面的合作进展显著，其中与俄方建立了更为紧密的金融合作关系。

一 金融合作机制不断完善

第一，双边合作机制优先得到完善。中国与俄罗斯、蒙古国的金融合作双边机制主要围绕高层对话机制、金融领域的安全管理及市场发展等方面开展。其中，中俄双边机制建设进展显著。中俄金融合作取得的成果与中俄银行（或金融）合作分委会和中俄金融合作论坛机制紧密相关，这两个对话机制有效增进了双边沟通。中俄银行合作分委会的作用是解决两国银行间具体合作方式及技术协调问题。2001 年首届中俄银行合作论坛在莫斯科举行，2001 年至 2008 年，中俄银行合作分委会共召开了 9 次会议。根据金融合作发展的需要，2009 年中俄银行合作分委会更名为金融合作分委会，证券保险合作得到重视，分委会现亦是中俄总理定期会晤委员会的重要组成部分。截至 2021 年，金融合作分委会共召开 22 次会议，在深化银行间合作、推动双边本币结算及支付系统、金融市场和保险领域进一步展开合作议题，推动了双边金融合作发展。中俄金融合作论坛为双方专家、学者提供交流的平台，它根据合作主题的需要不定期召开会议，该机制协助金融合作分委会以加强中俄双方银行、证券和保险等金融机构之间的交流，促进开展更深层次的合作。中蒙方面，中蒙博览会是中蒙乃至东北亚地区经贸合作的重要平台，博览会每两年举办一届，截至目前已成功举办三届。中蒙博览会亦是推进中蒙金融合作取得重要成果的有效机制，如在首届博览会上特设有中蒙金融合作与发展论坛，并围绕跨境人民币结算、增加本币互换规模、加强商业贷款和项目融资展开深入研讨，对推动中蒙金融合作发挥了积极的作用，也取得了一定的成效，依托论坛成立了中国农业银行对蒙跨境人民币业务中心揭牌仪式，3家中资银行与7家蒙古国银行签署了11项合作协议和合作备忘录①。

在双边监管合作机制建设方面，中国与俄罗斯、蒙古国等有关国家监管当局在信息互换方面签署了监管合作的谅解备忘录，如中国证监会与俄、蒙签署了有关证券监管合作谅解备忘录文件，原银监会与蒙俄两国央行签署银行监管合作文件，原保监会亦与俄罗斯签署了中俄保险监管合作谅解备忘录文件，建立了双方在保险监管信息的交流和协作机制。同时，中俄另签署有《跨境危机管理合作协议》，用于加强双方在跨境银行危机管理等方面的信息交流，维护双边银行体系的稳定。这些举措为双边建立行之有效的监管合作机制奠定了基础。

第二，多边金融合作取得一定进展。一方面，中俄蒙可依托元首会晤对中蒙俄经济走廊建设的相关事宜进行磋商。中俄蒙元首会晤是中蒙俄经济走廊建设的政治保障，一系列重大事项及合作文件均是通过会晤达成或签署，三国元首现已进行五次会晤。其中，在首次会晤上，三方元首同意将丝绸之路经济带同俄罗斯跨欧亚大铁路、蒙古国草原之路倡议进行对接，并建立三国副外长级磋商机制，初步搭建了中蒙俄经济走廊建设多边合作的框架机制②。在第二、三次会晤期间，三国元首批准了《中俄蒙发展三方合作中期路线图》，见证了《建设中蒙俄经济走廊规划纲要》的签署。另一方面，上海合作组织设立的金融合作机制对中蒙俄经济走廊的金融合作发挥有利的协调和促进作用③。2015年11月，上合组织成员国政府首脑发布的区域经济合作声明中，重申了支持丝绸之路经济带的倡议，指明了利用上合组织现有成果和相关经济合作机制促进区域经济合作的重要性④。中、俄作为上合组织最主要的成员国，蒙古国

---

① 中国新闻网：《中蒙博览会：全方位合作的"蜜月之旅"》2015年10月27日，https：//www.chinanews.com.cn/cj/2015/10-27/7591947.shtml，2022年3月10日。

② 人民网：《习近平出席中俄蒙三国元首会晤》2014年9月12日，http：//cpc.people.com.cn/n/2014/0912/c64094-25646300.html，2022年2月26日。

③ 王海燕：《"一带一路"视域下中蒙俄经济走廊建设的机制保障与实施路径》，《华东师范大学学报》（哲学社会科学版）2016年第5期。

④ 新华网：《上海合作组织成员国政府首脑（总理）关于区域经济合作的声明（全文）》2015年12月15日，http：//www.xinhuanet.com/world/2015-12/15/c_1117470051.htm，2022年2月25日。

为重要的观察员国,中蒙俄经济走廊作为上合组织框架内的次区域合作,依靠其现有经济合作机制,推动金融合作。上合组织现已成立银行联合体,设有银联体理事会,主要为区域经济合作提供金融服务和融资支持。同时,上合组织还形成了财长和央行行长会议机制,力求开展区域财经合作,深化成员国经贸关系。此外,中国与俄罗斯、蒙古国等均是亚投行意向创始成员国,共同参与了亚投行的组建。

二 中国与蒙俄两国间的货币合作不断加深

其一,本币互换规模逐步扩大。中国与俄罗斯、蒙古国已签署双边本币互换协议,其中与俄罗斯的协议规模达1500亿元人民币,与蒙古国的互换规模由50亿元人民币扩大至150亿元人民币,具体如表9-1所示。

表9-1　中国和俄罗斯、蒙古国签订双边本币互换一览表

国别	互换规模	签署时间	期限
俄罗斯	1500亿元人民币/8150亿卢布 1500亿元人民币/13250亿卢布(续签) 1500亿元人民币/17500亿卢布(续签)	2014.10.13 2017.11.22 2020.11.23	3年
蒙古国	50亿元人民币/1万亿图格里克 100亿元人民币/2万亿图格里克(补充协议) 150亿元人民币/4.5万亿图格里克(续签) 150亿元人民币/5.4万亿图格里克(续签) 150亿元人民币/6万亿图格里克(续签)	2011.5.6 2012.3.20 2014.8.21 2017.7.6 2020.7.31	3年

资料来源:中国人民银行。

其二,在本币结算清算业务方面得到进一步发展。2002年,中俄签订了《关于边境地区银行间贸易结算协议》,同时对俄商业银行边贸账户行关系发展迅速,2007年人民币和卢布本币结算从黑河与阿穆尔州扩展至中俄全线边境区域,2011年,中俄本币结算范围从边贸扩大到了一般贸易。2014年中俄两国央行进一步简化本币结算步骤,2017年中国人民银行首先为人民币与卢布金融业务直接结算建立PVP

（对等支付）系统[①]。截至 2020 年年底，中俄已将本币结算比例提高至 25%[②]。近年来，中国人民银行和外汇局积极引导和鼓励边境地区银行开展双边本币结算业务。为了推进中蒙本币业务，早在 2002 年中国农业银行二连浩特支行就与蒙古国贸易发展银行建立了首家人民币账户行关系，伴随着中蒙经贸业务扩大，对蒙本币结算的账户行数量的增加极大提高了资金流动效率。在人民币业务的清算方面，2016 年中俄央行签署了人民币清算安排的合作备忘录，并授权中国工商银行（莫斯科）股份有限公司承担俄罗斯人民币业务清算行。

其三，人民币在全球地位得到提升且被经济走廊相关国家纳入外汇储备。2016 年人民币正式加入 SDR，人民币在全球储备中的份额也在迅速上升，截至 2020 年第四季度，人民币储备规模达 2675.2 亿美元，占标明币种构成外汇储备总额的 2.25%，居世界第五位[③]。2015 年俄罗斯央行宣布将人民币纳入国家外汇储备，截至 2021 年 1 月，人民币在俄外汇及黄金中的占比达到 14.2%，仅次于央行所持的黄金储备[④]，同年俄罗斯财政部将人民币纳入国家福利基金（NWF）货币结构，人民币比例被提至 30.4%[⑤]。

三 金融机构互设分支机构开展业务合作

第一，互设分支机构。外资银行进入东道国市场一般经历了代表处→代理行→分行→新设子行（或并购当地银行设立子行）的演变历程，其中设立子行是成为外资银行的主要方式[⑥]。中资银行中，2013 年中国银

[①] 米军：《中国与欧亚经济联盟国家金融合作发展战略研究》，《财经问题研究》2019 年第 1 期。

[②] 中华人民共和国商务部：《中俄本币结算比例提高至 25%》2021 年 1 月 13 日，http：//www.mofcom.gov.cn/article/i/jyjl/e/202101/20210103030729.shtml，2021 年 10 月 5 日。

[③] IMF COFER，https：//data.imf.org/？sk = E6A5F467-C14B-4AA8-9F6D-5A09EC4E62A4&sId = 1408202905739.

[④] "ГОДОВОЙ ОТЧЕТ 2020"，Банка России，http：//www.cbr.ru/Collection/Collection/File/32268/ar_2020.pdf.

[⑤] 俄罗斯卫星通讯社：《俄财政部完成国家福利基金资产结构调整剔除美元》2021 年 7 月 7 日，https：//sputniknews.cn/economics/202107071034031182/，2021 年 8 月 10 日。

[⑥] 米军：《中国与欧亚经济联盟国家金融合作发展战略研究》，《财经问题研究》2019 年第 1 期。

行和 2017 年中国工商银行分别在蒙古国乌兰巴托设立代表处，2013 年中国银行蒙古国中国业务柜台营业，合作代理行为蒙古国郭勒蒙特银行，而 2004 年蒙古国郭勒蒙特银行在华设有代表处，其他如中国国家开发银行在蒙成立工作组。俄罗斯方面，有 6 家中资银行（工、农、中、建、国开行、进出口行）在俄共设有 5 家子行和 2 家代表处，俄方亦有多家银行在华设立分行或代表处，如俄罗斯对外贸易银行于 2008 年在中国设立分行；2017 年 3 月，俄罗斯央行在北京开设其海外第一家代表处。俄罗斯储蓄银行、俄罗斯对外贸易银行、莫斯科银行等也均与中资银行存在较多合作。

第二，探索高层次合作方式。中国与俄罗斯、蒙古国还在不断地探索金融机构间成立金融联盟等更高层次的跨境金融合作组织，在投融资、现钞现汇交易等领域进一步展开合作。例如，2015 年，35 家中俄银行组成跨国金融联盟，到 2018 年 7 月发展到 68 家银行加盟；2017 年由中蒙 30 多家银行机构联合成立金融合作联盟，平台同样为联盟内成员提供联络、讨论及信息交流服务。中俄、中蒙跨国金融联盟为践行中蒙俄经济走廊建设，促进中俄、中蒙经贸及金融领域深入合作产生积极影响。

第二节　中蒙俄经济走廊金融合作面临诸多风险挑战

对于金融风险的成因及传染机理，国内外已有大量学者进行过深入研究。研究结果显示，金融创新过度、经济发展弊端、外部监管体制的失效、全球经济结构失衡等八个方面是引发金融风险的共识性关键因素[1]。金融风险的形成不仅与其自身存在的经济发展缺陷、金融体系脆弱性有关，也受宏观经济不利的外部冲击的影响。

对中蒙俄经济走廊金融合作而言，尽管中国与蒙俄在金融领域间的合作已取得一系列成果，但受经济走廊相关合作伙伴国的经济发展的不确定性、金融体系的脆弱性等内外因素的影响，中蒙俄经济走廊在金融

---

[1] 杨海珍等：《系统性金融风险关键成因及其演化机理分析——基于文献挖掘法》，《管理评论》2020 年第 2 期。

合作中面临诸多风险挑战，一旦管控不当，有关风险极易通过贸易、资本流动、债务、"邻里效应"① 等渠道进行传导，从而对中蒙俄经济走廊建设带来较大危害。

一 蒙俄经济增长不确定性大且易形成较高的主权信用风险

一方面，受内外多种因素的影响，蒙俄两国经济增长起伏不定，宏观经济状况不佳。如2007—2008年，俄罗斯经济中高速增长，但受2008年全球国际资本流动危机、自身经济结构不合理等因素的影响，2009年出现大滑坡，全年GDP下降幅度达7.8%。此后几年其经济增长有所回暖，2010—2012年GDP保持在4%左右的增速。至2015年，随着西方对俄罗斯进行多轮制裁，以及能源价格的持续下跌，俄罗斯经济再次陷入衰退，此后其经济增长长期低迷。2020年受新冠疫情的影响，经济又发生明显的负增长；2022年俄乌冲突使得俄罗斯经济陷入阶段性衰退。蒙古国亦是如此，2007—2020年，蒙古国GDP增长率最高达17.29%，在2009年、2015年、2020年经济增长大幅下滑②。近年来，中国经济增长速度虽不断放缓，但总体仍处于较高水平，宏观经济始终处于稳定状态。

另一方面，蒙俄宏观经济总体状况不佳导致主权信用风险相对较高。据中国社科院世界经济与政治研究所发布的《中国海外投资国家风险评级报告（2021）》，俄罗斯、蒙古国风险等级划分为BBB，处中等风险级别，但在偿债能力方面，两国排名分别为31/114、95/114，债务风险处中高水平③。就外债水平来看，2019年蒙俄两国外债负债率均在国际公认的警戒线（20%）之上，其中蒙古国负债率高达224.64%，远超其经济规模，如图9-1所示。中国是蒙俄主要的债权国，其中国开行对俄累计承诺贷款超600亿美元，俄方现成为国开行贷款数额最大的国家。同时，

---

① Haile&Pozo（2008）提出"邻里效应"，认为当某国发生危机时，与其邻近的国家发生危机的可能性也会增加，详见 F. Haile, S. Pozo, "Currency Crisis Contagion And The Identification of Transmission Channels", *International Review of Economics And Finance*, No. 4, 2008.

② 米军、陆剑雄：《中蒙俄经济走廊金融合作发展、风险因素及深化合作的思考》，《欧亚经济》2022年第2期。

③ 中国社会科学院国家全球战略智库国家风险评级项目组、中国社会科学院世界经济与政治研究所国际投资研究室：《中国海外投资国家风险评级报告》（2021），中国社会科学出版社2021年版，第26—27、40页。

第九章 中蒙俄经济走廊金融合作发展及金融合作机制建设 / 225

中国亦多次通过优惠贷款的方式援助蒙古国基础设施建设。若两国对外债管理不合理而陷入债务危机，不仅易将风险传入债权方，也会使相关合作项目建设进程受阻。

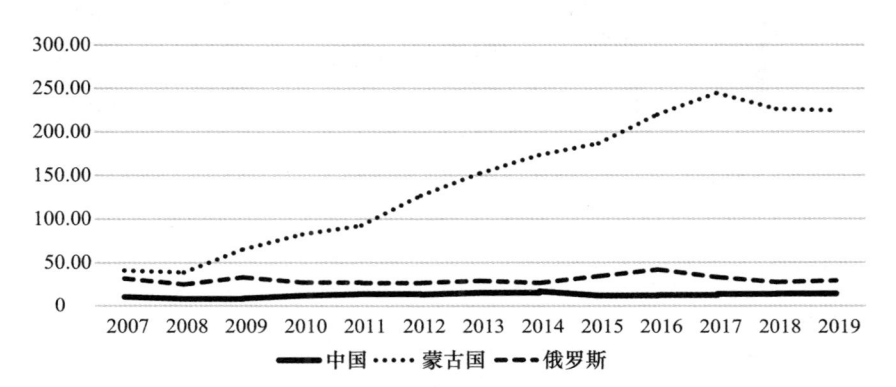

图 9-1 2007—2019 年中蒙俄外债/GDP（%）

资料来源：WDI。

二 总体金融发展水平低使得抗外部金融风险能力差

其一，经济走廊主要国家的总体金融发展水平低，与发达国家存在差距。国际货币基金组织（IMF）通过构建金融机构和金融市场深度、准入、效率指标体系来测度一国金融发展水平[1]，其最新的评估结果如图 9-2 所示。可知，中蒙俄三国中，中国金融发展水平最高，其发展指数数值在 0.6 以上，蒙古国、俄罗斯基本在 0.4 上下，尽管中国金融产业有了长足发展，但中国金融发展水平总体滞后于经济发展，与亚洲发达国家如日本、韩国金融发展指数（均在 0.8 以上）存在一定差距，这也是制约中国国际金融地位的重要因素。

其二，蒙俄信贷管理机制不健全，银行业存在较大违约风险。近年来，蒙俄两国存贷比长期处于 100% 以上，不良贷款比率逐年上升，2020年两国不良贷款比率分别高达 11.63%、8.76%。国际银行业的实践已经

---

[1] K. Svirydzenka, "Introducing a New Broad-based Index of Financial Development", *IMF Working Paper*, 2016.

226 / 中蒙俄经济走廊区域合作机制研究

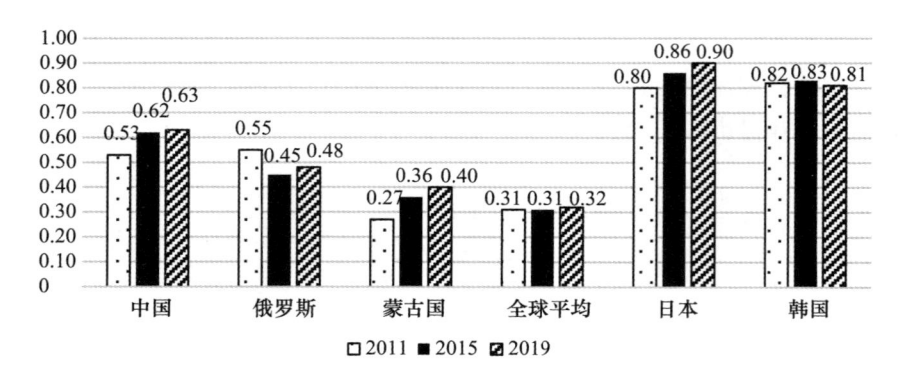

图 9-2 2011 年、2015 年、2019 年中蒙俄金融发展水平

资料来源：IMF FD Index Database。

表明，一家银行的不良贷款率在 4% 以内比较正常，超过 6% 就很危险①。两国高额的不良贷款，与其银行监管的不到位、信贷管理机制的不完善密不可分。相比蒙俄，中国金融机构运行更为稳定，银行不良贷款率长期低于 2%，资本充足率保持在 13% 以上（见图 9-3）。随着银行经营国际化的发展，中资银行与蒙俄两国银行间业务联系的加深，各方银行易存在相似的风险暴露。一国银行面临流动性困难，或是双方为支持经贸合作而进行同业借贷，各方银行风险即可通过此种方式进行传导。

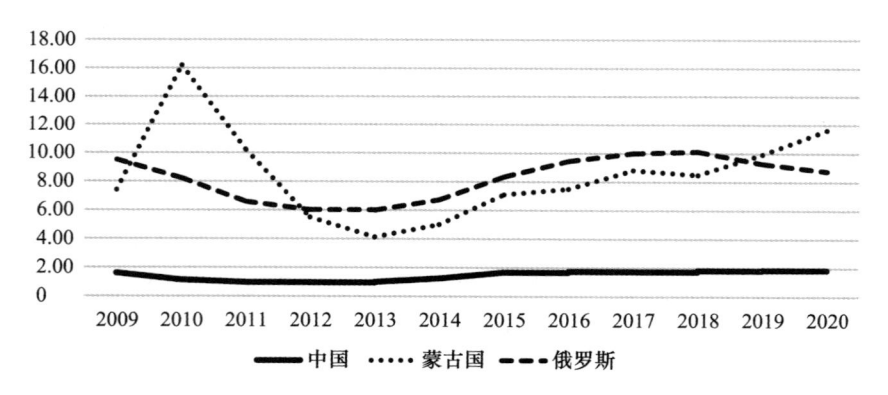

图 9-3 2009—2020 年中蒙俄银行不良贷款率（%）

资料来源：IMF FSIs、CEIC。

---

① 蔡中华、白学清：《商业银行的不良贷款警戒比率》，《生产力研究》2008 年第 15 期。

其三，汇率波动性风险易受外部因素冲击的影响。中蒙俄经济走廊相关国家的资本项目方面均有了较大程度开放，汇率波动受外部环境影响较大。例如，受外部冲击，俄罗斯先后于1998年、2008年、2014年经历三次卢布大幅贬值。表面上来看，其历次汇率危机是由国际金融危机、欧美国家的制裁、油价暴跌等外因所致。其实，俄罗斯较早地实行资本项目开放，特别是本国产业结构的失衡及高度能源依赖型经济体系，才是其货币剧烈波动的深层次原因，这一问题若不能解决，卢布汇率仍易受各种外因的影响[1]。蒙古国与俄类似，其能源依赖型的经济体系、有限的外汇管制能力使蒙古国图格里克汇率也易发生大幅波动。中国经济实力显著增强，资本项目开放也有了较大程度的提高，跨境资本流动对人民币汇率冲击时有发生，但自2010年中国对进一步开放资本项目持谨慎态度，从而避免了资本大进大出引发系统性金融危机的风险，这得益于中国资本账户开放的灵活性与弹性，特别是开放速度可能随着宏观经济与国内风险的变化进行调整，甚至开放进程在特定情形下可能回调。

俄蒙两国货币汇率大幅波动而引发的货币风险甚至危机，不仅使本国经济发展陷入泥沼，也易将风险进行跨国传导，引发区域性金融风险。以俄罗斯为例，2014年卢布对美元的大幅贬值导致投资者及民众信心大跌，出现严重资本外逃，促使俄罗斯物价上涨，进一步恶化了俄罗斯经济形势，同时卢布贬值易通过贸易渠道将风险传导至蒙古国、中亚等国，引发区域性风险。俄罗斯是蒙古国第二大贸易伙伴，也是中亚地区的主导国，各国经济对俄依存度较高。卢布贬值会直接冲击俄罗斯与蒙古国、中亚等国之间的贸易，减少双边贸易，并通过恶化相关国家国际收支，减少其外汇储备，来将风险进行传染。此外，俄货币的贬值使得卢布债务的债权人受损。

三 经济走廊的金融合作面临域外大国博弈的严峻挑战

中蒙俄经济走廊面临来自域外欧美国家地缘政治经济博弈的冲击。欧美国家持续加强对俄罗斯地缘政治博弈和经济金融制裁；美国对华战略遏制的基调未变，拜登政府甚至加强了对华战略遏制的系统性、制度

---

[1] 郭晓琼：《卢布暴跌与俄罗斯汇率政策选择：在"不可能三角"中权衡》，《欧亚经济》2016年第1期。

性和持续性战略设计趋向,在继续加强贸易摩擦同时联合盟友构建反华包围圈,意在转向全方位战略竞争。在经济层面,中蒙俄经济走廊主要大国尤其是重点防范来自美国的经济制裁威胁。有研究指出,相比贸易制裁,金融制裁对于增加目标国银行系统性风险的效果更为明显[1]。美国已形成一套完善、高效的金融制裁流程,未来美国在继续对俄金融制裁的同时,很大程度上也会对中国发起金融、贸易、科技等多种方式联合的制裁[2]。俄罗斯方面,自乌克兰危机后,美国及欧盟对其进行多轮经济金融制裁,制裁对象包括俄官员、主要银行及多家能源企业。事实已证明,美欧对俄罗斯实行的制裁使俄罗斯经济陷入低迷,俄方虽采取了反制措施,但其经济增长、卢布汇率、国际融资等方面均受到制裁的不利影响。若制裁无期限延长,很可能危及其政治、社会的稳定[3]。就中国而言,美国对中国金融领域已发起攻势,如试图通过对外国个人及实体的制裁,部分切断中国同外部金融体系间的联系;2021年6月,美国总统拜登签署总统行政令,禁止美国主体投资与中国国防、监控科技相关的企业。未来美国可能针对中国金融各方面加大制裁力度,如减免支付对华政府债务、冻结或没收在美资产、切断中国主体对美元的获取能力及使用渠道等,历史上美国就曾对中国在美所有资产进行长达30年的冻结。为此,中国同样要做好防范金融制裁的心理准备,以免经济金融体系遭受巨大冲击。

第三节　中蒙俄经济走廊金融风险水平综合测算分析

一　金融风险评估指标体系的构建

对于金融风险评估指标体系,国内外学者通过不同角度进行构建。姜洪等侧重从主权债务的角度选取评估指标,认为外债与国际储备间的

---

[1]　E. Hatipoglu D., "Peksen. Economic Sanctions And Banking Crises in Target Economies", *Defence And Peace Economics*, 2018, No. 4.

[2]　黄亚光、许坤、董艳:《美国金融制裁:演化逻辑与应对策略》,《经济学家》2021年第7期。

[3]　陶士贵、高源:《西方经济金融制裁对俄罗斯经济的影响:基于合成控制法的研究》,《世界经济研究》2020年第11期。

关系对国家金融安全产生重大影响,并用国际储备/外债总额、当年还本付息额/国际储备、短期外债/国际储备三个指标衡量一国金融安全[1];国际国别风险评级指南机构(ICRG)选用外债/GDP、外债还本付息额/商品和服务出口、经常账户/商品和服务出口等指标评估一国在金融维度的风险指数。有学者从宏微观的角度,依次构建指标体系。如董小君借鉴国内外研究成果,选取宏观经济环境稳定性、市场风险、金融机构稳定性作为一级指标[2];张瑾选用宏观经济、资产市场、金融机构、制度环境作为一级指标,对金融风险压力指数进行测算[3]。也有学者根据各经济部门构造指标体系,如 Kaminsky&Reinhart 以金融部门、对外部门、实体经济、财政部门一级指标,分析货币危机和银行危机[4]。

参照现有研究成果,结合风险定性识别的相关内容,本书从宏微观的角度构建指标体系,同时兼顾主权债务层面,选用宏观经济环境、金融市场稳定性、金融机构稳定性、对外信用环境作为一级指标。然后遵循科学性、代表性、极大不相关等指标构建原则,基于数据可得性选取基础指标,最终构建如下指标体系(表9-2)。

表9-2　　　中蒙俄经济走廊金融风险评估指标体系

	基本指标	指标说明	指标类型	数据来源
宏观经济环境	GDP 增长率	用年增长率表示,反映一国经济发展状况	区间型 [6%—10%]	WDI
	通货膨胀率	用 GDP 平减指数衡量,反映整个经济体的价格变动率	区间型 [2%—3%]	WDI
	财政余额/GDP	财政余额=财政收入-财政支出,衡量一国财政实力。一般认为,3%的赤字率是警戒线,超过3%的赤字率会增加政府的财政负担,削弱政府的偿债能力	极大型	WEO

---

[1] 姜洪、焦津:《国家金融安全指标体系研究》,《世界经济》1999年第7期。
[2] 董小君:《金融风险预警机制研究》,经济管理出版社2004年版,第184—197页。
[3] 张瑾:《基于金融风险压力指数的系统性金融风险评估研究》,《上海金融》2012年第9期。
[4] G. L. Kaminsky, C. M. Reinhart, "The Twin Crises: The Causes of Banking And Balance-of-Payments Problems", *American Economic Review*, 1999, No. 3.

续表

	基本指标	指标说明	指标类型	数据来源
金融市场稳定性	金融市场发展水平	通过金融市场深度、准入、效率水平指标综合反映一国金融市场发展水平	极大型	IMF FD Index Database
	M2增长率	广义货币的年度增长率，衡量一国金融市场的稳定性	区间型 [5%—17.5%]	WDI、CEIC
	汇率波动	用年均汇率变化率表示各国汇率波动程度	区间型 [-2%—2%]	WDI
金融机构稳定性	金融机构发展水平	通过金融机构深度、准入、效率水平指标综合反映一国金融机构发展水平	极大型	IMF FD Index Database
	银行不良贷款率	银行不良贷款/总贷款余额，衡量一国银行业贷款风险	极小型	WDI、CEIC、IMF FSIs
	银行贷款/存款总额	就银行盈利角度而言，存贷比越高越好；但对于银行抵抗风险而言，存贷比越高，抵抗风险能力越差，警戒线为75%	适度型	GFDD、CEIC
对外信用环境	经常账户余额/GDP	衡量一国国际收支情况的重要指标。如果一国经常项目顺差，说明该国国外财产增加，反之，说明该国更易引起外债的增加	区间型 [0—3%]	WEO
	外债/GDP	衡量一国外债水平及经济增长对外债依赖程度，国际上公认的警戒线为20%	极小型	WDI、CEIC
	短期外债/国际储备	衡量一国外债偿还能力	极小型	WDI、CEIC

二 指标的预处理

根据所建立的指标体系，从 WDI、WEO、CEIC 等数据库获取2010—2019年原始数据。为充分利用各国历年的数据信息，本书参考大公主权信用评级、宋维佳和梁金跃[①]对指标的处理方法，同时结合"厚今薄古"的思想[②]，运用如下公式对各指标 2010—2019 年间的数据进行处理，以得到各指标的综合数据，公式如下：

$$\overline{x_{ij}} = \frac{\sum_{k=1}^{10} k\{x_{ij}(t_k)\}}{\sum_{k=1}^{10} k} \quad (1)$$

其中，$x_{ij}(t_k)$ 为第 i 个评价国家第 j 个指标在 t_k 时间的原始数值，本书 t_1—t_{10} 指代 2010—2019 年，$\overline{x_{ij}}$ 为综合数理后的数据值。

为将各指标类型一致化，同时消除量纲的影响，采用如下转换函数[③]：

对于极小型指标，

$$x_{ij}^* = \frac{\max_i\{\overline{x_{ij}}\} - \overline{x_{ij}}}{\max_i\{\overline{x_{ij}}\} - \min_i\{\overline{x_{ij}}\}} \quad (2)$$

对于极大型指标，

$$x_{ij}^* = \frac{\overline{x_{ij}} - \min_i\{\overline{x_{ij}}\}}{\max_i\{\overline{x_{ij}}\} - \min_i\{\overline{x_{ij}}\}} (i = 1,2,\cdots,n; j = 1,2,\cdots,m) \quad (3)$$

其中，$\max_i\{\overline{x_{ij}}\}$ 为第 j 个指标的最大值，$\min_i\{\overline{x_{ij}}\}$ 为其最小值，x_{ij}^* 为第 i 个被评价国家第 j 个指标的标准化数值，$x_{ij}^* \in [0,1]$；

对于区间型指标，公式如下：

$$x_{ij}^* = \begin{cases} 1 - \dfrac{q_1 - \overline{x_{ij}}}{\max\{q_1 - m_j, M_j - q_2\}}, & if\ \overline{x_{ij}} < q_1 \\ 1, & if\ \overline{x_{ij}} \in [q_1, q_2] \\ 1 - \dfrac{\overline{x_{ij}} - q_2}{\max\{q_1 - m_j, M_j - q_2\}}, & if\ \overline{x_{ij}} > q_2 \end{cases} \quad (4)$$

[①] 宋维佳、梁金跃：《"一带一路"沿线国国家风险评价——基于面板数据及突变级数法的分析》，《财经问题研究》2018 年第 10 期。

[②] 马赞福等：《一种基于增益水平激励的动态综合评价方法》，《系统工程学报》2009 年第 2 期。

[③] 易平涛、李伟伟、郭亚军：《综合评价理论与方法》，经济管理出版社 2019 年版，第 13—14 页。

其中，$[q_1, q_2]$ 为指标 x_{ij} 的最优区间，$M_j = \max\limits_{i}\{\overline{x_{ij}}\}$；$m_j = \min\limits_{i}\{\overline{x_{ij}}\}$。

三 风险评估方法的确定

在风险评估方法的选择上，本书首先选用 CRITIC 法计算各指标综合权重，随后基于理想解法（TOPSIS）对各国金融风险水平进行测算。

CRITIC 法由 Diakoulaki 等提出，该方法通过指标数值间的差异及指标间的冲突性来确定权重，兼具变异系数法、熵值法等各种客观赋权法的特点，公式如下①：

$$W_j = \frac{C_j}{\sum_{j=1}^{n} C_j} \quad (5)$$

$$C_j = \sigma_j \sum_{k=1}^{m} (1 - r_{kj}) \quad (6)$$

其中，σ_j 为第 j 个评价指标的标准差，r_{kj} 为第 k 个指标和第 j 个指标的相关系数，C_j 为第 j 个指标包含的 critic 信息量，W_j 为第 j 个指标的权重。

在权重确定的基础上，运用以下公式测算各国风险水平大小：

$$V_{ij} = W_j \times x_{ij}^* \quad (7)$$

其值越大，表明风险水平越低。

四 风险评价值的测算

在样本国家的选取中，本书将中蒙俄作为核心评估对象，同时考虑到中蒙俄经济走廊依托中欧班列向西已与多个中亚、欧洲国家实现连通，故将其中主要节点国家纳入广义中蒙俄经济走廊的范畴。此外，考虑到同属东北亚地区的日本、韩国与中蒙俄之间的密切联系，也将两国作为评估样本。根据数据可得性，最终选取的样本国家包括中国、蒙古国、俄罗斯、日本、韩国、哈萨克斯坦、白俄罗斯、波兰八个国家。将样本

---

① D. Diakoulaki, G. Mavrotas, L. Papayannakis, "Determining Objective Weights in Multiple Criteria Problems: The Critic Method", *Computers & Operations Research*, No. 7, 1995.

进行以上扩充，一方面能使指标权重的测算更为准确，提高风险评估的精度；另一方面，在扩充的样本中涵盖各种发展层次的国家，即有哈萨克斯坦、白俄罗斯等发展中国家，也包括中等发达国家波兰，还囊括了日本、韩国等发达国家。对以上国家金融风险进行评估，并将中蒙俄与之横向对比，更能显现出中蒙俄金融风险的大小。

各指标类型及区间型指标的最优区间范围已在表9-2中给出，因样本国家存贷比基本均高于75%，故将该指标做极小型指标处理。根据式(1)—(4)，预处理后的各指标数据如表9-3所示。

表9-3　　　　　　　　　　指标预处理结果

指标	白俄罗斯	中国	日本	哈萨克斯坦	韩国	蒙古国	波兰	俄罗斯
GDP增长率	0.02	1.00	0.00	0.57	0.39	1.00	0.60	0.12
通货膨胀率	0.00	1.00	0.89	0.59	0.94	0.66	0.97	0.74
财政余额/GDP	0.71	0.19	0.00	0.69	1.00	0.21	0.41	0.71
M2增长率	0.00	1.00	0.49	1.00	1.00	0.91	1.00	1.00
汇率波动	0.00	1.00	0.99	0.29	1.00	0.61	0.96	0.52
金融市场发展水平	0.00	0.77	0.97	0.32	1.00	0.14	0.41	0.47
银行不良贷款率	0.33	0.88	0.89	0.00	1.00	0.25	0.62	0.18
存贷比	0.82	1.00	1.00	0.73	0.70	0.72	0.78	0.72
金融机构发展水平	0.00	0.44	1.00	0.10	0.83	0.47	0.42	0.42
经常账户余额/GDP	0.80	1.00	1.00	0.90	0.89	0.00	0.93	0.96
外债/GDP	0.73	1.00	0.70	0.61	0.93	0.00	0.71	0.91
短期外债/国际储备	0.13	0.90	0.00	0.92	0.90	0.49	0.84	1.00

根据式(5)、式(6)，计算得出各指标权重如表9-4所示。

表9-4　　　　　　　　　　各指标综合权重

指标	权重	指标	权重
GDP增长率	0.122	银行不良贷款率	0.079
通货膨胀率	0.058	存贷比	0.108

续表

指标	权重	指标	权重
财政余额/GDP	0.105	金融机构发展水平	0.07
M2 增长率	0.079	经常账户余额/GDP	0.08
汇率波动	0.07	外债/GDP	0.071
金融市场发展水平	0.066	短期外债/国际储备	0.092

根据式（7），计算得出各国近年来综合风险水平大小，如图 9-4 所示。

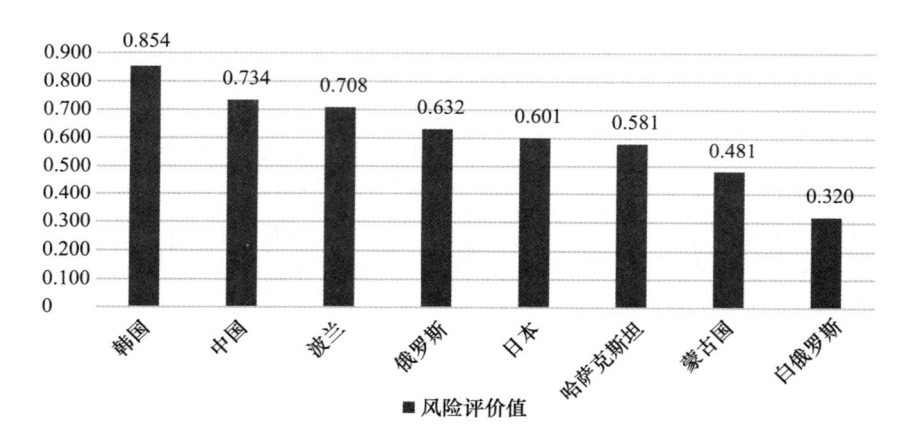

图 9-4　样本国家综合风险评价值

五　结果分析

第一，中蒙俄经济走廊中，中国金融风险水平最低，其次是俄罗斯，蒙古国风险水平最高。若参考已有风险划分标准，采用十分位评级方法将风险评价值转化为相应十个等级[①]，则中蒙俄三国的风险评级分别为 A、B、BBB，中俄处中等风险水平，蒙古国处高风险水平（如表 9-5）。

---

① 尹美群：《"一带一路"背景下海外投资风险》，经济管理出版社 2018 年版，第 103—104 页；中国社会科学院国家全球战略智库国家风险评级项目组、中国社会科学院世界经济与政治研究所国际投资研究室：《中国海外投资国家风险评级报告》（2021），中国社会科学出版社 2021 年版，第 24 页。

表 9-5　　　　　　　　　　　风险等级的划分

等级划分	AAA	AA	A	BBB	BB	B	CCC	CC	C	D
数值范围	0.9—1	0.8—0.9	0.7—0.8	0.6—0.7	0.5—0.6	0.4—0.5	0.3—0.4	0.2—0.3	0.1—0.2	0—0.1
风险级别	低	低	中等	中等	高	高	高	高	高	高

第二，与其他国家横向对比发现，蒙俄风险相比韩国、波兰等国较高，低于白俄罗斯。具体来看，韩国在金融市场及金融机构的发展程度高，经济增长的稳定性、外债总额及期限结构管理等方面均远优于蒙俄，所以其风险评价值亦远高于蒙俄两国。日本经济金融发展水平虽高，但其政府财政的大量赤字和高额的外债，使其面临一定的金融风险。

第三，结合定性与定量研究结论，可知中蒙俄经济走廊金融合作面临的风险总体处于中高水平。对俄罗斯而言，其风险主要源自其经济发展的不稳定性、卢布贬值及银行业的违约风险，而其经济增长及汇率的异常波动受外部因素的影响较大。蒙古国方面与俄罗斯情况类似，但其高额的外债也是风险的一大来源，应谨防其债务风险。

第四节　中蒙俄经济走廊金融合作面临新的发展机遇

一　国内经济基本面向好及金融业开放为金融合作提供支撑

新冠疫情的暴发重创全球经济，助推了经济民族主义的发展，增加了逆全球化思潮在全球的"适应性"和"接受度"[1]。据统计，2020年全球经济萎缩 -3.36%，远超 2009 年国际金融危机期间的萎缩幅度[2]。在面临严峻的疫情形势及纷繁复杂的国际背景下，中国始终能统筹好疫情

---

[1] 张宇燕、邹治波：《全球政治与安全报告》，社会科学文献出版社 2021 年版，第 3—4 页。

[2] 世界银行 WDI 数据库。

防控与经济社会发展，在恢复社会常态化运行的同时坚持经济的高质量发展，2020 年成为全球主要经济体中唯一实现正增长的国家，GDP 成功突破 100 万亿元大关。同年，党和国家根据对国内外形势的研判，提出国内国际双循环新的发展格局，此举对于扩大内需、应对全球产业链的调整与重构、实现经济持续稳定增长具有重大意义。以国内大循环为主体的"双循环"发展战略也绝非是封闭的国内循环，而是更高开放水平的国内国际循环。在当前及今后一段时期，中国经济会持续向好，将朝着更高质量、更深层次开放的方向稳固发展，这也为中蒙俄经济走廊金融合作的顺利开展提供了基础保障。

另外，中国金融业的进一步开放，人民币国际化水平的提升以及金融监管制度的完善也将为中蒙俄经济走廊金融合作创造良好的环境。2001 年中国成功加入 WTO 加速了经济金融融入全球化的进程，揭开了金融业开放发展的新篇章。历经二十多年的扩大开放，中国已基本形成多层次金融服务体系，金融机构的管理、风控能力显著增强，资本市场的开放深度和广度不断提升[1]，人民币支付、投融资、储备、计价的货币功能逐步强化。在金融监管方面，实现了中外资监管标准的统一，与国际标准全面接轨，并积极参与了相关规则标准的制定[2]。金融业开放与监管取得的种种成就，不仅便利化了中蒙俄经济走廊金融合作的开展，也为其提供制度与实力的软硬支撑。

二 中国与蒙俄发展政策、战略对接助力双边金融合作

中俄方面，丝绸之路经济带与欧亚经济联盟的对接为双方金融合作带来重要的机遇。2015 年 5 月，中俄双方元首签署丝绸之路经济带与欧亚经济联盟对接合作的联合声明，指出优先促进扩大贸易、直接投资和贷款领域的本币结算，实现货币互换；通过丝路基金、亚洲基础设施投资银行、上海合作组织银联体等金融机构，加强金融合

---

[1] 马玲：《20 年来中国金融业扩大开放成绩斐然》，《金融时报》2021 年 11 月 30 日第 1 版。

[2] 张末冬、徐贝贝：《中国金融业在开放中成长，与世界携手前行》，《金融时报》2021 年 12 月 13 日第 1 版。

作。为促进经贸关系的深入发展，中国与欧亚经济联盟于 2018 年 5 月正式签署经贸合作协定。该协定是中国与联盟首次达成的经贸方面重要制度性安排，对于推动"一带一路"建设与欧亚经济联盟建设对接合作具有里程碑意义。金融是中俄合作的重点领域，随着"一带一盟"对接的发展，经贸合作潜力的进一步释放，双方金融合作也将迎来重要机遇。

蒙古国"草原之路"发展计划与"一带一路"倡议高度契合，两国战略对接将创造新的合作机遇。蒙古国"草原之路"计划旨在提升其基础设施水平，通过运输和贸易振兴经济，"一带一路"亦是通过加强与共建国各领域的互联互通来促进双多边国家间的务实合作，"两路"在发展理念、需求上表现出一致。目前中蒙两国已就"一带一路"倡议与"草原之路"发展计划的对接签署谅解备忘录。金融合作是中蒙两国在基础设施、贸易与投资合作的重要支柱，也是"两路"能顺利对接的保障。双方在深化发展全面战略伙伴关系的联合声明中也明确表示，在落实"一带一路"倡议框架下，蒙方同亚洲基础设施投资银行、丝路基金等金融机构就本地区基础设施建设大型项目融资开展合作。可见，"两路"在对接过程中将形成新的金融合作需求。

三　蒙俄两国基建需求面临的资金缺口亟待金融支持

蒙俄两国基础设施落后，是制约中蒙俄经济走廊建设的重要瓶颈[①]。世界经济论坛发布的《全球竞争力报告（2019）》显示，蒙古国基础设施发展处于起步阶段，在道路连通度（112/141），铁路密度（96/141）等方面处于世界中下等水平；俄罗斯基础设施发展虽有一定基础，但设施陈旧，多为苏联时期所建造，其公路质量排名为 99/141，具体见表 9 - 6。在基建需求方面，根据中国对外承包工程商会与中国出口信用保险公司联合发布的《"一带一路"国家基础设施发展指数报告（2021）》，独联体和蒙古国在各大区域中蝉联首位，俄蒙两国基建发展需求指数得分为 147 分、138 分，分别居于共建国家的第 2、7 位。从细分行业来看，俄罗

---

① 米军、李娜：《中蒙俄经济走廊建设：基础、挑战及路径》，《亚太经济》2018 年第 5 期。

斯、蒙古国在交通、能源行业等行业的建设需求强劲[①]。

在以上背景下，蒙俄两国正极力改善基础设施状况，但两国财政实力较弱，加之两国铁路沿线地区恶劣的地形及天气条件，建设成本更高，使诸多项目的建设难凭一己之力完成。金融具有资金的快速聚集、扩大资金规模的作用，是提供基础设施建设所需资金的主力军[②]。

表9-6　　　　　　　　中蒙俄基础设施排名[③]

国家	基础设施	交通基础设施	道路连通度	公路质量	铁路密度
中国	36	24	10	45	61
蒙古国	101	119	112	112	96
俄罗斯	50	49	41	99	69

资料来源：World Economic Forum《The Global Competitiveness Report 2019》。

四　中国与蒙俄经贸联系日益紧密催生货币合作需求

近年来，中国始终保持俄罗斯、蒙古国最大贸易伙伴国，且与两国在贸易、投资领域间的合作增长势头良好。自国际金融危机过后，除2015年因全球需求疲软、大宗商品价格走低等外部因素而导致贸易下降外，中国与蒙俄间的贸易额基本保持稳定增长态势。2020年中国与蒙俄贸易额是其2009年的近三倍。据中国海关统计，2021年1—11月，中国与俄罗斯、蒙古国的贸易额分别达到1304.28亿美元、87.09亿美元，同比增长33.6%、40.8%[④]。在新冠疫情仍在全球范围内蔓延的背景下，2021年中俄、中蒙双边贸易将再创新高。在投资方面，2020年中国对俄蒙对外直接投资存量之和达153.07亿美元，与2009年相比增长超300%[⑤]。随着贸易投资合作的稳步发展，人民币周边影响力的增加以及

[①] 中国对外承包工程商会、中国出口信用保险公司：《"一带一路"国家基础设施发展指数报告》（2021），https：//www.chinca.org/CICA/PublicationsList/TP/21070513270411，2022月2月10日。
[②] 朱苏荣：《丝绸之路经济带的金融支持》，《中国金融》2013年第24期。
[③] 世界经济论坛《全球竞争力报告2019》共对全球141个国家基础设施进行打分并排名。
[④] 中国海关总署：《（2）2021年11月进出口商品国别（地区）总值表（美元值）》，http：//www.customs.gov.cn/customs/302249/zfxxgk/2799585/302274/302277/302276/4070937/index.html。
[⑤] 中国商务部：《中国对外直接投资统计公报》（2013年和2020年度），http：//fec.mofcom.gov.cn/article/tjsj/tjgb/。

人民币国家化基础设施的逐步完善，中国与蒙俄间将在本币互换、跨境贸易支付结算等方面的合作需求将进一步提升（见图9-5）。

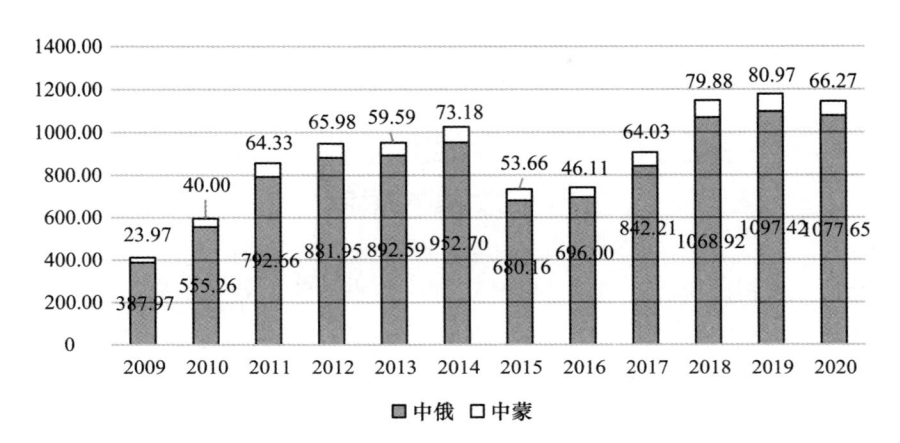

图9-5 2009—2020年中国与蒙俄进出口贸易额

资料来源：UN Comtrade Database。

五 美元霸权倒逼中俄支付结算体系"去美元化"合作

中俄支付结算体系仍主要受制于美国，在美国滥用美元霸权的背景下，双方加强支付结算合作是保障经济安全，应对美国地缘政治经济博弈的应有之举。以俄罗斯为例，自乌克兰危机后，以美国为首的西方国家俄罗斯其实施多达90多轮的制裁，其经济金融的运行长期遭受外来威胁。近期美国又以国家安全为由，宣布对俄开始新一轮制裁，规定禁止美国金融机构购买俄罗斯新发行的主权债券①。俄罗斯虽在贸易结算、国际融资、外汇持有等方面加速了"去美元化"进程，但却难以消除美元霸权的不利影响。同样，美方视中国为"唯一有能力综合经济、外交、军事、科技对稳定和开放的国际体系发起持续挑战的潜在竞争者"②，已持续挑起多轮对华贸易争端，并欲在科技、外交等领域对华实施全方位围堵，遏制中国崛起。在未来，美国有很大可能会利用美元在国际货币体系

---

① 俄罗斯卫星通讯社：《拜登：对俄新一轮制裁原因是美国家安全受到威胁》2021年4月15日，https：//sputniknews.cn/20210415/1033495439.html，2021年6月26日。

② The White House, "Interim National Security Strategic Guidance", (2021/03/03), https：//www.whitehouse.gov/wp-content/uploads/2021/03/NSC-1v2.pdf.

中的绝对优势对华金融进行施压乃至制裁。因此，中俄支付结算体系"去美元化"合作符合双方利益。随着中俄经贸合作的深化，俄方市场对人民币需求的提升，两国本币结算合作机制与渠道的健全，以及相关法律法规的进一步完善，人民币在中俄贸易结算中将有更广阔的发展前景①。

第五节 深化中蒙俄经济走廊金融合作发展的思考

前文分析已得出，中蒙俄经济走廊风险水平整体处于中高级别，且蒙俄风险远远高于中国，一旦管控不当，风险很容易通过贸易、债务、"邻里效应"等渠道在三方之间进行跨国传导。基于此，在深化中蒙俄经济走廊金融合作的同时，需始终防范其面临的风险挑战。总的来看，中国相比蒙俄而言，具备更强的经济实力及更高的金融发展水平，在深化经济走廊金融合作及风险防范中应发挥主导作用，主动提供区域性公共产品，如外汇储备库、清算支付体系、区域性金融合作平台等。中国与蒙俄两国金融合作水平较低，当前宜以功能性金融合作为主，即大量发展重要领域的功能性金融合作，当然也要在相对成熟时期或区域实时推进制度性合作。② 根据以上原则，本书主要从以下四大方面提出相关思考。

一 构建中蒙俄经济走廊金融合作安全机制网络

第一，构建中蒙俄平等、包容的对话合作机制。加强中国与蒙俄金融监管当局之间的沟通合作，搭建防范金融风险的双边或多边合作机制与信息共享平台。如在中蒙俄元首会晤框架下另设中蒙俄三边金融合作小组，由各国央行或金融监管部门负责，并就三方金融合作相关事项定期举办高层会议。

第二，构建预警机制，搭建反应灵敏、及时的中蒙俄经济走廊金融

---

① 王晓泉：《中俄结算支付体系"去美元化"背景与人民币结算前景分析》，《俄罗斯东欧中亚研究》2021年第2期。

② 米军：《中国与欧亚经济联盟国家金融合作发展战略研究》，《财经问题研究》2019年第1期。

风险预警系统。对各种金融风险的诱导因素进行监测与预警，并形成相关应对风险的合作处理制度。针对蒙俄两国，可重点监控其外债水平、银行不良贷款率、汇率波动等指标。面对蒙俄较高的金融风险，可成立专门的评估机构或依托现有的机构定期对其进行风险评级，提升金融风险识别与管控能力。

第三，构建中蒙俄金融应急机制。以中俄为主导，中蒙俄共同出资，建立一定数额的应急储备安排。应急储备安排的建立在很大程度上能够缓解蒙俄两国的流动性压力，为中蒙俄经济走廊金融合作增设一道防线。针对蒙古国面临外汇储备不足、外债规模大的问题，可在保证金融安全的前提下给予其更大的应急储备额度或更宽松的贷款条件，助推其经济稳定运行。

二 共建投融资合作体系，拓宽融资渠道，创新融资模式

现阶段，蒙俄两国基建需求大，面临极大资金缺口。虽可以依托亚洲基础设施投资银行、丝路基金、金砖国家新开发银行等资金池对其进行融资，但仍满足不了其需求。蒙俄两国有限的财政实力，加上基建项目建设周期长、不确定性大，使得从本国获取充足的基建资金更为困难。作为共建"一带一路"的倡导国家、中蒙俄经济走廊的主导方，中国势必会成为一些大型合作项目的主要融资方，通过减让式资金支持助力项目的顺利推进。但一国财力资源有限，支撑不了单方面的长期大规模对外援助，且融资需求引致的风险也将聚集于中国政策性银行、国有商业银行等主要信贷提供方。因此，长远来看，需各方共商共建投融资体系，并借助市场的力量确保资金的可持续性。① 一方面，引入第三方参与者，缓解融资压力及风险。经济走廊建设可引入多种金融机构投资基金，如欧日韩或中国香港地区优质合作方、东道国金融机构、中国金融业的同业机构。引入以上机构，不仅能够有效分担资金压力，还能与各方形成利益共同体，将风险分散化。② 另一方面，探索建立资金多元、利益共

---

① 周小川：《共商共建"一带一路"投融资合作体系》，《中国金融》2017年第9期。
② 徐奇渊、杨盼盼、肖立晟：《"一带一路"投融资机制建设：中国如何更有效地参与》，《国际经济评论》2017年第5期。

享、风险共担的融资模式。将中外方社会资本引入项目建设，提高基础设施项目的投资效率，分散降低投资风险。如PPP模式，中国一些大型国企和民营企业已经积累了丰富的经验，俄罗斯、蒙古国两国同时也正积极推广此模式，可鼓励中国企业与他国政府间的合作，积极探索与之相适应的PPP项目，助力开发其国内PPP市场。

三 优先加快人民币在经济走廊的国际化步伐

2009年起，中国开始有序推进人民币国际化，如今人民币已经成为全球第五大支付货币及储备货币，是新兴市场国家中全球交易最活跃的货币。中国与蒙俄双方在本币互换、本币结算、人民币清算等方面也取得重大进展。对中蒙俄经济走廊而言，人民币国际化是其金融合作的重要内容，提升人民币在中蒙俄经济走廊建设中的地位，加快推行人民币国际化，有利于提高中国与蒙俄经贸合作的效率，降低交易成本，规避汇率风险。同时，人民币国际化亦能弱化美元的霸权地位，削减美国经济制裁的不利影响，保障中蒙俄经贸、金融合作的顺利进行。在"一带一路"的高质量推进及俄罗斯去美元化的背景下，人民币在蒙俄乃至上合组织的区域化存在较大机遇。

第一，打造以人民币为中心的贸易支付结算体系。2014年欧美国家对俄实施制裁后，俄罗斯加快了去美元化进程。在俄外贸结算方面，2014年美元占俄商品和服务出口结算的比例约在75%—80%。但自俄方2017年在外贸领域真正开始实施去美元化以来，该比例开始迅速下降，2020年年底已跌至48%。[①] 为确保自身经济安全，俄罗斯在其2021年7月发布的新版《国家安全战略》中明确表明要"扩大与外国合作伙伴间的本币结算""减少美元在对外经济活动中的使用"。[②] 另外，俄罗斯亦建立了卢布结算支付系统与金融信息交换系统，以降低对美元

[①] "Доллар Впервые Составил Менее 50% От Денежного Выражения Российского Экспорта"，https：//iz.ru/1157756/dmitrii-migunov/syrost-rublia-dedollarizatciia-vneshnei-torgovli-idet-za-schet-evro（2021/04/28）.

[②] "Указ Президента Российской Федерации О Стратегии Национальной Безопасности Российской Федерации"，https：//docs.cntd.ru/document/607148290? section = text （2021/07/04）.

的依赖。① 相信未来俄方将在去美元化方面持续发力。随着中俄贸易规模的逐步扩大，推进双方贸易本币结算是应对美元霸权、规避汇率风险、降低交易成本的必要之举。其一，中俄可尝试达成一项特殊协议，保证在本币结算中人民币—卢布汇率的相对稳定，以确保双方在贸易结算中利益均不受损。或是以人民币为主体，联合卢布、欧元等货币，打造一个货币篮子，以此为基准对双边贸易中的汇率进行报价，来推行贸易的本币结算。其二，切实加快人民币支付清算金融基础设施的建设。目前人民币跨境支付系统（CIPS）（二期）已全面投产，在一期的基础上对服务时间、结算模式等方面进行了改进。蒙俄两国共有数十家金融机构为CIPS的参与者，如蒙古国农业银行、蒙古国国家银行、俄罗斯出口银行、俄罗斯外贸银行等。今后应不断升级CIPS服务水平，为人民币国际化提供金融基础设施支撑。同时也要不断拓展参与者规模，并为引入更多境外参与者做好制度上的准备。其三，通过制定相应的法律法规，维持中俄间货币汇兑的规范稳定，确保人民币、卢布能长期服务于双边贸易结算。

第二，推进构建中蒙俄自由贸易区，通过贸易优势提高人民币在该地区的影响力。中蒙俄自贸区的构建面临一系列的制约因素，如中国与蒙俄的经济规模、市场规模差异大，双方间的贸易层次、投资便利化水平低，②但三方相互接壤且经济结构互补性强，建立自贸区具备一定基础条件。目前，中蒙双边自贸区建设处于可行性论证状态，2017年5月双边部长级会谈期间宣布启动中蒙自贸协定联合可研，截至2019年2月双方就联合可研报告提纲达成一致，并就各领域重点关注、经济影响分析及下一步工作安排等深入交换意见。③ 中俄方面，双方在2017年7月签署的《关于欧亚经济伙伴关系协定联合可行性研究的联合声明》即包含

---

① 许文鸿：《去美元化：俄罗斯在俄美金融战中的反击》，《俄罗斯东欧中亚研究》2021年第5期。

② 杨丽花、董志勇：《中蒙俄自贸区构建的经济制约因素与推进路径》，《中共中央党校学报》2018年第4期。

③ 中国自由贸易区服务网：《中蒙自贸协定联合可研第二次会议在京举行》2019年2月15日，http：//fta.mofcom.gov.cn/article/chinamongol/chinamongolnews/201902/39818_1.html，2020年1月20日。

服务贸易、投资等议题。同时,美国视中俄为头号竞争对手,对俄方实施长期化制裁,恶意挑起与中国的政治、贸易摩擦,在这种情况下,通过欧亚经济伙伴关系,组建中蒙俄、上合组织自贸区不仅更显必要,或许也更有可能。

第三,加快中国数字货币在经济走廊跨境支付业务上的布局。数字货币较以往支付方式在交易效率、成本、安全方面具备更大优势,在跨境支付领域有着巨大潜力。我方应及早地着手布局数字人民币的跨境支付业务,鼓励中国企业积极探索数字货币在跨境贸易支付结算中的运用,避免在数字货币化时代再次受制于美国及美元。

总之,金融合作是中蒙俄经济走廊互联互通建设的重要支撑,也是其经贸合作的重要推手。中蒙俄经济走廊提出七年以来,中国与蒙俄两国在金融合作机制建设、货币合作、金融机构合作等方面均已取得重要进展。但逆全球化思潮的兴起、大国地缘政治经济博弈,加上蒙俄经济金融发展水平低,风险抵御能力差,中蒙俄经济走廊开展金融合作需始终关注风险防范问题。为此,本书主要识别了中蒙俄经济走廊面临的风险挑战,并构建以宏观经济环境、金融市场稳定性、金融机构稳定性、对外信用环境为一级指标的风险评价体系,采用 CRITIC 法对中蒙俄经济走廊金融风险水平进行测算。结果表明,中俄处于中等风险水平,蒙古国风险水平较高。因此,需构建中蒙俄经济走廊金融合作安全机制网络;共建投融资合作体系,拓宽融资渠道,创新融资模式;优先加快人民币在经济走廊国际化步伐;打造中蒙俄卫生健康共同体为合作创造稳定的发展环境。同时,推进中蒙俄经济走廊金融合作健康发展,不仅需要加强经济走廊的经济金融卫生健康合作的机制化建设,而且也需要推进中蒙俄之间多层次的交流对话,加强民心相通。国家、人民之间的互信是开展贸易、金融等合作的前提条件,也能有效破解西方国家大力鼓吹的"中国威胁论",保证中蒙俄经济走廊金融合作稳定进行重要影响因素。要大力倡导"人类命运共同体"理念,将中蒙俄经济走廊的成果落到实处,让蒙俄切实地享受到中国经济高速发展带来的红利;依托智库,呼吁政府高层及社会各界人士为加强中蒙俄政策沟通而助力;通过中蒙俄多层次文化交流与合作,提升两国民众对中国的信任度。

第 十 章

研究总结与展望

2016年中国、蒙古国、俄罗斯签署了"中蒙俄经济走廊建设规划纲要",这是"一带一路"倡议以来签署的首个多边合作规划项目。这一重大突破有效推动"一带一路"倡议实施,推动中蒙俄三国在经贸、人文、安全以及其他事项上的区域合作。中蒙俄之间存在较强的互补性,双边经贸合作取得了一定的规模,这为进一步深化合作奠定了一定的基础。但是,相互之间经济发展水平存在的较大差异,空间距离产生的时间成本和运输成本导致区域贸易较高交易成本,三国之间在认知、互信和利益诉求方面的分歧,严重制约着中蒙俄的经贸合作进一步发展。总体上判断,中蒙俄经济走廊现有的合作机制属于一种非正式性的国际机制,即规范性和制度化程度低,弱机制化明显。从实际功能上来看,中蒙俄经济走廊国家首脑层面的会议和各部长级会议的正式化、集中化和授权化程度都较低,大都仍只是区域内的一个对话平台,虽然目前已达成较多项协议,但大多只属于一些共识,尚未形成协商一致的指导性规范以及具有纲领性和程序性的制度文件,对行为体并不产生较强的国际法上的法律约束力,无法保证合作共识能够全部落到实处,具有内在不确定性风险[①]。如2016年6月中蒙俄三方达成的《中蒙俄经济走廊规划纲要》就是一种非国际条约,不具备国际法上的权利与义务。同时,现有的合作机制松散,多以论坛、磋商为主,不论是在交通运输、商务、旅游还是文化合作方面都只是一种定期磋商会晤机制,没有形成具有法律效力

[①] 米军、李娜:《中蒙俄经济走廊建设:基础、挑战及路径》,《亚太经济》2018年第5期。

的正式文件，无实质上的约束性。同时，机制不健全且执行不力，致使在经贸合作中缺乏完善而规范化管理服务体系。总的来说，中蒙俄经济走廊发展态势良好，三国政府积极响应，定期首脑会晤、副外长级磋商等部长会晤机制先后建立起来，并且取得了一系列重要的会议成果。但是目前在正式化、集中化和授权化方面的程度还不够高，三国首脑定期会晤以及各种磋商机制等目前只是处于一种非正式协议状态，并没有强制力保障实施机制，内部存在极大的不确定性，无法确保各国的预期利益，合作倾向因此也会降低。从区域合作区间的视角看，中蒙俄经济走廊还处于低度一体化的合作区间。这就表明中蒙俄经济走廊只有不断加强区域合作机制建设，才能更大程度消除内部不确定性和扩大一体化合作区间。研究发现，国际机制的制度创新能够助推中俄蒙区域合作水平的深化，而制度创新的方向即进行区域性公共产品的供给，加强发展导向型的复合机制的构建能够有效加强经济走廊的区域性公共产品的供给。我们认为，系统研究中蒙俄经济走廊区域合作机制，对于实现三国之间的互利互赢，带动沿线国家和地区的共同繁荣与发展具有重要的现实意义。

一　中蒙俄经济走廊建设面临的挑战不容忽视

（一）合作机制软约束在很大程度上影响经济走廊建设进程

中蒙俄经济走廊建设是一项涉及生态、经贸、意识形态认知、价值观认同、地区认同等一系列问题的认知解决的建构过程。总体来看，该项系统工程的建设目前处于区域一体化初期发展阶段，特别是软硬基础设施互联互通等区域公共产品缺乏，不仅交通基础设施陈旧或供给不足，而且软环境机制（人文交流及互信、安全与危机管理、贸易投资等）同样供给不足。其一，导致目前依然存在认识和心理上偏差。诸如"经济资源民族主义"威胁、对中国的担忧除领土诉求担忧和人口扩张外，新世纪以来在粮食、能源和生态安全、金融等方面成为更加关心的问题，还有在多边合作中的领导权冲突、基层间交流的有限性问题、非本地因素掣肘（特别是美国、日本因素对蒙俄政治关系潜在影响不容忽视）等问题。长期以来正是政治和安全上的顾虑削弱了该地区对交通基础设施建设的投资。其二，机制不健全且执行不力，致使在经贸合作中缺乏完善而规范化管理服务体系，从而出现产品质量标准不同、市场准入规范不同、海关货物通关速度的差异、检验检疫制度的不统一、不稳定的贸易政策。其三，由于已有的合作机制约束力不强，主要停留在会晤或者说是软法约束机制的层面，导致缺乏执行力强的仲裁机构和合理有效的协商制度。

（二）中蒙俄在全球贸易网络中经济联系弱

在跨国公司主导下全球产业供应链贸易流量和流向网络，主要通过网络贸易指数来度量任何一组国家双边之间垂直分工程度和网络贸易集中度。亚洲开发银行相关的研究证实，全球垂直贸易集中在三个中心，分别是美国、亚洲的中国—日本和欧洲的德国，以这三个中心扩展了全球范围内的网络连接。中蒙俄在全球产业供应链贸易流量网络中的地位不对等且经济联系弱。首先，三国在贸易网络中的主导作用不同。中国加工制造业发达，拥有全球最大的制造品贸易，完全融入全球价值链分工体系，因而在全球乃至区域贸易网络中能起到主导作用。在全球价值链分工体系中，中国摆脱了资源为基础的全球价值链分工（10%），在中端分工加中端向高端过渡环节参与分工接近50%，已经显示出明显的竞争优势，但在高端生产链环节比较薄弱（5%）。在现有的全球产业供应链网络贸易中，俄罗斯距离三个中心的位置较远，处于被边缘化外围状态，在主要市场基本没有影响力。俄主要与欧亚经济联盟国家及乌克兰构成直接联系（欧美制裁前），或与部分欧洲国家形成间接联系，重点局限于欧亚经济联盟中的贸易网络。由于欧亚经济联盟的规模有限，加之俄罗斯制造业参与全球价值链的程度低且作用有限，因而在欧亚经济联盟区域贸易网络中难以起到主导作用。目前，按照联合国贸易与发展会议《世界投资报告》的数据，俄罗斯主要在以资源为基础的全球价值链分工（占75%）优势显著，在低技术（5%）、中技术（10%）和高技术服务（5%）方面处于劣势[1]。同样蒙古国完全以农矿产资源出口为主参与全球价值链分工，由于其经济贸易规模非常有限，处于没有影响力的被边缘化状态。因此，中国与俄蒙按现有产业供应链格局，提升合作规

---

[1] 米军、李娜：《中蒙俄经济走廊建设：基础、挑战及路径》，《亚太经济》2018年第5期。

模有限。唯有在重构全球价值链中，通过延长价值链合作链条，才可能创造新一轮的增长红利，提升两国经贸合作水平。未来，随着俄罗斯远东西伯利亚的开发和蒙古国成为东北亚乃至亚洲能矿资源重要的输出中心，必将提升中蒙俄经济走廊现有的产业供应链格局。

（三）资金短缺及边境口岸带动效应问题一直未能解决

俄罗斯与蒙古国是个严重资本短缺的国家，资金短缺已经严重影响到两国诸多建设项目实施。不仅如此，在中蒙俄经贸合作中，低端贸易、薄弱的再加工贸易、规模不大的项目投资以及双边贸易投资一体化程度不高等特点突出，特别是边境口岸带动效应问题一直未能解决。上述诸多问题极大地制约了民间企业经贸合作热情。实证研究结果表明：中蒙俄边境口岸的口岸地位过于突出，没有对城市经济发展起到明显的带动作用或带动作用很低，"过货化"现象较为明显；口岸所在城市的产业基础比较薄弱，没有基于口岸区位条件来发展特色产业或产业集群。目前，尽管满洲里和二连浩特分别是中国最大的对俄和对蒙陆路口岸，然而这些边境口岸同样存在的问题是口岸功能突出，对当地辐射带动作用弱，同时口岸所在城市发展水平无法为口岸发展提供足够的支撑作用，从而没有形成口岸与城市经济发展相互促进且协同发展的状态。因此，如果不提升边境口岸对中蒙俄的辐射力和影响力，必将会影响中蒙俄经济走廊经贸合作的积极性和质量。

（四）俄罗斯蒙古国的基础设施因素的制约是影响合作的重要瓶颈

蒙古国交通基础设施建设进展缓慢，已经成为经济发展和矿业开发的主要瓶颈因素。蒙古国只有一条铁路贯穿南北，铁路设备和技术老化严重，已有设备供应不足。蒙古国铁路载货量远远不能满足大宗矿产品的对外运输的需求。蒙古国全国只有五分之一的公路为柏油路，其余基本上以土路和砂石路为主；蒙古国至今没有自己的输气、输油管道系统；蒙古国三大电网相互独立且设施陈旧，远远满足不了国内的需求；蒙方口岸设施陈旧且信息化程度低的情况同样堪忧。蒙古国水资源非常短缺，水资源配套设施的不足也是未来制约能矿资源开发的重要硬件瓶颈。俄方基础设施同样不容乐观，交通基础设施基本还是苏联时期建设的，俄罗斯独立以来基本在基础设施建设方面没有进展，而俄东部地区的基础设施情况则更为糟糕。根据公开的统计数据，远东地区是俄罗斯公路、铁路网络密度最稀疏的地区，公路方面每1万平方公里只有6.1公里，铁路每1万平方公里为13公里。俄罗斯在近年来的多次国情咨文中，将发展西伯利亚和远东定位为俄罗斯21世纪的发展方向和俄罗斯整个21世纪的优先目标。可见，俄罗斯推进中蒙俄经济走廊建设，其主要战略意图是振兴东部地区经济社会发展。然而，更为严重的是俄罗斯东部地区的交通运输港口配套设施及物流信息管理系统陈旧且供给不足，事实上已经阻碍了中蒙俄交通经济带实质性合作的推进。

（五）经济走廊的合作依然面临域外大国地缘政治博弈的影响

中蒙俄经济走廊面临来自域外欧美国家地缘政治经济博弈的冲击。欧美国家持续加强对俄罗斯地缘政治博弈和经济金融制裁；美国对华战略遏制的基调未变，拜登政府甚至加强了对华战略遏制的系统性、制度性和持续性战略设计趋向，在继续加强贸易摩擦同时联合盟友构建反华包围圈，意在转向全方位战略竞争。中蒙俄经济走廊主要大国尤其是重点防范来自美国的经济制裁威胁。俄罗斯方面，自乌克兰危机后，特别是2022年俄乌军事冲突爆发以来，美国及欧盟对其进行多轮经济金融制裁，制裁对象包括俄官员、主要银行及多家能源企业。事实已证明，美欧对俄罗斯实行的制裁使俄罗斯经济陷入低迷，俄方虽采取了反制措施，但其经济增长、卢布汇率、国际融资等方面均受到制裁的不利影响。还要防范美欧国家对蒙古国地缘政治影响持续加强给经济走廊的建设带来的风险挑战。

二 推进中蒙俄经济走廊区域合作机制建设的应对策略

一方面，从外在影响方面看，当前俄乌冲突进一步加大了俄罗斯向东转政策的推动力度，为推进中蒙俄经济走廊的务实合作提供了重大发展机遇。2021年年底爆发的俄乌冲突实际上就是2014年乌克兰危机的延续和升级，也是俄罗斯进一步务实推进中蒙俄经济走廊建设的催化剂，如2022年2月底俄中达成经蒙古国通往中国的西伯利亚2号重大天然气管道协议就是明证。另一方面，从内在影响因素看，正是由于基础设施、区域贸易投资类等方面区域公共产品供给尚不足，才造成中蒙俄经济走廊困难合作区间大，也是形成现有机制约束的主要因素。三国只有联合起来，通过制度创新和推进机制的力量来达成区域合作，满足经济走廊建设所需的跨国社会基础设施、制度、机制及默契信任等多层次公共产品供应，才能为中蒙俄经济走廊建设拓展共赢的经济发展空间。中国经济实力雄厚，总体上已经成为一个加工制造业大国，创新驱动发展增强，而蒙古国、俄罗斯总体上还是初级产品供给者。因此，中国应该在推进经济走廊公共产品供给的机制建设上发挥重要作用。

（一）加强发展导向型为主要特点的多元化合作机制建设

1. 合作机制根据经济发展实际需要设定而不拘固定模式

跨国区域经济合作是多种行为主体共同参与的结果，不同的主体在合作过程中有不同的需求，因此跨国区域合作机制应当是多元化的，既包括中央和地方政府之间的正式合作机制，也包括非政府之间的非正式合作组织，硬法和软法并兼。中蒙俄现有合作机制主要包括三方首脑会晤机制、副外长级磋商机制、旅游部长会晤机制、铁路运输合作磋商会议、智库论坛、工商论坛和中蒙进出口食品安全磋商机制等。这些非正式约束机制搭建了中蒙俄三国之间进行友好合作的桥梁，是推动三方区域合作的动力。三边首脑会晤与双边元首会晤机制发挥顶层设计功能，推动专业领域的实质合作；各部长级会议机制和各论坛等推进三国在经济、基础设施、科技、人文等领域的合作，将经济走廊建设落到实处。现有的标准化的区域合作机制包括自贸区、关税同盟、共同市场，或者像欧盟那样的经济联盟等不同形态。根据现有的条件，中蒙俄经济走廊区域合作机制应该不属于任何一种标准形态的治理结构，按照以往的模式进行建设缺乏实际可操作性。因此，我们认为，中蒙俄经济走廊区域合作机制的治理结构的建构，应该朝着以发展导向型为主的多元化合作机制努力，这样的合作机制不拘泥于某一种固定治理模式，可能既包括标准形态的合作机制，又可能是次区域合作、产业园区等多种功能性合作机制的混合体，主要根据经济走廊经济发展的实际需要而设定，待时机成熟，在中蒙俄经济走廊的核心区实施标准形态的合作机制也是可能的。

2. 跨国次区域经济合作机制是发展重点

跨国次区域经济合作范围主要是在地理位置上相互毗邻或相近的多个国家整体或其部分地区构成的经济区域，这与以国家整体参与的跨国区域经济合作或区域经济一体化范围是有区别的。跨国次区域合作的主要形式包括经济走廊、增长三角①和增长多边等多种模式。实践操作中，跨国次区域经济合作包括毗邻地区及联系紧密的非毗邻地区之间开展的跨国经济合作，这种合作的深化将产生经济溢出效应，不断扩展到其他合作领域和相邻地域。受地缘因素的影响，实践中中俄蒙跨国次区域合作更多发生在地理毗邻地区间的地方合作。近年来，一些相邻国家非毗邻地区间的合作也呈现出新的发展趋势，值得重点关注的是中国长江中上流域和俄罗斯伏尔加河流域之间的合作，俄罗斯中央联邦区与长三角区域合作。综合各方面的观点，相较于国家为主体的区域经济合作，次区域经济合作具有开放性、松散灵活性、多层协调性等特征。由于跨国次区域合作往往不需要深层次制度安排，不涉及相关国家整体的主权让渡问题，参与主体和合作内容都比较广泛，因而在中蒙俄经济走廊沿线国家和地区经济合作中更加容易推进。

3. 以功能型领域合作为突破点带动自贸区机制建设

（1）中国与俄蒙建立自由贸易区是未来经济走廊实现制度性一体化的方向

多边主义和地区主义是经济发展的两大趋势，而作为地区主义主要形式的自贸区有效补充了全球多边贸易体制，能够加深地区内的对外经贸联系，夯实共同利益基础，扩大区域合作区间。本书研究证实，无论是在考虑将敏感产业关税减半或是所有产业关税降为零模式下，中蒙俄经济走廊区域合作机制的建立都对于中蒙俄三国经贸发展具有重大的促进作用，这种制度性合作能够加强区域内贸易合作，增加商品流通数量，提高三国的经济效益和居民福利水平，带来更多的社会价值和经济价值。因此，加强中蒙俄自贸区建设，将其提升到国家战略的高度，有助于加速实现三国互联互通和经济发展，是未来三国制度性合作的必然趋势。关于中俄蒙"自贸区"问题，它强调实现制度性一体化，在各国一定的经济发展基础上主要遵循"政治带动政治"的演化合作理念。但是，当前中蒙俄构建更高层级的制度性一体化合作机制的准备工作还不成熟，主要是中国与蒙俄依然存在互信及地区认同感不足问题，贸易结构不平

---

① Hamanaka Shinto, "What Is Subregionalism? Analytical Framework And Two Case Studies From Asia", *Pacific Focus*, 2015, Vol. 30, No. 1, pp. 389–414.

衡，俄蒙也担心开放市场受到中国商品冲击等多方面因素影响。俄罗斯科学院谢尔盖·卢贾宁所长和蒙古国国家战略研究所冈巴特、巴扎尔旺认为，中蒙俄建立国家间自贸区的条件不成熟；蒙古国国立大学学者巴扎尔·萨尼玛塔夫则认为蒙古国应优先与欧亚经济联盟达成自由贸易协定，在经济走廊沿线应主要推动与中俄共同创立生产和服务园区及物流中心。通过大量经济、科技等领域非政治议题的合作发展所产生的"溢出"效应，它是构建中蒙俄自贸区的基础和前提，也是推动中蒙俄经济走廊建设的突破口，然后待政治经济发展条件成熟，也不排除构建统一的自由贸易区可能。

（2）功能性合作特别是公共服务功能性合作为主机制构建是深化合作可行路径

当前在第一阶段，要大力加强中蒙俄为主体兼及其他国家或组织共同参与的"非正式机制（高层会晤或签订各领域法律约束力弱的协议）+双多边正式组织（如开发性金融机构或合作基金、跨境产业园区等）"的执行模式，让功能性机制化建设落到实处。为了推进经济走廊功能性领域的务实合作，中国要引领推进中蒙俄经济走廊贸易便利化机制。其一，积极推动新的支付结算系统和评级机制建设，这不仅有助于推动人民币国际化，也顺应"一带一路"国家本币结算的需求。其二，为了降低区域投融资风险，充分发挥好国际开发性金融机构和国家主权财富基金的作用。如"非正式机制+金砖国家新开发银行（或亚投行或共同发展基金）"就是该执行模式的样板，今后还要大力加强，这既有助于解决蒙古国俄罗斯基础设施建设资金不足问题，又强化了多方面的功能性领域的务实合作。其三，中国应牵头与蒙古国和俄罗斯联合共建交通基础设施大联通网络，以中欧班列和发展多式联运为抓手，破除交通障碍，制定标准化交通规范，提升贸易便利化水平。

（二）构建跨境产业科技合作园区提升中蒙俄产业联系度

从长远来看，解决中蒙俄经济走廊核心区国家彼此间的贸易规模问题，需要构建跨国科技合作园区，优化中俄蒙合作产业链布局，延长产业合作链条。高科技领域数十年来一直是中俄关系和务实合作的重点方向，且在相关领域取得了较好的成绩。俄罗斯在生物工程、核科技、航空航天、通讯、新材料等方面仍然具有先进的科技实力，原创优势显著；

中国在高铁、无人机、计算机等科技方面处于前列，在资本、制造业、市场方面有着俄罗斯所不具备的优势。因此，中俄高科技领域共赢合作值得期待，尤其是需要两国在多地构建国家科技园。目前存在的中俄合作科技园还处于初始发展阶段，远远满足不了两国经贸合作和在重塑全球价值链体系中共同创新发展的需要。通过构建跨国科技合作园区，建立科技成果转化合作基地，生产影响未来全球价值链的高科技产品，提升对两国整体经贸合作的带动作用。因为单纯依托劳动密集型和资源禀赋型产品会导致双方经贸合作发展空间趋于狭窄。该园区一开始就要明确产业园区的法律地位，要建设具有两国法律效力的园区，以有效保护产业园区在海外的利益，规避法律风险。中国可加强对俄科技研发的资本输出，通过资本与科技的有效结合，提升两国传统产业科技含量，共同推动传统产业加速向研发、设计、品牌、总部等产业链、价值链高端迈进。要充分利用俄罗斯基础研发能力强的优势，重点加强空间科学、生物医药、新材料、信息安全等领域的合作。当前，可以优先在已有的地区合作机制框架下商讨共建"技术研究院"，这也是两国当前应对美国对中俄经济挤压并实现共同创新发展的需要。同样，为了延长中蒙产业链合作链条，可发挥中方农畜产品深加工优势，与蒙方合作建设跨境农牧业产品加工园区，这符合蒙方发展之路建设的目标，易于推进实施。当然，中国加强中蒙俄跨境产业科技园区建设，沿海和腹地的科技强省应该发挥主导作用。同时，也要夯实边疆省区的产业科技实力。在内蒙古，除了加强传统口岸城市产业园区建设，提升边境口岸带动作用外，重视内蒙古发达地区呼包鄂经济圈对俄蒙产业园区建设，这将起到连通并拉动俄罗斯—蒙古国—中国腹地的作用（呼包鄂也易于与京津冀一体化互联）。在黑龙江，重点建设哈尔滨—绥芬河—海参崴中俄产业合作园区，向南打造对俄跨境免税通道和出海口，向北形成对俄腹地经济的带动力。中国边疆城市对俄蒙产业园区建设，要重点利用经济发达省份资本优势和产业优势，形成边疆省份与腹地、沿海的协同作用。

（三）基础设施供给的大联通是激发经济走廊潜能的关键

当前，中蒙俄经济走廊的基础设施互联互通对激发区域贸易合作潜能意义重大，这不仅是提高贸易便利化水平、乃至未来建设高标准自由贸易网络的重要依托，也是促进"中蒙俄经济走廊"价值链与国际产能合作的基础，因而应成为中蒙俄经济走廊建设的优先领域。

1. 构建连通欧亚的"田"字形环形国际基础设施大通道

一方面，以蒙古国的乌兰巴托和俄罗斯伊尔库茨克区域为中心构建"十"字形通道。即通过俄西伯利亚大铁路向西延伸至俄欧洲部分并与欧洲国家连通、向东与俄远东及中国东北地区连通；向南深入中国京津冀—环渤海经济圈与中国新欧亚大陆桥连通，向北穿越俄西伯利亚或远东腹地连通俄北冰洋沿岸航线。另一方面，构建"口"字形的环形外围通道。通道的一边是通过中国的新欧亚大陆桥向西连通到西欧海域并向东经日本海与北极东北航道连接；另一边是通过西起西北欧北部海域，经过俄罗斯北部沿海的离岸海域连通到符拉迪沃斯托克。"田"字形环形国际基础设施大通道建设，不仅有助于充分挖掘中蒙俄经济走廊核心区交通物流产业融合发展的潜能，推动中国形成一个面向华北、东北、西北的新的开放开发经济带，而且有助于推动中蒙俄经济走廊在连通欧亚海陆大通道的大欧亚发展战略中发展壮大，特别是依托冰上丝绸之路（冰上丝绸之路是穿越北极圈，连接北美、东亚和西欧三大经济中心的海运航道）和新亚欧大陆桥交通连通优势实现中蒙俄及相关国家的共同发展。

中蒙俄经济走廊通过基础设施连通机制建设，对接基础设施建设规划和技术标准体系，共同推进欧亚"田"字形环形国际骨干通道建设。当前，中蒙俄经济走廊需要多元化融资和多元主体的介入才能满足基础设施建设的要求。必须通过推出一大批重点工程，畅通瓶颈路段，提高道路通行水平；为实现国际运输便利化，需要建立统一的综合交通协调机制，促进国际通关、换装、多式联运的相互配合；通过国际援助或引进外部投资的方式提升俄罗斯特别是蒙古国口岸的基础设施硬件及信息化系统水平，才能真正实现通关一体化；推进跨境电力与输电通道建设一体化水平，保障输油管道、输气管道畅通及安全运行；通过电子信息化技术的发展和推广，改善电子商务运营的基础设施环境，才能从根本上提升电子商务便利化水平。

2. 中欧班列是经济走廊交通物流设施改善以及激发贸易潜力的重要抓手

利用中欧班列这个抓手，有助于提升沿线国家贸易便利化（通关、基础物流设施建设及改善）和中国与经济走廊国家贸易潜力。中欧班列不仅将西伯利亚大通道与新亚欧大陆桥连接起来，而且已经形成的西、中、东三条运输通道的辐射影响力日益扩大。中国西部和中原等地多经过阿拉山口通道出境，再经哈萨克斯坦与俄罗斯西伯利亚铁路相连，运行较为成熟，被称为西线通道（第三条欧亚大陆桥）。中线和东线主要经蒙古国与俄罗斯西伯利亚铁路相连，走二连浩特和满洲里口岸出境，通常称为俄罗斯班列。中国目前运营的中欧班列中，具有突出优势的是从西南地区发出的成渝号班列和中部地区汉欧班列。他们是目前开行速度最快、开行频率最稳定、吞吐量最大的中欧国际快速铁路货运班列。总体上中欧班列运输比较成熟，运价接近市场，客户基本接受，补贴较低（有些班列已经没有补贴，运行状况较好），特别是在新冠疫情期间发挥了重要作用。当前，通过提升班列的运行效率，能在一定程度上加快地区间交通基础设施连通机制建设。其一，加强交通沿线大型园区建设，实现"班列+园区+集散+深加工"的发展模式，既解决班列的货源及运行效率，又能提升当地基础设施建设。其二，通过借助现代的信息手段完善中欧班列，建立统一的信息管理平台，为企业提供更优质的服务，是中欧班列快速提升其竞争力的有效手段。如建立统一的物流运输申请与查询网站，全程无纸化以及在线的货物信息跟踪与记录，这些措施不仅可以方便企业，同时更利于信息的收集，让决策者能够更好地安排铁路运输班次、回程时间和货源等信息。其三，加强中俄蒙海关信息联通，互认单证，提高通关效率，缩短班列运输时间。其四，加强回程班列的平台合作联盟，组成境外联合体密切合作，联合谈判，有序分工，分别发运。通过上述手段，解决境外货源整合和议价能力。

（四）加强准入制度领域沟通，落实组织机构建设的实体化

一方面，需要加强政府间多方沟通协调机制的顶层设计工作，推动围绕规制理念、标准、实施来加强规制沟通，开展更加积极主动的互动关系。中国主动加强与相关国家政府在政策、法规、安全、海关以及商品和服务业准入制度等领域的沟通与合作，为经济走廊的共建提供更多、更有效的政策制度保障。当前，美国开启与中国的贸易战并实施全方位的战略遏制，同时也加强了对俄罗斯在内的诸多国家的制裁。为了防范美国单边主义和贸易保护主义因素对推进经济走廊建设造成的不利影响，

营造良好的政治互信及认同感是合作应对区域安全风险的首要关键。通过推动新的支付结算系统和评级机制建设，加强金融安全机制建设。人民币可以承担经济走廊对接合作重任，化解区域合作的资金瓶颈，实现发展为导向的区域合作，这不仅提高跨境清算效率，发挥人民币清偿能力，为各国结算支付提供更多的选择，也有助于防范美元制裁或美元波动的风险。通过加强基础设施政府间协调机构及其制造业产能合作，为经济走廊贸易便利化提供经济技术基础。通过三国加强区域贸易协定谈判，推动各方降低贸易壁垒，特别是构建全天候通关一体化制度，跨境监管程序的统一化，在信息认证、监管、检验检疫、物流等多方面进行三方合作，营造便利化的海关制度环境，才能真正解决当前中蒙俄边境海关普遍存在的通关拥堵问题。

另一方面，深化中蒙俄经济走廊建设，还是要落实到组织机构建设及合作机制的实体化。应在继续完善现有的首脑会晤机制、外长级磋商机制、海关与交通运输部门、旅游等机构的部长级合作机制及司厅级工作组的常态化运行的基础上，在国家层面推动建立领导地区合作的常设机构以提高彼此协调效率，并建立更高级的地方领导人单独定期对话与会晤机制。当前，只有通过更高层次的地方合作协调机制建设，才可能建立推动地区合作开发的公共产品供应机制，即跨区域互联互通机制、信息共享机制、奖励机制，真正解决双方依然存在信息不对称、政策法律管理制度差异、认知错位等障碍因素。这不仅有助于调动地方合作的积极性，也使得经济走廊建设中出现的诸如贸易投资争端、环境污染、恐怖主义、传染疾病、跨国犯罪等威胁公共安全的问题从地区层面得到及时沟通与处理。

（五）多层次多主体推进公共卫生跨境合作机制建设

中蒙俄经济走廊是"一带一路"首个多边经济走廊，但此次疫情凸显了中蒙俄三国公共卫生领域合作建设不足及加强合作的必要性。公共卫生建设是高质量发展的应有之义。疫情发生后，习近平总书记指出帮助全球尽早战胜疫情成为高质量共建"一带一路"的重要任务。首先，在国家层面上，联合蒙俄打造公共卫生数据库信息交换机制，建立防疫物资储备中心，构建中蒙俄生物安全跨国防护网络。其次，三国地方政府应在卫生合作伙伴关系、对口医院援建、公共卫生专家交流互访机制等方面开展和加深合作。再次，中资企业应联合蒙俄相关企业合作开发和生产医药、医疗、卫生防疫以及中药材等产品。最后，中国红十字基金会和民间公益基金会等组织作为政府和企业的有益补充，向走廊国家提供相关援助。通过多层次多主体的综合推进，提高中蒙俄经济走廊共同应对各类自然灾害和传染病应急管理能力，推进中蒙俄经济走廊的公共卫生建设。

（六）加强边境地区与中国发达经济区的联动机制建设，进一步完善毗邻地区全方位开放与制度型开放并重的开放格局

一方面，加强中国边境地区与国内发达经济区的联动机制。边境地区独特的区位优势、自然条件和合作基础使其成为跨境区域合作的主要地区，是连通合作双方的重要桥梁。为了充分发挥内蒙古和东北边境省区的区位优势，开辟连接俄罗斯和蒙古国的经贸大通道，内蒙古、黑龙江要与京津冀地区、长江经济带等发达地区形成联动效应。京津冀作为中国首都经济圈，交通物流网络最密集，经济发展规模和实力最大；长江经济带是中国经济发展最有活力的地区。加强边境地区与发达经济区的联动效应，为边境地区制成品生产提供资金和技术支撑，为商品出口提供了便利渠道，为环渤海港口的发展提供了更大的动力，将有效实现边境与腹地正反馈带动作用。内蒙古和黑龙江应该抓住在走廊建设中的核心枢纽地位，充分发挥边境地区重要通道作用，促进公路、铁路等基础设施的建设和跨境运输合作，打通中国向北通往俄罗斯、蒙古国和欧洲的战略通道。为了降低连通中蒙俄的道路成本，为中蒙俄三方合作提供更便捷平台的西线走廊的建设显得尤为重要。在中蒙俄西线走廊建设中，重点推动京津冀、长三角等发达经济圈与呼包鄂发达经济圈的联合，共同加强对蒙俄产业园区的建设。呼包鄂发达经济圈作为中国建设中蒙俄经济走廊的西部重要区域，具有良好的文化基础，地理位置和政策优势，凭借毗邻蒙俄的优势地位和丰富的资源环境，应该成为内蒙古最具有活力的城市群体，提供中国向西连通蒙古国和俄罗斯的便利合作平台。总之，通过加强中国东北和西北边境地区与发达经济区的联动建设，发挥发达经济区的经济辐射带动作用，才能共同推动经济走廊建设。

另一方面，完善国内开放与沿边地区开放政策。当前，中国经济发展进入新的发展阶段，需要从全面开放走向更高水平的开放，这就需要

加强制度型开放，对接国际高标准市场规则，打造中国参与和引领国际经贸合作的新优势。而对于与俄蒙毗邻的内蒙古与东北三省，长期以来存在僵化的体制机制、落后的观念和思维、营商环境和服务理念差等诸多问题，经济缺乏活力，企业的积极性不高。只有通过全面开放和制度型开放双重推进策略，才能彻底改变中国东北与北部沿边省份长期制约经济发展的顽疾。在推进国内沿边省份开放格局方面，应积极发挥边境城市的作用，推进合作先导区和跨境经济合作区的建设。例如，推进建立满洲里、二连浩特开放试验区，加快大连保税区和丹东开放试验区的建设，在开放政策上先试先行，既要推进全方位开放又要实行高水平对外开放。为了深化推进中蒙俄经济走廊的建设，沿边省份应加强制定融入中蒙俄经济走廊建设的地方开放政策，在通道经济建设进程中完善自身的发展。如辽宁省应利用绵长的海岸线和丰富的港口资源，为蒙古国、俄罗斯和东北亚乃至欧洲建设海陆经济走廊；吉林省应利用长吉图开发开放试验区，开展与蒙古国和俄罗斯的联通合作，加快对中韩产业园区的建设，积极发展外向型经济；黑龙江省应发挥对俄优势，以哈尔滨为核心，打造中俄经贸合作中心，把黑龙江省建设为中国对俄合作的重要窗口；内蒙古利用好联通腹地—蒙俄—欧洲的通道经济优势，建设高水平的走廊经济带。

（七）继续加强国家互信及认同感等默契理念性产品的供给

最后，我们还要强调，加强中蒙俄经济走廊相关国家和区域大国间的政治沟通、协商、谅解与合作，营造良好的政治互信及认同感是合作应对区域安全风险的首要关键。为此，需要加强政府间多方沟通协调机制的顶层设计工作，推动围绕规制理念、标准、实施来加强规制沟通，开展更加积极主动的互动关系。此外，还应密切关注蒙古国"第三邻国"外交政策与美国、日本、韩国、欧盟等域外国家的发展走向和合作层次，防止上述国家趁机介入破坏、挑拨中蒙政治互信和认同感等。同时，密切关注以美国为首的北约国家挑唆俄乌冲突给中蒙俄关系带来的消极影响。在复杂的国际形势下须进一步巩固中蒙俄命运共同体的发展意识和强化政治互信意志，这种共同体意识与政治互信意志是助力走廊发展行稳致远和高质量发展的重要保障、必要条件和坚强后盾。中蒙、中俄元首间的高水平交流彰显出新时代中俄全面战略协作伙伴关系和中蒙全面战略伙伴关系的高水平和特殊性。

总之，中蒙俄经济走廊，作为"一带一路"倡议的重要组成部分，具有重要的战略地缘意义，它既出于维护地缘政治安全利益，又为各国提供了经济合作发展的平台。既是促进相关区域经济发展与合作的基础设施和交通运输一体化网络，又在交通走廊中得到发展，以沿线城市区域的产业互动发展为重要内容，是在特定地理区域内将生产、贸易和基础设施联合在一起的机制。中蒙俄经济走廊机制化建设的近中期目标是保障多层次区域公共产品供应以加强互联互通，降低逆全球化思潮的影响；远期目标是形成更为深入的理解和认同、经济上建立更紧密的依存关系，巩固中国与蒙俄全面战略伙伴关系。中蒙俄经济走廊经济合作潜能巨大，存在的问题不容忽视。推进合作，需要加强认知并具有充分的思想理论准备工作，需要中方长期耐心务实细致的工作，中国应该主动在中蒙俄经济走廊建设中加强"人类命运共同体"理念传播，加强国家互信及认同感等默契理念性产品的供给。"人类命运共同体"是新时代中国向世界提供的重要的公共产品。"命运共同体"理念强调合作共赢为核心，秉承正确的义利观，将利己与利他目标有机地结合起来，实现合作的正外部性，强调合作性竞争而非对抗性竞争。该理念对于提升区域合作的默契度及营造地区合作的舆论民心相通的发展环境具有重大意义。需要以既有的大项目突破和大通道建设，带动全面合作的深化。需要加强国际协调机制建设提升贸易便利化。需要以产业园区为载体及优化产业链布局的产能合作机制建设等多方面的合作构想来实现共享式增长。也需要在参与主体上体现开放性，即政府引导、多方参与，互动对象不局限于中俄蒙三国，也包括域外的其他国家及其各类主体第三方市场合作，特别是日本和韩国的参与非常重要。中国已经成为世界第二大经济体，在中蒙俄经济走廊具有显著的压倒性经济优势，只有积极推动区域性国际公共产品的供给，特别是在基础设施互联互通、贸易投资、金融和人文交流等方面发挥区域性公共产品供给大国的作用，才能将中国的经济优势转换为经济走廊的国际政治优势，这既是中国实现国家利益的需要，也有助于推进经济走廊的互利共赢。

参考文献

中文专著和期刊

毕海东：《"一带一路"在东南亚面临的地缘政治风险与中国的政策选择》，《战略决策研究》2016 年第 2 期。

陈继勇：《中国对"一带一路"沿线国家直接投资的风险及其防范》，《经济地理》2018 年第 12 期。

陈宇：《功能主义理论与东亚的一体化进程》，《太原理工大学学报》（社会科学版）2014 年第 32 卷第 1 期。

成志杰：《复合机制模式：金砖机制建设的理论与实践方向》，《国际关系研究》2018 年第 1 期。

程娜：《"双循环"新发展格局下中国对外贸易战略转型：演进逻辑、动因及路径》，《福建论坛》（人文社会科学版）2021 年第 12 期。

崔卫国：《区际经济学》，经济科学出版社 2012 年版。

［美］道格拉斯·C. 诺斯：《制度、制度变迁与经济绩效》，上海人民出版社 2008 年版。

董锁成、李懿珈、李富佳等：《中蒙俄经济走廊交通及管线建设的生态风险区划及对策研究》，《中国科学院院》2021 年第 2 期。

樊勇明：《西方国际政治经济学》，上海人民出版社 2017 年版。

胡必亮：《推动共建"一带一路"高质量发展——习近平关于高质量共建"一带一路"的系统论述》，《学习与探索》2020 年第 10 期。

胡建梅、黄梅波：《国际发展援助协调机制的构建：中国参与的可能渠道》，《国际经济合作》2018 年第 8 期。

黄河、戴丽婷、周骁：《区域性国际公共产品的中国供给》，上海交通大学出版社 2019 年版。

黄亚光、许坤:《美国金融制裁:演化逻辑与应对策略》,《经济学家》2021 年第 7 期。

[美] 吉尔平:《国际关系政治经济学》,杨宇光等译,经济科学出版社 1989 年版。

姜丽丽、王士君、刘志虹:《港口与城市规模关系的评价与比较——以辽宁省港口城市为例》,《地理科学》2011 年第 12 期。

Khurelbaatar S:《中立战略与蒙古国对外安全战略选择》,《当代亚太》2017 年第 2 期。

拉琳娜、邹秀婷:《公众舆论认知中的现代中国和俄罗斯——中俄关系:太平洋沿岸俄罗斯居民的观点》,《西伯利亚研究》2015 年第 1 期。

李加林:《新形势下中国企业对外投资风险与管控措施》,《亚太经济》2019 年第 4 期。

李实、沈扬扬:《中国的减贫经验与展望》,《农业经济问题》2021 年第 5 期。

李向阳:《亚洲区域经济一体化的"缺位"与"一带一路"的发展导向》,《中国社会科学》2018 年第 8 期。

李向阳:《"一带一路":区域主义还是多边主义?》,《世界经济与政治》2018 年第 3 期。

李向阳:《"一带一路"面临的突出问题和出路》,《国际贸易》2017 年第 4 期。

李向阳、张树华等:《"一带一路"倡议与国际发展环境和国际合作》,《财经问题研究》2018 年第 10 期。

李燕、杰·杰戈捷廖夫:《中俄对外援助机制比较分析》,《俄罗斯学刊》2019 年第 4 期。

李逸飞:《面向共同富裕的中国中等收入群体提质扩容探究》,《改革》2021 年第 12 期。

林毅夫:《论中国经济——挑战、底气与后劲》,中信出版社 2021 年版。

林跃勤,郑雪平,米军:《重大公共卫生突发事件对"一带一路"的影响与应对》,《南京社会科学》2020 年第 7 期。

刘海猛、胡森林、方恺等:《"一带一路"沿线国家政治—经济—社会风险综合评估及防控》,《地理研究》2019 年第 12 期。

刘宏松:《正式与非正式国际机制的概念辨析》,《欧洲研究》2009 年第 3 期。

刘伟、陈彦斌:《两个一百年奋斗目标之间的经济发展:任务、挑战与应对方略》,《中国社会科学》2021 年第 3 期。

刘元春、刘晓光、闫衍:《疫情反复与结构性调整冲击下的中国宏观经济复苏——2021—2022 年中国宏观经济报告》,《经济理论与经济管理》2022 年第 1 期。

刘中民:《在中东推进"一带一路"建设的政治和安全风险及应对》,《国际观察》2018 年第 2 期。

刘主光:《跨国次区域经济合作区与自由贸易区的分析——以 GMS 和 CAFTA 为例》,《亚太经济》2012 年第 1 期。

陆建人、王旭辉:《东亚经济合作的进展及其对地区经济增长的影响》,《当代亚太》2005 年第 2 期。

米军:《俄罗斯金融改革回顾与展望》,中国社会科学出版社 2012 年版。

米军:《公共产品供给与中俄地区合作机制建设》,《欧亚经济》2018 年第 5 期。

米军:《金砖国家区域发展战略对接的影响因素及出路》,《中国社会科学报》2018 年第 6 期。

米军:《金砖国家推动全球经济治理的路径选择》,《国外社会科学》2018 年第 5 期。

米军:《"一带一路"倡议下中俄区域经济合作新趋势》,《中国社会科学报》2016 年第 6 期。

米军:《中俄蒙经济走廊区域合作研究的学术史梳理》,《中国社会科学报》2018 年 3 月 15 日。

米军:《中俄区域经济合作发展新趋势》,《中国社会科学报》2016 年 9 月 12 日。

米军:《中国与欧亚经济联盟国家金融合作发展战略研究》,《财经问题研究》2019 年第 1 期。

米军等:《"一带一路"高质量发展需要加强机制化建设》,《中国社会科学报》2019 年第 10 期。

米军等:《中俄蒙经济走廊贸易便利化水平及其深化发展的思考》,《北京工商大学学报》(社会科学版)2018年第4期。

米军、李娜:《中蒙俄经济走廊建设:基础、挑战及出路》,《亚太经济》2018年第10期。

米军、陆剑雄:《中蒙俄经济走廊金融合作发展、风险因素及深化合作的思考》,《欧亚经济》2022年第2期。

盛洪:《现代制度经济学》,北京大学出版社2003年版。

孙玉华、彭文钊、刘宏:《中蒙俄经济走廊人文合作中的文化认同问题》,《东北亚论坛》2015年第6期。

孙壮志:《上合组织框架下的中俄蒙次区域合作》,《北方经济》2018年第1期。

陶士贵:《西方经济金融制裁对俄罗斯经济的影响:基于合成控制法的研究》,《世界经济研究》2020年第11期。

佟景洋、源缘圆元:《"一带一路"视域下中蒙俄经贸发展》,社会科学文献出版社2019年版。

王海运:《合作共建中蒙俄经济走廊:深化战略价值认知,找准重点着力方向》,《俄罗斯学刊》2017年第6期。

王晓泉:《中俄结算支付体系"去美元化"背景与人民币结算前景分析》,《俄罗斯东欧中亚研究》2021年第2期。

王亚丰、李富祥等:《基于RCI的中国东北沿边口岸与口岸城市关系研究》,《现代城市研究》2014年第7期。

王一鸣:《扩大中等收入群体是构建新发展格局的重要途径》,《金融论坛》2020年第12期。

吴宏伟:《上海合作组织发展报告》(2015),社会科学文献出版社2015年版。

吴赛、张建华:《"一带一路"框架下的中俄人文合作机制:特点、问题与对策》,《北京教育学院学报》2019年第33卷第5期。

吴绍洪等:《"一带一路"陆域地理格局与环境变化风险》,《地理学报》2019年第4期。

西仁塔娜:《中蒙俄经济走廊建设探析:一种跨境次区域合作视角》,《俄罗斯东欧中亚研究》2017年第4期。

徐向梅：《结构性难题与进口替代——俄罗斯经济发展前景分析》，《国外理论动态》2018 年第 1 期。

许文鸿：《去美元化：俄罗斯在俄美金融战中的反击》，《俄罗斯东欧中亚研究》2021 年第 5 期。

阳军：《国外政治风险评估现状分析》，《国外社会科学》2018 年第 4 期。

杨东亮：《中蒙俄经济走廊建设研究》，社会科学文献出版社 2020 年版。

杨丽花、董志勇：《中蒙俄自贸区构建的经济制约因素与推进路径》，《中共中央党校学报》2018 年第 4 期。

杨丽华、薛莹、董晨晨：《"一带一路"背景下中国 ODI 的行为特征及环境风险表征》，《长沙理工大学学报》（社会科学版）2019 年第 4 期。

杨玲丽、汪伟民：《社会风险对企业海外投资意愿的影响探析——基于"一带一路"沿线国家研究》，《亚太经济》2020 年第 5 期。

易奔、卢彦瑾、欧阳胜银：《地方隐性债务规模的统计核算与成因分析》，《财经理论与实践》2022 年第 1 期。

易平涛、李伟伟、郭亚军：《综合评价理论与方法》（第二版），经济管理出版社 2019 年版。

尹美群、张敏等：《"一带一路"背景下海外投资风险》，经济管理出版社 2018 年版。

张丽君、张珑、李丹：《口岸发展对边境口岸城镇发展影响实证研究——以二连浩特为例》，《中央民族大学学报》（哲学社会科学版）2016 年第 1 期。

张明、王碧珺：《中国海外投资国家风险评级》，中国社会科学出版社 2018 年版。

张宇燕、邹治波：《全球政治与安全报告》，社会科学文献出版社 2021 年版。

张蕴岭：《国际公共安全治理，能从新冠疫情中得到什么启示》，《世界知识》2020 年第 7 期。

中国社会科学院国家全球战略智库国家风险评级项目组：《中国海外投资国家风险评级报告》（2021），中国社会科学出版社 2021 年版。

周强等：《中国"一带一路"地缘政治研究进展与展望》，《世界地理研究》2018 年第 3 期。

朱翠萍等编著：《孟中印缅经济走廊建设：中印视角》，社会科学文献出版社 2015 年版。

朱杰进：《复合机制模式与 G20 机制化建设》，《国际观察》2013 年第 3 期。

中文网络文献

俄罗斯卫星通讯社：《俄政府批准俄国家福利基金投资中国国债》2020 年 4 月 29 日，http：//sputniknews.cn/politics/202004291031327969/。

二连浩特市人民政府网：《二连浩特铁路口岸运行中欧班列线路数持续增长》2021 年 3 月 11 日，http：//www.elht.gov.cn/dtzx/kadt/202103/t20210315_194941.html。

二连浩特市人民政府网：《内蒙古二连浩特口岸 2020 年出入境中欧班列 2379 列》2021 年 2 月 25 日，http：//www.elht.gov.cn/dtzx/kadt/202103/t20210315_194940.html。

二连浩特市人民政府网：《二连浩特市持续发力不断深化口岸通关领域"放管服"改革》2021 年 2 月 22 日，http：//www.elht.gov.cn/dtzx/kadt/202103/t20210315_194939.html。

共产党员网：《开放合作、命运与共——在第二届中国国际进口博览会开幕式上的主旨演讲》2019 年 11 月 5 日，http：//www.12371.cn/2019/11/05/ARTI1572932742204872.shtml。

国家发展和改革委员会：《建设中蒙俄经济走廊规划纲要》2016 年 9 月 13 日，https：//www.ndrc.gov.cn/xxgk/zcfb/ghwb/201609/t20160912_962194.html。

国家发展和改革委员会网：《中俄、中蒙跨境铁路通道建设取得积极进展，我与俄蒙煤炭贸易规模有望进一步扩大》2020 年 12 月 29 日，https：//www.ndrc.gov.cn/xwdt/xwfb/202012/t20201229_1260742.html。

国务院国资委网：《关于印发〈中央企业合规管理指引试行〉的通知》2018 年 11 月 9 日，http：//www.sasac.gov.cn/n2588035/c9804413/content.html9。

呼伦贝尔市人民政府网：《呼伦贝尔市 2020 年 1—12 月中欧班列运行情况》2021 年 1 月 11 日，http：//www.hlbe.gov.cn/News/show/197792.

html。

满洲里市人民政府网:《满洲里市 2017 年国民经济和社会发展统计公报》2018 年 4 月 13 日,http://www.manzhouli.gov.cn/mzl/363045/zfxxgk-ml/tjxx13/1045863/830751/index.html。

满洲里市人民政府网:《满洲里市 2018 年国民经济和社会发展统计公报》2019 年 3 月 25 日,http://www.manzhouli.gov.cn/mzl/363045/zfxxgk-ml/tjxx13/1045863/911452/index.html。

求是网、王毅:《开启"一带一路"高质量发展新征程》2019 年 5 月 1 日,http://www.qstheory.cn/dukan/qs/2019-05/01/c_1124440783.htm。

求是网:《习近平向"一带一路"国际合作高级别视频会议发表书面致辞》2020 年 6 月 18 日,http://www.qstheory.cn/yaowen/2020-06/18/c_1126132483.htm。

求是网:《党的对外工作与共建"一带一路"高质量发展》2019 年 8 月 16 日,http://www.qstheory.cn/dukan/qs/2019-08/16/c_1124874538.htm。

求是网:《习近平出席推进"一带一路"建设工作 5 周年座谈会并发表重要讲话》2018 年 8 月 28 日,http://www.qstheory.cn/economy/2018-08/28/c_1123340980.htm。

人大重阳网、王文:《"全球绿色低碳经济之战"已打响》2020 年 12 月 17 日,http://www.rdcy.org/index/index/news_cont/id/684731.html。

人民网:《蒙古国公路项目开工仪式在扎门乌德举行》2013 年 4 月 30 日,http://world.people.com.cn/n/2013/0430/c1002-21331614.html。

新华社:《习近平的"一带一路"之喻》2019 年 4 月 24 日,http://www.xinhuanet.com/2019-04/24/c_1124408038.htm。

新华社:《习近平在第二届"一带一路"国际合作高峰论坛开幕式上的主旨演讲》(全文)2019 年 4 月 16 日,http://www.xinhuanet.com/politics/leaders/2019-04/26/c_1124420187.htm。

新华网:《习近平:打造中蒙俄经济走廊》2014 年 9 月 12 日,http://www.xinhuanet.com/politics/2014-09/12/c_1112448804.htm。

新华网:《2020 年中俄社会民意调查报告:两国民众彼此认可 中俄关系社会基础更加巩固》2020 年 6 月 19 日,http://www.xinhuanet.com/world/2020-06/19/c_1210667848.htm。

新华网:《第二届"一带一路"国际合作高峰论坛举行圆桌峰会,习近平主持会议并致辞》2019 年 4 月 27 日,http://www.xinhuanet.com/politics/leaders/2019-04/27/c_1124425120.htm。

新华网:《习近平出席上海合作组织成员国元首理事会第二十次会议并发表重要讲话》2020 年 11 月 10 日,http://www.xinhuanet.com/politics/leaders/2020-11/10/c_1126723147.htm。

新华网:《习近平同俄罗斯总统普京举行视频会晤两国元首宣布〈中俄睦邻友好合作条约〉延期》2021 年 6 月 28 日,http://www.xinhuanet.com/politics/leaders/2021-06/28/c_1127606503.htm?spm=zm1062-001.0.0.1.Y5Y3aG。

新华网:《习近平在"一带一路"国际合作高峰论坛开幕式上的演讲》2017 年 5 月 14 日,http://www.xinhuanet.com/politics/2017-05/14/c_1120969677.htm。

新华网:《习近平在第二届"一带一路"国际合作高峰论坛开幕式上的主旨演讲》(全文)2019 年 4 月 16 日,http://www.xinhuanet.com/politics/leaders/2019-04/26/c_1124420187.htm。

新华网:《中俄东线天然气管道南段建设正式启动》2020 年 7 月 8 日,http://www.xinhuanet.com/2020-07/28/c_1126294896.htm。

新华网:《中俄东线天然气管道中段正式投产运营》2020 年 12 月 3 日,http://www.xinhuanet.com/fortune/2020-12/03/c_1126816424.htm。

新华网:《中俄首座跨界江公路大桥通过验收,具备通车条件》2020 年 1 月 17 日,http://www.xinhuanet.com/2020-01/17/c_1125475139.htm。

新华网:《中欧班列"东通道"进出境中欧班列累计突破万列》2021 年 2 月 27 日,http://www.xinhuanet.com/world/2021-02/27/c_1127147564.htm。

新华网:《中铁四局承建蒙古国国首条高速公路顺利移交》2019 年 7 月 16 日,http://www.xinhuanet.com/energy/2019-07/16/c_1124758129.htm。

央广网、习近平:《推动构建中俄蒙经济走廊》2015 年 7 月 10 日,http://news.cnr.cn/native/gd/20150710/t20150710_519155942.shtml。

中国信息通信研究院:《中国国际光缆互联互通白皮书》2018 年 8 月,http://pdf.dfcfw.com/pdf/H3_AP201809031186813405_1.pdf。

中国政府网:《2020 年政府工作报告》2020 年 5 月 22 日,http://

www. gov. cn/guowuyuan/2020zfgzbg. htm。

中国政府网:《多部门关于印发〈企业境外经营合规管理指引〉的通知》2018年12月31日, http: //www. gov. cn/xinwen/2018 - 12/31/content _5353734. htm。

中国政府网:《外交部发布中蒙友好交流年纪念活动方案》(全文) 2014年1月17日, http: //www. gov. cn/gzdt/2014 - 01/17/content _2569654. htm。

中国政府网:《习近平出席推进"一带一路"建设工作5周年座谈会并发表重要讲话》2018年8月27日, http: //www. gov. cn/xinwen/2018 - 08/27/content_5316913. htm。

外文文献

Alexander Lukin, "Sino-Russian Cooperation As The Basis For Greater Eurasia", *Human Affairs*, Vol. 30, No. 2, 2020.

Antonio G. , Mongolia and the Belt and Road Initiative: The Prospects for the China-Mongolia-Russia Economic Corridor, *The Jamestown Foundation China Brief*, 2020, 20 (2): 39.

Avinoam Idan, "China's Belt and Road Initiative: Relieving Landlocked Central Asia", The Central Asia-Caucasus Analyst (CACI Analyst), https: //www. cacianalyst. org/publications/analytical-articles/item/13510-chinas-belt-and-road-initiative-relieving-landlocked-central-asia. html (2018 - 04 - 30).

Bank Of Russia, "Bank Of Russia Foreign Exchange And Gold Asset Management Report", https: //www. cbr. ru/Collection/Collection/File/31875/2021 - 01_res_en. pdf (2021 - 01 - 11).

Bazar Sanjmyatav, "The Formation Of The Economic Corridor Between China And Mongolia Depends On The Trade And Economic Integration Among The Three Countries", Development Research Center Of Inner Mongolia Autonomous Region, *Proceedings Of China-Mongolia-Russia Think Tank Forum*. 2016.

Brada J. C. , Drabek Z. , Mendez J. A. , et al. , "National Levels Of Corruption And Foreign Direct Investment", *Comparative Economics*, No. 10, 2018.

Burenjargal·Ma, "Problems In Financial Cooperation Between China And Mongolia", Development Research Center Of Inner Mongolia Autonomous Region, *Proceedings Of China-Mongolia-Russia Think Tank Forum*, P. 641 – 644, 2016.

Copeland H., "Separation And Sinophobia: Fear And Collaboration Between China And Mongolia", *The Politic*, https://thepolitic.org/separation-and-sinophobia-fear-and-collaboration-between-china-and-mongolia/ (2018 – 10 – 08).

Copeland H., Separation And Sinophobia: Fear And Collaboration Between China And Mongolia, The Politic, https://thepolitic.org/separation-and-sinophobia-fear-and-collaboration-between-china-and-mongolia/ (2018 – 10 – 08).

David Svarin, "The Construction Of 'Geopolitical Spaces' In Russian Foreign Policy Discourse Before And After The Ukraine Crisis", *Journal Of Eurasian Studies*, Vol. 7, No. 2, 2018.

Dmitri Trenin, "Russia Redefines Itself And Its Relations With The West", *The Washington Quarterly*, Vol. 30, No. 2, 2007.

Dmitry Yefremenko, "The Birth Of a Greater Eurasia", https://eng.globalaffairs.ru/articles/the-birth-of-a-greater-eurasia/ (2020 – 03 – 03).

Dr. Kapustkin Vadim, "Russian Cooperation With China And Other Sco Nations In Field Of Fuels And Energy", Development Research Center Of Inner Mongolia Autonomous Region, *Proceedings Of China-Mongolia-Russia Think Tank Forum*, 2016.

Ducruet C., Lee Sungwoo, "Frontline Soldiers Of Globalization: Port-City Evolution And Regional Completion", *Geojournal*, Vol. 67, No. 2, 2006.

E. Hatipoglu, D. Peksen, "Economic Sanctions And Banking Crises In Target Economies", *Defence And Peace Economics*, No. 4, 2018.

Gardiner B., "Kids Suffer Most In One Of Earth's Most Polluted Cities", *NATIONAL GEOGRAPHIC*, https://www.nationalgeographic.com/environment/2019/03/mongolia-air-pollution/ (2019 – 03 – 26).

Hiscox A., Modern Mongolia: Geopolitics amid great powers, *Culture Manda-*

la, 2018, 13 (1): 1-15.

Kabir S., Salim R A, "Regional Economic Integration In Asean: How Far Will It Go?", *Journal Of Southeast Asian Economies*, Vol. 31, No. 2, 2014.

Kirill Kalinin, "Neo-Eurasianism And The Russian Elite: The Irrelevance Of Aleksandr Dugin's Geopolitics", *Post-Soviet Affairs*, Vol. 35, No. 5 – 6, 2019.

K. Svirydzenka, "Introducing a New Broad-Based Index Of Financial Development", *Imf Working Paper*, 2016.

John Lrgengioro, "Mongolia-Central Asia relations and the implications of the rise of China on its future evolution." International Politics (2022): 1 – 31.

Marek Mekiszak, "Greater Europe: Putin's Vision Of European (Dis) Integration", *Warsaw: Ośrodek Studiów Wschodnich Im. Marka Karpia/Centre For Eastern Studies*, No. 46, 2013.

Martin Wolf, "A New World Of Currency Disorder Looms", Financial Times, https://www.ft.com/content/f18cf835 – 02a0 – 44ff – 875f – 7de7facba54e, 2022.3.29.

Michelle Z. D., "The Dangers Of Dzud, Mongolia's Lethal Winters", National Geographic, https://www.nationalgeographic.com/photography/proof/2018/04/extreme-winter-mongolia-dzud-environment-science/ (2018 – 04 – 27).

Palitha Konara, Yingqi Wei, "The Complementarity Of Human Capital And Language Capital In Foreign Direct Investment", *International Business Review*, No. 4, 2019.

Pieper M., The new silk road heads north: implications of the China-Mongolia-Russia economic corridor for Mongolian agency within Eurasian power shifts, *Eurasian Geography and Economics*, 2021, 62 (5 – 6): 745 – 768.

Rajan Kumar, "Russia's Foreign Policy: An Overview Of 25 Years Of Transition", *International Studies*, Vol. 53, No. 3 – 4, 2018.

Reliefweb, "Mongolia: Dzud-Jan 2020", https://reliefweb.int/disaster/cw-2020 – 000004-mng. Sergey Lavrov, "Foreign Minister Sergey Lavrov's Remarks At The 73rd Session Of The Un Generalassembly", http://www.

mid. ru/en/foreign_policy/news/-/asset_publisher/cKNonkJE02Bw/content/id/3359296.

Robert Keohane And David Victor, "The Regime Complex For Climate Change", *Perspectives On Politics*, Vol. 9, No. 1, 2011, p. 8.

Sara L. J., Devon D., "Resource Extraction And National Anxieties: China's Economic Presence In Mongolia", *Eurasian Geography And Economics*, 2016.

Satoru Kumagai, etc. "Economic Impacts of Economic Corridors in Mongolia: An Application of IDE-GSM", Japan External Trade Organization & International Think Tank for LLDCs, https://land-locked.org/wp-content/uploads/2013/09/Mongolia-GSM1710081_ITT_IDE.pdf (2018-03).

Sergey Karaganov & Dmitry Suslov, "A New World Order: A View From Russia", *Journal Of International Relations And Sustainable Development*, No. 13, 2019.

Sergey Radchenko, "Mongolia's Shrinking Foreign Policy Space", The Asan Forum, https://theasanforum.org/mongolias-shrinking-foreign-policy-space/, 2017.

Sharad K. Soni, "China-Mongolia-Russia Economic Corridor: Opportunities and Challenges", China's Global Rebalancing and the New Silk Road. *Singapore: Springer Singapore*, 2018, pp. 101-117.

T. Dorj, D. Purevjav, "Silk Road Think Tank Cooperation To Build An Effective Economic Corridor", Development Research Center Of Inner Mongolia Autonomous Region, *Proceedings Of China-Mongolia-Russia Think Tank Forum*. 2016.

The White House, "Interim National Security Strategic Guidance", https://www.whitehouse.gov/wp-content/uploads/2021/03/NSC-1v2.pdf (2021-3-3).

Unctad, "World Investment Report 2021", https://unctad.org/system/files/official-document/wir2021_en.pdf.

U. S. Department Of The Treasury, "Major Foreign Holders Of Treasury Securities", (2021-02-16). https://ticdata.treasury.gov/Publish/mfhhis01.txt.

U. S. Department Of The Treasury, "U. S. Treasury Securities Held By Foreign Residents", https://ticdata.treasury.gov/Publish/slt3d.txt (2021-02-19).

Wendling Z. A. , Emerson J. W. , De Sherbinin A, et al. , "2020 Environmental Performance Index", https://epi.yale.edu/downloads/epi2020report 20210112.pdf.

WHO, "Air Pollution In Mongolia", https://www.who.int/bulletin/volumes/97/2/19-020219/en/.

Wingard J. , et al. , "Silent Steppe: Mongolia's Wildlife Trade Crisis, Ten Years Later", Zoological Society Of London, Legal Atlas, IRIM, http://juliahanjanicki.com/portfolio/SilentSteppeII.pdf.

World Economic Forum, "The Global Risks Report 2020", http://www3.weforum.org/docs/WEF_Global_Risk_Report_2020.pdf（2020-01-15）.

Кулешовв, Коржубаева, "Г, Санеев Б. Г. и Др, Российско-Китайское Сотрудничество: Перспективные Направления и Подводные Камни", *Наука в Сибири*, 13 мая, № 19, 2010.

С. Г. Лузянин, "Россия-Монголия-Китай: Стратегические и Субрегиональные Элементы Сотрудничества", *Тезисы Выступления На Трехсторонней Конференции Кнр*, 2016.

И. А. Макаров, Сопряжение евразийской интеграции и Экономического пояса Шелкового пути: возможности для России. вестник международных организацийТ. 11. № 2（2016）.

Сергей Караганов, Поворот Китая на Запад крайне выгоден России. Российская газета, 26.10.2015.

Ли Синь、М. В. Боратлский. Россия и Китайв Евразийской интеграции: Сотрудничество или соперничество? Пресс История России, 2015.

"Доллар Впервые Составил Менее 50% От Денежного Выражения Российского Экспорта", https://iz.ru/1157756/dmitrii-migunov/syrost-rublia-dedollarizatciia-vneshnei-torgovli-idet-za-schet-evro（2021-4-28）.

"Информация о Социально-Экономическом Положении России", http://www.gks.ru/free_doc/doc_2018/info/oper-06-2018.pdf.

"Краткая Информация Об Исполнении Консолидированного Бюджета Российской Федерации", https://www.minfin.ru/ru/statistics/conbud/.

"УКАЗ ПРЕЗИДЕНТА РОССИЙСКОЙ ФЕДЕРАЦИИ О Стратегии

Национальной Безопасностироссийскойфедерации", https：//docs. cntd. ru/document/607148290？ section＝text（2021－7－2）.

Ксения Мыльникова, "Беспокойное соседство Какие сложности существуют в российско-китайских отношениях", https：//lentaru/articles/2015/07/16/relations/.

Владимир Путин, "Уроки Победы Над Нацизмом： Через Осмысление Прошлого-к Совместному Строительству Безопасного Гуманного Будущего", 7 Мая 2005 Года, http：//kremlin. ru/events/president/transcripts/22949.

Коммерсантъ, "На Референдуме в Хабаровском Крае Не Поддержали Китайский Мегапроект По Производству Метанола", https：//www. kommersant. ru/doc/4750177（2021－03－21）.

이현주, 김원배, "중·몽·러 경제회랑 건설의 협력여건 분석 – 교통·물류 인프라를 중심으로–", 동북아경제연구, 2017, 29（2）, p. 27－55.

이문기, "중–몽–러 경제회랑과 한국의 북방 경제협력 방향", 현대중국연구, 2017, 19（2）, pp. 307－336.

이현주, 이백진, 어은주, 김원배, 송쿠이, "일대일로에 대응한초국경 개발 협력 추진전략 연구: 중・몽・러 경제회랑을 중심으로", 대외경제정책연구원. https：//www. kiep. go. kr/gallery. es？ mid＝a10101010000&bid＝0001&act＝view&list_no＝2180&cg_code＝C17.

정동연, "중・몽・러 경제회랑 추진 현황과 시사점: 몽골의 시 각에서", 대외경제정책연구원, https：//www. kiep. go. kr/gallery. es？ mid＝a10102040000&bid＝0005&act＝view&list_no＝3606&cg_code＝（2019－05－24）.

后　　记

　　此书是我主持国家社科基金项目"中蒙俄经济走廊区域合作机制研究"（17BGJ055）的结项成果，也是目前正在主持的国家社科基金"一带一路"重大专项"未来3—5年共建'一带一路'面临的机遇、风险及挑战研究"（19VDL002）阶段性成果。本书是在长期研究区域国别经济基础上形成的一部著作。自2012年出版《俄罗斯金融改革回顾与展望》之后，这十年来继续围绕与中俄相关的区域国别经济问题、国际经济走廊问题进行了比较深入的探究。通过查阅大量文献，及时跟踪国内外学者的研究，发现区域合作机制对中蒙俄经济走廊建设的影响越来越突出。因此，自2016年以来一直深入研究中蒙俄经济走廊区域合作机制构建问题。书中通过将公共产品理论、制度经济学理论与地区主义、功能主义相融合，以区域性公共产品供给为抓手，为中蒙俄经济走廊机制化建设提供理论分析框架，可进一步丰富经济走廊国际制度该如何设计这一课题。同时综合应用了经济学中的均衡分析法、计量模型等方法论证相关的观点，期望为研究此方面的学者提供些许参考。

　　在20多年从事研究的道路上，离不开很多长辈的关心和指导，像李向阳研究员、郭连成教授、刘明教授、赵景林教授等，前辈导师们为人诚恳、学术上的严谨给我留下了深刻的印象，也是我学习的榜样。该书的完成，离不开课题组成员的支持，内蒙古社科院李娜助理研究员，我指导的研究生王昊、陆剑雄、贺宇慧、周春雷、夏周培等，他们在一些资料搜集、整理和数据处理等方面做了许多工作，在此一并感谢他们的辛勤付出。同时，非常感谢赵丽编辑为此书出版付出的辛勤努力！该书的出版获得了四川大学经济学院双一流建设经费的支持,感谢学院领导班子一直以来给予的关心。

米军于四川大学望江校区
2022 年 8 月 4 日